In Nürnberg machten sie ein Gesetz

BREMER BEITRÄGE ZUR LITERATUR- UND IDEENGESCHICHTE

Herausgegeben von Thomas Metscher und Wolfgang Beutin.
Mitbegründet von Dieter Herms

Band 62

PETER LANG
Frankfurt am Main · Berlin · Bern · Bruxelles · New York · Oxford · Wien

Lorenz Gösta Beutin
Wolfgang Beutin
Ernst Menachem Heilmann
(Hrsg.)

In Nürnberg machten sie ein Gesetz

Diskriminierung, Ausgrenzung,
Verfolgung – Kontinuitäten und Brüche

Politische Tagung aus Anlass der 75. Wiederkehr des Inkrafttretens der ‚Nürnberger Rassegesetze', 1.-3. Oktober 2010, im Dokumentationszentrum Prora / Rügen

PETER LANG
Internationaler Verlag der Wissenschaften

Bibliografische Information der Deutschen Nationalbibliothek
Die Deutsche Nationalbibliothek verzeichnet diese Publikation in der Deutschen Nationalbibliografie; detaillierte bibliografische Daten sind im Internet über http://dnb.d-nb.de abrufbar.

Umschlaggestaltung:
Olaf Glöckler, Atelier Platen, Friedberg

ISSN 0941-1488
ISBN 978-3-631-61534-8

www.peterlang.de

Vorwort

In dem vorliegenden Buch dokumentieren wir die Vorträge einer politischen Tagung, die wir vom 1.-3. Oktober 2010 in Prora auf Rügen veranstalteten.

Das Thema: „Diskriminierung, Ausgrenzung, Verfolgung – Kontinuitäten und Brüche" wählten wir aus Anlaß der 75. Wiederkehr des Inkrafttretens der *Nürnberger Rassegesetze*. (Auf diesen Vorgang bezieht sich Bertolt Brechts Vers: „In Nürnberg machten sie ein Gesetz".)

Es war die dritte Konferenz in einer Reihe, in der wir Zusammenhänge zwischen den gravierenden historischen Ereignissen des 20. Jahrhunderts und politischen Tendenzen der Gegenwart (bis ins 21. Jahrhundert) in Referaten und Diskussionen in den Mittelpunkt rückten. Jedesmal ging der Blick ging zurück zu den zwölf Jahren von 1933-1945, wovon die erste Hälfte der Vorbereitung des zweiten „Griffs nach der Weltmacht" gedient hatte und die zweite der Ausführung der ungeheuerlichsten Verbrechen der Weltgeschichte – des Angriffskrieg gegen die Nachbarn Deutschlands in Europa und des Attentats auf die europäischen Juden (Shoah) –, und von dort nach vorn, zu den politischen Entwicklungen in den Jahrzehnten danach.

Die erste Tagung (2005) erinnerte an den 8. Mai 1945[1], den Tag der „Befreiung des deutschen Volkes von Faschismus und Militarismus". Die Fragestellung lautete, inwieweit die damals gegebenen Chancen des Neuanfangs bis zur Gegenwart des Jahres 2005 genutzt worden waren und worin die aktuellen Gefährdungen der in der Zwischenzeit errungenen Fortschritte zu sehen seien.

Die zweite (2008) stand unter dem Motto: „Widerstand – gestern und heute"[2] und knüpfte an die erste an. Die Aufgabe lautete hier, die Arten des Widerstands zu untersuchen: in der Diktatur, wenn der Rechtsstaat bereits zerstört ist und das Ziel heißt, die Zerstörer zu entmachten und den Rechtsstaat wiederherzustellen, und in der Demokratie, wenn gefordert ist, den Rechtsstaat mit rechtsstaatlichen Mitteln gegen diejenigen zu verteidigen, die diesen auszuhebeln versuchen.

---

1 Die Referate wurden veröffentlicht in dem Sammelband, den Heidi Beutin, Wolfgang Beutin und Ernst Heilmann herausgaben: Es dämmert ein neuer Glaube an Freiheit und Ehre. Der 8. Mai 1945. Beiträge zur politischen Tagung mit Kunstausstellung im Dokumentationszentrum Prora / Rügen (7. / 8. 5. 2005), Frankfurt / M. 2006 (Bremer Beiträge zur Literatur- und Ideengeschichte, 47)

2 Titel des Sammelbands mit den Referaten, herausgegeben von Heidi Beutin, Wolfgang Beutin und Ernst Heilmann, mit dem Untertitel: Beiträge der Konferenz vom 18.-20. April 2008 im Dokumentationszentrum Prora / Rügen, Frankfurt /M. 2009 (Bremer Beiträge zur Literatur- und Ideengeschichte, 55)

Während der dritten Tagung (2010) wendeten wir uns den Ursprüngen der Verfolgungen während der zwölf Jahre der NS-Herrschaft zu und verbanden unsere Überlegungen mit den Themen der vorangegangenen zwei Tagungen. Die politisch-wirtschaftlichen Eliten in Deutschland fügten ihren Vorbereitungen der Aggression nach außen und deren Durchführung die Kriegserklärung nach innen hinzu. Es begann mit der Ächtung, mit der Diskriminierung und der Ausgrenzung der Minderheiten, zuerst im Reich, dann in den besetzten Ländern.

Es folgte die perfektionierte Jagd auf Menschen, denen der Faschismus ein- für allemal den Status des Menschseins aberkannte und die der industriellen Vernichtungsmaschinerie ausgeliefert wurden, – ein Genocid, wie ihn die Menschheit in diesem Ausmaß nie zuvor gesehen hatte.

Damit ging die totale Verwüstung der geistigen Sphäre in Deutschland einher, die Eliminierung ethischer Prinzipien, die von der Menschengattung in Jahrtausenden erreicht worden waren. Der Faschismus bedeutete auch die Rücknahme des Fortschritts der Völker, des Humanismus und des Völkerrechts.

Es ist selbst Jahrzehnte nach den Ereignissen schwer, diese zu verstehen – jede nachfolgende Generation wird sich erneut um den Zugang zur eigenen Geschichte bemühen müssen und um die Beantwortung der oft gestellten Fragen:

Wie geschah es, daß gerade Deutsche das einmalig große Verbrechen begingen? Weshalb Angehörige des Volkes, das seit 1800 die von Heinrich Heine so begeistert gerühmte „Humanitätsklassik“ sein eigen nannte? Weshalb Angehörige der Nation, die doch 1848 und einige Jahre danach der Menschheit durch ihre besten Köpfe die am tiefsten lotende Gesellschaftslehre schenkte? Weshalb Mitglieder einer Gesellschaft, die in der zweiten Hälfte des 19. Jahrhunderts die am weitesten entwickelte Arbeiterbewegung hervorgebracht hatte? Wie konnte von ein- und demselben Boden die rasende Menschenverfolgung der zwölf Jahre ausgehen, diese ungeheure Barbarei, sowie die Barbarei des ungeheuerlichen Kriegs?

Während Folter und Mord an der Tagesordnung waren, standen still in deutschen Bücherschränken die Klassikerausgaben solider deutscher Verlagshäuser.

Standen still die schöngeistigen Werke, während viele Lehrkräfte an den Gymnasien es vorzogen, Untertanengesinnung zu erzeugen. Verse wie diese blieben gedrucktes Wort: „Edel sei der Mensch, / Hilfreich und gut! / Denn das allein / Unterscheidet ihn / Von allen Wesen, / Die wir kennen.“

Stumm standen da die Werke eines Lessing, auf dem Theater in den zwölf Jahren ‚unerwünscht‘, aber immerhin, wer wollte, konnte sie zum Sprechen bringen, die Zeilen lesen: „Es eifre jeder seiner unbestochnen, / Von Vorurteilen freien Liebe nach!“ Vielleicht standen in den Bücherschränken dazu Johann Gottfried Herders „Briefe zu Beförderung der Humanität“ (1793-1797), worin u. a. die Erkenntnis vermittelt wird: „Je besser ein Staat ist, desto angelegentlicher und glücklicher wird in ihm die *Humanität gepfleget*, je inhumaner, desto unglücklicher und ärger."

Und dennoch fühlten die Machthaber sich nicht sicher, sie fürchteten die Kraft des Wortes der Aufklärung, die Ideen der Humanität und die Menschenrechte. Sie verfemten die Autoren und verbrannten ihre Bücher.

Sie richteten seit dem 30. Januar 1933 die grausamste Diktatur ein. Diese entstand nicht auf einen Schlag, sondern Zug um Zug. Die neu an die Macht gebrachte Regierung aus ‚Nationalsozialisten' und ‚Deutschnationalen' ließ nicht viel Zeit verstreichen, ihre Hauptziele zu verwirklichen. Das war neben der Etablierung ihrer Herrschaft und der Vorbereitung des neuerlichen „Griffs nach der Weltmacht" die Auslöschung des jüdischen Bevölkerungsteils in Deutschland und Europa sowie anderer Minderheiten. Um dem sich vollziehenden Unrecht und ihrem künftigen Genocid den Anschein der Legalität zu verleihen, verfaßten die Beauftragten des Regimes die sog. *Nürnberger Rassegesetze*, die 1935 in Kraft traten.

Während unserer Tagung in Prora anläßlich des 75. Jahrestages der *Nürnberger Rassegesetze* diskutierten wir historische Kontinuitäten und Brüche der deutschen Geschichte. Wir vergegenwärtigten uns die Notwendigkeit, aus der Diskussion praktische Schlüsse für das politischen Handeln aller Teilnehmerinnen und Teilnehmer zu ziehen. Im Kontext unserer Tagungsreihe setzten wir die folgenden Schwerpunkte:

* Zur antirassistischen und antifaschistischen Arbeit von GewerkschafterInnen – die Gewerkschaften als Gegenkraft heute?

* Die *Nürnberger Rassegesetze* und die Eugenik als Grundlage der Politik des Mordens

* Verfolgung

* Gegen Ausgrenzung und Rassismus heute.

* Soziale Menschenrechte und die Menschenrechtsbildung.

*

Zum dritten Male waren wir zu Gast im *dokumentationszentrum prora*, dessen wertvolle Arbeit wir nun über Jahre begleiten und für dessen Fortbestand wir weiterhin streiten. In Abstimmung mit dem Leiter, Dr. Jürgen Rostock, konzipierten wir diese dritte Tagung unserer Reihe.

Ihm danken wir für die jahrelange Kooperation und sein persönliches Grußwort.

Bestandteil der Tagung war die gemeinsam von VVN/BdA und ver.di Nord erarbeitete Ausstellung „Neofaschismus in Deutschland", die von Axel Holz eröffnet wurde.

Bei der Vorbereitung und Realisation der Konferenz bekamen wir intensive Unterstützung von der Gewerkschaft *ver.di*, von *Xenos* (Integration und Vielfalt), sowie von der *kowa / MV* (Kooperationsstelle Wissenschaft und Arbeitswelt in Mecklenburg-Vorpommern). Wir danken diesen Organisationen und Gremien dafür.

Ferner danken wir sehr Frau Renate Sieweke im ver.di Nord Landesbüro Mecklenburg-Vorpommern, die bei der Vorbereitung und Realisation der Tagung wichtigste Arbeit geleistet hat.

Auch danken wir sehr dem Verlag Peter Lang – Internationalem Verlag der Wissenschaften –, vor allem seinem Hamburger Repräsentanten Michael Rücker dafür, daß auch dieser Sammelband wieder in der Reihe der „Bremer Beiträge" erscheinen kann.

Im Sommer 2011

Lorenz Gösta Beutin, Kiel
Wolfgang Beutin, Stormarn
Ernst Menachem Heilmann, Hamburg und Schwerin

Inhalt

Dokumentation

Die seit 1933 erlassenen Gesetze als ‚Grundgesetze' des NS-Staats, die *Abwehrkampagne* jüdischer Deutscher gegen die *Kampfansage* der deutschen Faschisten, der jüdische Widerstand

Wolfgang Beutin

Dokument 1a

Rassengesetze, die vom nationalsozialist. Reichstag in Nürnberg am 15. 9. 1935 beschlossenen Gesetze, die diskriminierende Vorschriften gegen die Juden enthielten. Nach dem *Reichsbürgergesetz* konnten diese nicht Reichs- und Gemeindebürger sein. Nach dem *Blutschutzgesetz* war die Eheschließung von Juden mit Angehörigen ‚deutschen oder artverwandten' Blutes verboten; eine trotzdem geschlossene Ehe galt als nichtig. Die verbotswidrige Eheschließung wurde als *Rassenverrat*, der außerheliche Geschlechtsverkehr als *Rassenschande* bestraft.

(dtv-Lexikon 1968, Bd. 15, S. 52)

1b

Nürnberger Gesetze, die antisemitisch ausgerichteten Gesetze, die vom Reichstag während des Nürnberger Parteitags der NSDAP 1935 verabschiedet wurden. 1. das *Gesetz zum Schutz des deutschen Blutes und der deutschen Ehre (Blutschutzgesetz)* verbot unter Zuchthausstrafe die Eheschließung zwischen Juden u. „Staatsangehörigen deutschen oder artverwandten Blutes"; trotzdem geschlossene Ehen konnten für nichtig erklärt werden. 2. das *Reichsbürgergesetz* schloss alle Personen nicht „deutschen oder artverwandten Blutes" von der dt. Reichsbürgerschaft aus. 3. das *Reichsflaggengesetz* erklärte die Hakenkreuzfahne zur Reichs- u. Nationalflagge. Die N. G. wurden ergänzt durch das Gesetz *zum Schutz der Erbgesundheit des deutschen Volkes (Ehegesundheitsgesetz)* vom°18. 10. 1935; es verbot Ehen mit kranken, bes. erbkranken, entmündigten, unter vorläufiger Vormundschaft stehenden u. geistesgestörten Personen, sofern nicht Unfruchtbarkeit bestand, u. führte die Pflicht zur Vorlegung von *Ehetauglichkeitszeugnissen* des Gesundheitsamts ein.

(dtv-Lexikon 2006, Bd. 16, S. 58 f.)

1c

[Im selben Jahr1935 sah der tschechische Dichter Karel Čapek das Unglück hereinbrechen – das Verbum „assistieren" dürfte die falsche Übersetzung sein, für ‚beiwohnen' –:]

Wir assistieren einem der größten Kulturdebakel der Weltgeschichte; ein ganzes Volk, ein ganzes Reich hat sich zum Glauben an die Animalität, an die Rasse und ähnliche Blödsinne bekannt; bitte: ein ganzes Volk samt Universitätsprofessoren, Pfarrern, Literaten, Ärzten und Juristen! Denkt ihr, daß man solche animale Doktrin predigen könnte, wenn jeder Gebildete jenes hochgebildeten Reiches die Achseln zucken und trocken sagen würde, daß er solche Rindviechereien nicht mitmacht?

(Zit. in: Franz Schonauer, Deutsche Literatur im Dritten Reich. Versuch einer Darstellung in polemisch-didaktischer Absicht, Olten etc. 1961, S. 49)

Dokument 2

Den ersten bedeutsamen Schritt zur Ausgrenzung der Juden und der politischen Gegner der Nationalsozialisten stellte das *Gesetz zur Wiederherstellung des Berufsbeamtentums* vom 7. April 1933 dar, indem es „Staatsfeinde und politisch unzuverlässige Beamte aus dem Beamtenkörper ausschied" und „zum ersten Mal die rassischen Forderungen des Nationalsozialismus und des Programms der NSDAP verwirklichte" und damit den gesetzlichen Grundstein „zur rassischen Selbstbesinnung und Erneuerung des gesamten deutschen Volkes" legte.

Die Entrechtlichung der Juden fand einen weiteren Höhepunkt in den während des „Reichsparteitages der Freiheit" am 15. September 1935 vom Reichstag beschlossenen *Nürnberger Gesetzen*. Diese drei Gesetze, das „Reichsflaggengesetz", das „Reichsbürgergesetz" und das „Gesetz zum Schutze des deutschen Blutes und der deutschen Ehre", erfüllten zentrale Forderungen der Nationalsozialisten und können daher als „Grundgesetze" des NS-Staates verstanden werden, die vor allem erhebliche symbolische Bedeutung hatten.

Das *Reichsbürgergesetz* bedeutete den Übergang von der Ausgrenzung aus bestimmten Berufsgruppen zur allgemeinen Rechtlosstellung aller Juden.

.... die schließlich auch den Verlust ihres Lebensrechts umfaßte.

Den Nationalsozialisten ging es bei diesem Gesetz um die bewußte Abgrenzung zu überkommenen liberalen Gleichheitsvorstellungen ...

(In dem o. e. Gesetz heißt § 2, Abs. 1: „Reichsbürger ist nur der Staatsangehörige deutschen oder artverwandten Blutes, der durch sein Verhalten beweist, daß er gewillt und geeignet ist, in Treue dem deutschen Volk und Reich zu dienen." Die „Erste Verordnung zum Reichsbürgergesetz" vom 14. November 1935 bestimmte, wer „Jude“ oder „jüdischer Mischling“ und damit „nichtarischer Abstammung“ im Sinne des Reichsbürgergesetzes sein sollte.)

Das dritte der *Nürnberger Gesetze*, das „Blutschutzgesetz“, verbot Eheschließungen zwischen Juden und Staatsangehörigen deutschen oder artverwandten Blutes. ... Zugleich wurde der außereheliche Verkehr zwischen Juden und Staatsangehörigen deutschen oder artverwandten Blutes verboten. Juden durften auch keine weiblichen Staatsangehörigen deutschen oder artverwandten Blutes unter 45 Jahren mehr in ihrem Haushalt beschäftigen.

1938 kam es zu einer weiteren deutlichen Verschärfung der nationalsozialistischen Judenpolitik, die nun nach der Entrechtlichung und Ausgrenzung der Juden vor allem auf den staatlichen *Raub ihres Vermögens* abzielte.

(„Verordnung über eine Sühneleistung der Juden deutscher Staatsangehörigkeit“, 12. November 1938; die erzwungene ‚Sühneleistung’ betrug eine Milliarde RM! Weiterhin: die „Verordnung zur Ausschaltung der Juden aus dem deutschen Wirtschaftsleben“, 12. November 1938, u. v. m.)

Der hier skizzierte Prozeß der Ausgrenzung und Entrechtlichung von „Staatsfeinden“, Juden und Geisteskranken, der sich ab 1945 auch auf „Arbeitsscheue“, „Liederliche“, Bettler, Landstreicher, „Arbeitsbummelanten“, Diebe, Betrüger, Trunkenbolde, Querulanten und „Neigungsverbrecher“ erstrecken sollte, war typisch für die Rechtsentwicklung im Nationalsozialismus überhaupt.

(Aus: Täter und Opfer unter dem Hakenkreuz. Eine Landespolizei stellt sich der Geschichte, Eine Dokumentation [...], hg. vom Förderverein „Freundeskreis zur Unterstützung der Polizei Schles-Holstein e. V., Kiel 2001, S. 87-94)

Dokument 3

Nach Walter Grabs Definition sind Juden Personen, die

> „die in der Bibel vorgeschriebenen Speisegesetze und die Heiligung des Sabbath befolgen“, auch
>
> „jene, die zwar keine Ritualgesetze mehr einhalten, aber doch noch der jüdischen Glaubensgemeinschaft und Kultusgemeinde angehören“,
>
> dazu „alle, die von der Umwelt als Juden angesehen wurden, auch wenn sie sich längst als Deutsche empfanden“.

Im 19. Jahrh.: Prozeß „der rechtlichen Gleichstellung der Juden“ in Österreich und Deutschland.

1867: hebt die neue dualistische Verfassung Österreich-Ungarns alle noch bestehenden Beschränkungen auf.

Ebenso, anderthalb Jahre später (1869), das Parlament des Norddeutschen Bundes. 1871 die „jüdische Gleichberechtigung" in der Verfassung des Deutschen Reichs.

1878: Das Sozialistengesetz fällt zusammen „mit dem Beginn einer wüsten antisemitischen Hetze".

1893 ziehen 16 antisemitische Abgeordnete in den Reichstag ein. – Gründung des „Central-Vereins deutscher Staatsbürger jüdischen Glaubens", „der gegen die Diskriminierung von Juden im öffentlichen Leben" kämpft. – Juden gehören aber auch zu den „begeistertsten Hurra-Patrioten und Anhängern Wilhelms II." – Im 1. Weltkrieg ruft der Centralverein seine Mitglieder auf, sich als Kriegsfreiwillige zu melden. Über 2 % der jüdischen Bevölkerung opfern ihr Leben für Deutschland.

Zeitraum 1918-1933: „Es bestand daher ein merkwürdiger dialektischer Widerspruch zwischen der Stellung der Juden vor und nach dem Zusammenbruch des Kaiserreichs: Die autoritäre Oberschicht hatte vor 1914 den Antisemitismus zwar zugelassen und als salonfähig betrachtet, aber seine brutalesten Auswüchse – Mordaufrufe und blutige Exzesse – nicht geduldet. Die republikanischen Regierungen nach 1918 erkannten die gänzliche Gleichberechtigung der Juden im politischen und gesellschaftlichen Bereich zwar an, unterließen es aber andererseits, gegen die völkischen Rassenantisemiten und ihre Mordhetze energische Schritte zu unternehmen."

Seit 1930 (dem Zeitpunkt, als der Faschismus in Deutschland zur Massenbewegung wird): „bieten die jüdischen Antworten auf die Herausforderung der Rassenhetzer ein uneinheitliches, zerfahrenes und verworrenes Bild ... Es existierte keine geschlossene Front gegen den beispiellosen Ansturm der Antisemiten, ja nicht einmal eine jüdisch motivierte Solidarität ..."

Zunächst blieben abseits in Deutschland die Zionisten, von denen ein Führender sogar den Terminus „Blutsgemeinschaft" übernahm, sowie „nationaldeutsche" Juden, die eine „ultrarechte Position" vertraten.

Anders der Central-Verein. Er unterstützte die Agitation des „Reichsbanners", und als „eine wesentliche Aufgabe der jüdischen Abwehr" wurde betrachtet, „sich an allen Maßnahmen zum Schutz demokratischer Einrichtungen zu beteiligen". Der Central-Verein gründete 1929 ein Spezialbüro für Antinazipropaganda, zuerst benannt: „Ausschuß für Volksaufklärung", später „Deutscher Volksgemeinschaftsdienst". Hierin trat „der jüdische Widerstand gegen die antisemitische Hetze und die Gefahr einer Nazidiktatur am deutlichsten in Erscheinung", Leiter: Walter Gyssling und Hans Reichmann. Sie produzierten auch Pressematerial, darunter das „Handbuch im Kampf gegen die NSDAP". Es enthielt sogar Informationen abtrünniger Faschisten und von Nationalisten (Otto Strasser, Ernst Jünger, Ludendorff).

„Die jüdischen Organisationen versuchten bis zuletzt, der Kampfansage der Nazis zu begegnen und ihre staatsbürgerlichen Rechte zu verteidigen. Ihre Abwehrkampagne legt Zeugnis dafür ab, daß sich die deutschen Juden nicht ohne Widerstand ergeben hatten."

(Walter Grab, Die jüdische Antwort auf den Zusammenbruch der deutschen Demokratie 1933. Beiträge zum Widerstand 1933-1945, H. 34, Berlin 1988)

Dokument 4

[Unter den europäischen Jüdinnen und Juden, die durch die deutschen Faschisten zur Ermordung bestimmt waren, gab es eine ansehnliche Zahl, die nach der Parole handelten: *Wir ergeben uns nicht.*

Als prototypisch sei hier die junge polnische Jüdin Mala Zimetbaum erwähnt, über deren heroische Tat der italienische Autor Primo Levi berichtete, selber ehemals Häftling in Auschwitz. Mala, im Frauenlager von Auschwitz-Birkenau inhaftiert, gelang es, zusammen mit dem polnischen politischen Gefangenen Edek auszubrechen. An der slowakischen Grenze gefaßt, wurden beide nach Birkenau zurückgebracht. Edek kam einen Augenblick vor dem Vollzug seiner Ermordung dieser durch Selbsttötung zuvor. Ähnlich Mala. Primo Levi schreibt:]

„Auch Mala war fest entschlossen, ihren eigenen Tod zu sterben. ... Es war ihr gelungen, eine Rasierklinge bei sich zu verstecken. Unter dem Galgen schnitt sie sich die Pulsadern auf. Der SS-Mann, der als Henker fungierte, versuchte, ihr die Rasierklinge zu entreißen, und Mala schlug ihm, vor den versammelten Frauen von Birkenau, die blutüberströmte Hand ins Gesicht. Auf der Stelle kamen andere SS-Männer ganz außer sich herbeigerannt: Eine Gefangene, eine Jüdin, eine Frau hatte es gewagt, sie herauszufordern! Sie traten sie tot. Zu ihrem Glück hauchte sie auf der Schubkarre, mit der sie ins Krematorium gebracht wurde, ihr Leben aus."

[Mala Zimetbaum verteidigte – mit Verlust ihres Lebens, ihrer Existenz – ihr Menschsein, aber nicht nur das ihrige, sondern die Menschlichkeit der Menschen, die menschliche Würde aller Geopferten und Gefährdeten gegen diejenigen, die einem willkürlich selektierten Ausschnitt der Menschheit dies alles zu nehmen planten: die menschliche Würde, die Menschlichkeit, das Menschsein – Leben und Existenz. So auch zahlreiche andere Jüdinnen und Juden. Sie nahmen die Partei des Lebens gegen die Partei des Todes.]

(Primo Levi, Die Untergegangenen und die Geretteten, München 1993, S. 162 f.)

Dokument 5

Wie konnte in Deutschland dem Faschismus die Macht übergeben, die NS-Diktatur etabliert werden, wie konnte diese es ermöglichen, das ungeheuerlichste Verbrechen der Weltgeschichte zu begehen? Lisa Fittko erinnerte sich im Alter ihrer Ratlosigkeit im Jahre 1933. Sie räumte ein: „Ja, sicher, ich weiß: die Wirtschaftskrise, die Erwerbslosigkeit, die Nazi-Demagogie – trotzdem, es ist mir unbegreiflich." Und abermals, bohrend: „Wie war es möglich, daß der Faschismus in Deutschland gesiegt hat? Gerade in Deutschland, dem Land der großen, mächtigen Arbeiterbewegung?"

Auf das, was vor sich ging, reagierten besonders die Intellektuellen hilflos. Hans Fittko, Lisas Mann, kommentierte: „Gerade für sie, die Exponenten deutscher Kultur, ist ihre Lage unfaßbar ..., der Sprung ist zu groß. Unfaßbar, daß die Heimat das Land der Barbarei geworden ist ..."

Und Lisa selber? Nachrichten, die zu ihr nach Spanien dringen: die NS-Mörder nehmen Vergasungen in Transportmitteln vor, will sie nicht glauben. Auf Cuba notiert sie 1942, als das Hitler-Regime „die Ausrottung aller europäischen Juden" ankündigt: „Sicher sind die Nazis zu jedem Verbrechen fähig. Aber diese Ungeheuerlichkeit ist unfaßbar – nein." Unbegreiflich, unfaßbar, unvorstellbar ...

Es erweist sich die epochenübergreifende Gültigkeit der Ansicht, die Karl Kraus 1918 in seiner Rede „In dieser großen Zeit" vorgetragen hatte, seiner berühmtesten Rede überhaupt: „... in dieser Zeit, in der eben das geschieht, was man sich nicht vorstellen konnte, und in der *geschehen* muß, was man sich nicht mehr *vorstellen* kann, und könnte man es, es geschähe nicht ..."

(Aussagen von Hans und Lisa Fittko aus Lisas Büchern: Solidarität unerwünscht. Erinnerungen 1933-1940, München etc. 1992; Mein Weg über die Pyrenäen. Erinnerungen 1940/41, München 1989; Zitat von Karl Kraus aus: Karl Kraus, Weltgericht, hg. von Heinrich Fischer, Frankfurt / M. 1968, S. 7)

Neofaschismus in Deutschland
Rede zur Ausstellungseröffnung am 1. Oktober 2010 im Dokumentationszentrum Prora

Axel Holz

Die Ausstellung „Neofaschismus in Deutschland“ erscheint in diesem Jahr zum fünften Mal.

Am 8. Mai 2010 wurde die Wander-Ausstellung der VVN-BdA in novellierter Form vorgestellt und wird allein in diesem Jahr 45 Mal deutschlandweit gezeigt, davon neun Mal in Mecklenburg-Vorpommern.

Die Ausstellung ist aktueller denn je, denn die NPD hat sich bundesweit zum Zentrum der neonazistischen Bewegung in Deutschland entwickelt. Diese Rolle wird durch die geplante Fusion mit der DVU nur verstärkt.

Die Ausstellung ist in Mecklenburg-Vorpommern besonders aktuell, denn hier ist die NPD nicht nur im Landtag vertreten, wo sie in enger Abstimmung mit den regionalen Kameradschaften agiert. Seit Jahresbeginn (2010) hat eine Welle der Gewalt das Land überzogen, die sich mit über dreißig Überfällen gegen Wahlkreisbüros und Parteibüros mittlerweile aller demokratischen Parteien richtet. Der Stellvertretende NPD-Landesvorsitzende in Mecklenburg-Vorpommern, David Petereit, hatte im Internet unter dem Titel „Demokraten gibt es auch in deiner Stadt“ dazu aufgerufen, die Wahlkreisbüros der Demokratischen Abgeordneten zu „besuchen“. Es folgten zahlreiche Gewaltüberfälle auf die Büros von Landtags- und Bundestagsabgeordneten. Mecklenburg-Vorpommern hat diese Ausstellung besonders nötig, denn sie klärt über Ideologie und Strategie der neuen Nazis auf, wie es in einem Beitrag des NDR über die vorausgehende Ausstellungseröffnung im Sternberger Alten Bahnhof heißt.

Die Ausstellungsmacher kommen von der Vereinigung der Verfolgten des Nazi-Regimes – Bund der Antifaschisten, der größten antifaschistischen Organisation in Deutschland, die 1947 von Überlebenden des Nazi-Regimes und Widerständlern gegen die Hitler-Diktatur gegründet wurde. Die VVN-BdA abeitet seit Jahrzehnten aktiv an der Aufarbeitung der Verbrechen und Strukturen des Nazi-Regimes mit, tritt für die Anerkennung und Entschädigung der Nazi-Opfer ein und beteiligt sich aktiv an der der Gedenkarbeit. Seit ihrer Gründung setzt sich die VVN-BdA für die Gleichbehandlung aller Opfer des NS-Regimes ein. In Mecklenburg-Vorpommern sitzt die VVN-BdA mit am Runden Tisch zur Gedenkstättenarbeit, beteiligt sich an der Kampagne „Wir. Erfolg braucht Vielfalt“ und tritt mit 5.000 gesammelten persönlichen Statements für ein NPD-Verbot ein.

Die VVN-BdA stützt sich in ihrer Arbeit auf den Schwur der Buchenwaldhäftlinge nach deren Befreiung, den Nazismus mit seinen Wurzeln zu vernichten und eine Welt des Friedens aufzubauen.

Der Schwur ist bis heute nicht erfüllt und bleibt ein Auftrag, der verpflichtet. Denn längst haben sich in Deutschlnad und ganz Europa erneut Neofaschisten etabliert und bedienen die rassistischen, diskriminierenden und ausgrenzenden Klischees ihrer historischen Vorbilder. In dieser Situation liefert die staatliche Extremismusforschung zwar wertvolle Erkenntnisse zur Aufklärung über diskriminierende Einstellungspotentiale in Deutschland und stellt legt auch Bezüge der „Rechtsextremen“ zum NS-Regime her. Allerdings hinterläßt der verwendete Name „Rechtsextremismus“ den Eindruck, als handele es sich damit um ein Problem am Rande der Gesellschaft, ohne den Bezug zu den diskriminierenden Einstellungspotentialen herzustellen, wie sie die Friedrich-Ebert-Stiftung in einer Studie in mehreren Wellen offengelegt hat. Zudem verleitet der Begriff des Rechtsextremimus zum Vergleich mit anderen Problemen in der Gesellschaft, die zu einer Relativierung der Nazi-Verbrechen und zur Verharmlosung der Neofaschisten und des NS-Regimes beitragen können.

Die Ausstellung „Neofaschismus in Deutschland“ versucht, das Problem beim Namen zu nennen. Sie versteht sich nicht als wissenschaftliche Facharbeit. Im Vordergrund stehen Thesen zum modernen Neofaschismus, illustriert durch zahlreiche Fotos und Gestaltungselemente, die in den letzten Jahren gesammelt wurden. Wichtig ist den Ausstellungsmachern der Vergleich der Werte und Inhalte der Neonazis mit den originären Werten und historischen Ereignissen bei der Etablierung des Nazi-Regimes. Unterstützt wird die Ausstellung durch eine Internetpräsentation, durch Flyer in acht Sprachen, einen farbigen Katalog und Arbeitsblätter für die Schülerarbeit.

Die Ausstellung knüpft an verschiedenen Stellen der 27 Tafeln an diskriminierende Einstellungspotentiale in Deutschland an. Darunter finden sich Vorurteile gegenüber Migranten, Ausländern, Homosexuellen, Obdachlosen, Behinderten und Frauen – allesamt auch Gegenstand der Diskriminierung im NS-Regime. Die Feindbilder der Neonazis decken sich mit diskriminirenden Einstellungen von Teilen der Bevölkerung, die es auch in Mecklenburg-Vorpommern gibt. Die Opferorganisation LOBBI informierte darüber, dass entsprechend der Recherchen eines Berliner Anti-Gewaltprojektes 18 Prozent der Homosexuellen in Mecklenburg-Vorpommern Gewalterfahrungen gemacht haben. Mehrere Obdachlose wurde im nordöstlichen Bundesland innerhalb weniger Jahre ermordet. Jährlich 20.000 Straftaten mit rechtsextremem Hintegrund und 140 Morde durch neonazistisch beeinflußte Täter seit 1990 finden auch in MV ihren Niederschlag.

Die Ausstellung „Neofaschismus in Deutschland“ soll deshalb dazu beitragen, frühzeitig vor allem unter Jugendlichen über die Inhalte des Neofaschismus und die Strategie der Nazi-Szene aufzuklären. Mit den Themen Volksgemeinschaft statt Demokratie, Rassismus, Antisemitismus, Terror gegen Andersdenkende, Gewerkschaftsfeindlichkeit, Verherrlichung von Gewalt und Krieg sowie Revanchismus werden die direkten Anleihen der Neonazis bei der faschistischen Diktatur in Deutschland verdeutlicht. In einem weiteren Abschnitt widmet sich die Ausstellung den Organisationen und Parteien in der rechten Szene, stellt ihre repräsentativen Führer und Medien vor, informiert über die Rekrutierung der Szene in den Subkulturen und erläutert die Arbeit der NPD in den Modellregionen Mecklenburg-Vorpommern und Sachsen. Hier ist es der NPD gelungen, in die Kommunalparlamente und Landtage vorzudringen und erhebliche staatliche Geldmengen durch Wahlkampfkostenerstattung und Landtagsarbeit für die Szene zu sichern – allein sechs Millionen Euro in Mecklenburg-Vorpommern innerhalb der laufenden Legislatur. Der Modellcharakter der NPD-Arbeit im Parlament wird daran deutlich, dass ihre Abgeordneten nach NS-Vorbild Ausländer und Migranten diskriminieren und zu entrechten versuchen. Das geschieht mit diversen Anträgen zur Einführung einer Volksgesundheitskasse, die für Ausländer und Migranten nicht zugänglich sein soll, und der geplanten Etablierung sogenannter Ausländerrückführungsbeauftragter. Der Einsatz für Gesunde und Starke im Landtag dokumentiert die sozialdarwinistischen ‚Werte’ der NPD in Euthanasie-Nähe. Indirekte Aufrufe zur Gewalt durch NPD-Mitarbeiter belegen die Gewaltorientierung der NPD-geführten Nazi-Szene. Auch im Frauenbild der NPD finden sich Diskriminierungsmuster, die ein überholtes Frauenbild belegen. Chancengleicheit für Frauen in Beruf, Ausbildung und öffentlichem Leben werden durch die NPD nicht nur abgelehnt, sondern bekämpft. Offene Geschlechteridentität wird von Neonazis unter dem Vorwand einer vermeintlichen Förderung der Pädophilie abgelehnt.

Schließlich beschäftigt sich die Ausstellung in einem dritten Teil mit Diskriminierungen im Alltag, denen Ausländer, Migranten und andere Minderheiten ausgesetzt sind. Die spielen Neonazis in die Hände und eröffnen ihnen Handlungsspielräume, wie es in der Ausstellung heißt. Dieser Teil gehört zu den Stärken der Ausstellung, weil die Gefahren von Diskriminierungen, unbewältigter oder verdrängter eigener Geschichte im Zusammenhang mit der Nazi-Diktatur aufzeigt und die organisatorischen und inhaltlichen Parallelen von einzelnen Politikern, Medien und Organisationen zu Diskriminierungen in der Zeit des Faschismus offengelegt werden. An diesem Punkt will die Ausstellung nicht nur aufklären, sondern gezielt Betroffenheit erzeugen. Denn die Themenwahl einiger konservativer Stiftungen, das sozialdarwinistische Selbstverständnis zahlreicher Burschenschaften und die wiederholte Verharmlosung oder revanchistische Verdrehung der historischen Tatsachen durch den Bund der Vertriebenen stellen Gefahren für das Funktionieren einer offenen und demokratischen Gesellschaft dar.

Diese Saat geht auf in der systematischen Fortsetzung der Diskriminierung des Islam und einer ganzen Bevölkerungsgruppe durch Rechtspopulisten, wie Tilo Sarrazin. Sie tragen mit dazu bei, dass der Verständigungsprozeß über das Zusammenleben von Deutschen, Ausländern und Migranten in unserem Land einen Rückschlag erlitten hat, weil mittlerweile weniger mit den Betroffenen über die Integrationsaufgaben gesprochen wird, sondern wieder zunehmend über dieses Problem unserer Gesellschaft und die betroffenen Menschen gemutmaßt wird.

Überlegungen und Erfahrungen sowie persönliche Schicksale und Lebensbilder einer verfolgten Familie

Ernst Menachem Heilmann

Als Datum der Errichtung der NS-Diktatur in Deutschland gilt der 30. Januar 1933. Doch erfolgte sie nicht auf einen Schlag, sondern Zug um Zug.

Dazu gehörte, dass die neu eingesetzte Regierung aus ‚Nationalsozialisten' und Deutschnationalen nicht viel Zeit verstreichen ließ, ihre Hauptziele in Angriff zu nehmen. Das war neben der Etablierung ihrer Herrschaft und der Vorbereitung des erneuten „Griffs nach der Weltmacht" im zweiten Weltkrieg die Auslöschung des jüdischen Bevölkerungsanteils Europas. Mit der verbrecherischen Umsetzung des Antisemitismus wurde im April 1933 begonnen: Boykott jüdischer Geschäfte, von Ärzten und Rechtsanwälten, die Vertreibung jüdischer Beamter; im Mai der Terror gegen jüdische Künstler, Bücherverbrennungen und andere Terrorakte.

Um dem sich vollziehenden Unrecht und dem künftigen Genozid den Anschein der Legalität zu verleihen, wurden die ‚Nürnberger Gesetze' ausgearbeitet und 1935 verkündet.

Aus Anlass des 75. Jahrestages sollen aktuelle und historische Problemkreise referiert und diskutiert werden. Wir wollen versuchen, aus der Diskussion praktische Schlüsse für unser politisches Handeln zu ziehen.

Es ist jetzt das dritte Mal, meine Damen und Herren, liebe Kolleginnen und Kollegen, dass wir in Prora eine politische Tagung ausrichten, die sich mit dem Thema antirassistischer und antifaschistischer Politik von GewerkschafterInnen befasst, um dem aufkommenden Neofaschismus in Mecklenburg-Vorpommern und im vereinten Deutschland entgegen zu treten.

Auf unserer ersten Tagung am 08. Mai 2005 hatte ich berichtet, dass im März des Jahres ein „Punk" von Neonazis erstochen worden war.

Nach den brennenden Asylbewerberunterkünften, nach den Morden in Mölln und Lübeck, dem „Progrom" am Sonnenblumenhaus in Rostock in den 90er Jahren erlebten wir eine neue Welle rechter Gewalt und Aufmärsche schwerpunktmäßig in Mecklenburg-Vorpommern.

Damals plante die NPD gemeinsam mit den Kameradschaften und freien Kräften der Szene den „Marsch auf den Landtag".

Nach Sachsen sollte sich Mecklenburg-Vorpommern nach ihrer Sicht zur Modellregion der Rechten und ihres Aufstiegs entwickeln.

Sie haben es leider vorerst geschafft!

Meine Damen und Herren, liebe Kolleginnen und Kollegen, sie sind besser aufgestellt denn je. Sie haben in Vorpommern offensichtlich eine Stammwählerschaft errungen. Es gibt Dörfer und Regionen, in denen sie das Sagen haben. Ihre Mitgliederzahlen steigen. Nach Berichten des Verfassungsschutzes hat sich die NPD verdoppelt auf nunmehr ca. 800 Mitglieder. Dazu kommen freie Kräfte und Kameradschaften. Sie sind mobilisierungs- und aktionsfähig und versuchen, zum Teil erfolgreich, den öffentlichen Raum zu besetzen.

So triumphierte Volker Marx bereits nach der Landtagswahl: „Erstmalig sei die Volksfront von rechts in Mecklenburg-Vorpommern voll aufgegangen." Und Udo Pastörs ergänzte freudestrahlend: „Wir werden alles dafür tun, damit die nationale außerparlamentarische Opposition weiter voranschreitet."

Wir hatten vor dieser Entwicklung, vor diesem Rechtsblock gewarnt, das sei eine neue Qualität, doch wir wurden von vielen nicht ernst genommen, auch in den eigenen Reihen.

Wir haben auf der ersten Tagung an dieser Stelle ein Widerstandsprogramm gegen Rechts gefordert und unsere ver.di-Kampagne „NPD kehrt marsch!" ins Leben gerufen.

Jetzt stehen wir erneut vor Landtagswahlen in Mecklenburg-Vorpommern (2011), und bereits jetzt können wir angesichts der jüngsten Entwicklung der neuen Aufmärsche und ihrer Gewalt erahnen, dass die Nazis alles dafür tun werden, ihren Einfluss im Land nicht nur zu erhalten, sondern weiter auszubauen. Und nach der letzten Kommunalwahl mit nunmehr insgesamt 63 Abgeordneten in den Kommunalparlamenten, in Kreistagen und Bürgerschaften, mit Bürgerbüros und Initiativen, wie die zur Rettung der heimischen Werften „Unsere Werften in deutsche Hand" oder den Demonstrationen gegen „Kinderschänder" spielen sie mit den Ängsten der Menschen und greifen Themen auf, die bewegen; sind sie dazu organisatorisch und strategisch viel besser aufgestellt als im Jahre 2005.

Wir haben also allen Grund, uns weiterhin und verstärkt dieser Entwicklung entgegenzustellen. Nicht irgendwann oder irgendwie, sondern *jetzt und konkret.*

Dabei geht es uns einmal mehr um das Erkennen von historischen Zusammenhängen und Fragestellungen wie auch um die Bewertung der aktuellen Entwicklungen. Nur so werden wir in der Lage sein, eine erfolgreiche Gegenstrategie der DemokratInnen zu entwickeln bzw. nachhaltig weiter zu entwickeln, denn begonnen hat unser Kampf bereits.

Gegenwärtig erleben wir nicht nur in Mecklenburg-Vorpommern eine erneute Welle rechter Gewalt. Dabei ist die bisherige furchtbare Bilanz erschreckend genug.

137 Menschen starben seit 1997 durch rechte Gewalt – viel mehr als bisher bekannt, und in offiziellen Statistiken dokumentiert. Etwa dreimal so viel, wie die Recherchen von „Berliner Tagesspiegel" und „Zeit" jetzt ergaben. Wie kann das sein?

Bis zum Jahr 2000 wurden nur solche „rechtsextremistischen" Delikte gezählt, die sich dem offiziellen Extremismusbegriff folgend unmittelbar gegen den Staat richteten. Überfälle von Skinheads auf andere Jugendliche fielen so völlig durchs Raster. Auch aufgrund von Medienberichten wurde die Erfassungsstatistik im Jahre 2000 geändert. Die Sicherheitsbehörden sprechen jetzt von „politisch rechts motivierter Kriminalität", kurz „PMK-Rechts".

Dennoch verhandelte im Jahre 2008 im bayrischen Memmingen das Landgericht den Fall eines stadtbekannten Neonazis, der seinen Nachbarn mit dem Bajonett erstochen hatte, nach dem der sich über das wiederholte laute Abspielen von Naziliedern beschwert hatte. Obwohl der Täter zugab, politische Ziele zu verfolgen, bewertete die Strafkammer lediglich den „äußeren Sachverhalt", wie der Vizepräsident des Landgerichtes Manfred Mühe mitteilte. Der Fall wird nicht erfasst. So versagen trotz jahrelanger Debatten häufig auch Polizei und Justiz, wie z. B. in Dessau oder auch die „Einsatzkräfte" der Polizei am letzten Wochenende bei der Nazidemonstration in Schwerin. Die Gegendemonstration der Bürgerinitiative und Demokraten wurde eingekesselt. Die Zustände in der Polizeidirektion in Dessau beschäftigen indes einen Untersuchungsausschuss des Landtages. Drei engagierte Staatsschützer sind von ihrem Chef dahingehend belehrt worden, „nicht alles sehen zu müssen". Zu viele rechte Straftaten würden „das Ansehen des Landes schädigen". So wurde dort auch der Mord eines geistig Behinderten durch zwei rechte Schläger nicht erfasst.

Von insgesamt 19.468 Straftaten und darunter *959 Gewalttaten* berichtet der Innenminister Thomas de Maiziere für das Jahr 2009, offiziell. Nach Recherchen und Überprüfungen durch die Medien ist es anscheinend die bisher höchste Zahl. Und das in Ost, wie in West.

Aktuell wird die Neonazihetze in Mecklenburg-Vorpommern zunehmend aggressiver. Anschläge häufen sich, so berichtet der „Nordkurier" vom 13. 8. 2010: Die Neonaziszene droht auf einer ihrer Internetseiten unverhohlen, dass sich „gewisse Staatsanwälte doch nicht alles ungestraft erlauben können". Mit Häme und ausführlich wird über die Sprengung eines Briefkastens eines Staatsanwaltes in Stralsund vor einigen Wochen berichtet. Die Betreiber sprechen von dem Ermittler als „ausgesprochenem Nazijäger, der durch besonders unerbittliches Vorgehen glänzte". Der Staatsschutz ermittelt.

Bereits am 30. Mai 2010 wurde der Briefkasten des Bürgerbüros der Partei Die LINKE in Stralsund gesprengt. Monatelang hielt eine bundesweit bisher einmalige Serie von bisher 20 Anschlägen auf Parteibüros demokratischer Parteien die Polizei in Atem. Über Internet wurde ganz unverhohlen zu den Anschlägen aufgerufen. Persönlichkeiten aus dem öffentlichen Leben, PolitikerInnen und GewerkschafterInnen werden persönlich bedroht. Für den Bürgermeister in Gnoien, Hans-Georg Schörner, musste Polizeischutz angeordnet werden.

Der Verfassungsschutz beobachtet seit Monaten, dass die Neonazis verstärkt eine Strategie der Verunsicherung und Angst verbreiten wollen. Das ist nicht neu, gehört es doch zur Strategie der Neonazis, den öffentlichen Raum zu besetzen, gleichwohl in seiner Qualität erschreckend. Auch der Innenminister ist Ziel ihrer Angriffe geworden. So hatten die „Nationalen Sozialisten Mecklenburg-Vorpommerns", wie sie sich selbst bezeichnen, in Grevesmühlen, Wismar und auf der Insel Poel hunderte von Plakaten geklebt und Lorenz Caffier in übler Weise als Sohn eines „jüdischen Pfarrers ... und Provinz-Mielke" bezeichnet.

Auch die Gewerkschaften gehören zum Feindbild der NPD. Gewerkschafterinnen und Gewerkschafter werden als Knechte des Kapitals, Vasallen und Apologeten des Systems bezeichnet, die nichts für die sozialen Belange der Menschen täten. Die wahren Vertreter der arbeitenden Menschen seien die nationalen Kräfte. Unverhohlen sprühten sie ihre wahren Ziele vor zwei Wochen an das Gewerkschaftshaus in Neubrandenburg: *Gewerkschaften zerschlagen*

Auch Gewerkschafterinnen und Gewerkschafter werden persönlich bedroht und gehören zu den Opfern ihrer Gewalt. Unsere Jugendsekretärin in Schwerin wurde anonym als Türkenhure beschimpft.

Gleichzeitig steigt die Zahl rechtsextremer Internetseiten laut Jugendschutz um 10 Prozent. Auch die sozialen Netzwerke geraten in den Fokus der Neonazis, berichtet die TAZ vom 25. 8. 2010. Gute Nachtgeschichten haben sie eine Sammlung von Hassliedern genannt, die über das Internet verbreitet wird. Zu der Melodie von „Fuchs, du hast die Gans gestohlen", trällert ein unbekannter Barde: „Jud, du hast das Land gestohlen, muss dich erst der Deutsche holen mit dem Schießgewehr." In anderen Liedern wird dazu aufgerufen, Schwarze und Linke aufzuhängen. Zielgruppe der Nazis: Kinder von 3 – 8 Jahren. Mehr als 1.870 deutschsprachige Internetseiten mit rechtsextremem Inhalt zählt der Jugendschutz 2009.

Es ist schwierig, dagegen anzugehen, insbesondere, wenn die Server im Ausland stehen. Im Übrigen sind die Neonazis in Europa gut vernetzt.

Da ist man doch lieber still ... oder? – Oder was können oder müssen Demokratinnen und Demokraten tun, um diesem Treiben endlich ein Ende zu setzen? Eine Frage, die sicherlich alle Anwesende bewegt.

Liebe Kolleginnen und Kollegen, meine Damen und Herren! Ein Thema, das ebenso bewegt und nach eigenen Aussagen der NPD die Grenze zur Mitte der Gesellschaft weiter schwinden lässt, ist die aktuelle Debatte um das Buch von Sarrazin „Deutschland schafft sich ab".

Wie die Mischung aus Halbwahrheiten und Populismus geht, – das weiß „Bild".

Heute wird „Rechts" im Namen der Freiheit verkauft, und so schaffen es der Vorabdruck des Buches und die folgenden Diskussionen in „Bild" und auch im „Spiegel" im Namen der „Meinungsfreiheitsdebatte" auf die Bestsellerlisten mit einer Auflage von jetzt weit über einer Million Exemplaren. Und so gelangen Sarrazins Thesen über Veranstaltungen und die Medien in alle Wohnzimmer. Dumpfe Vorurteile und „Volkesstimme" werden geweckt und publiziert. „Ja genau! – das wird man doch noch mal sagen dürfen – der Mann hat recht."

Und weil die Zustimmung schon mal so hoch ist, wird gleich noch eine Umfrage dazu nachgeschoben: 20 Prozent können sich danach vorstellen, eine Partei rechts von der CDU zu wählen. Das Medienkarussell dreht sich nun immer schneller und leider auch beliebiger. Selbst Henrik M. Broder schreibt in „Bild" genüsslich über die Titulierung Michael Friedmanns als „Arschloch" durch Sarrazin: „Er ist nicht nur ein Arschloch, sondern ein Riesenarschloch". Na bitte – endlich sagt das mal einer. Dieser glattgegelte arrogante Jude! Das muss gar nicht ergänzt werden, es funktioniert auch so – nonverbal.

Deutschland deine Intelektuellen, Kontinuitäten und Brüche!

Dabei geht es gar nicht um das Thema Meinungsfreiheit, denn worum es Thilo Sarrazin wirklich geht, darauf hat letzte Woche in einem Artikel in der „Zeit" Sigmar Gabriel aufmerksam gemacht. Kontinuitäten:

Er schreibt: Sarrazin hält das Entstehen von oben und unten in unserer Gesellschaft für das Ergebnis natürlicher Auslese durch Vererbung:

> Intelligenz ist aber zu 50 – 80 % erblich, deshalb bedeutet ein schichtabhängig unterschiedliches generatives Verhalten leider auch, dass sich das vererbte intellektuelle Potential der Bevölkerung kontinuierlich verdünnt. (S. 91, 92)

Das ist die Ausgangsthese und sie beinhaltet, dass die Angehörigkeit zu einer Schicht ganz primär mit der vererbten Intelligenz zu tun hat. Thilo Sarrazin behauptet dann auch, dass es

> belegt ist (…), dass zwischen Schichtzugehörigkeit und Intelligenzleistung ein recht enger Zusammenhang besteht. (S. 93)

Für Sarrazin beruht die Schichtung einer Gesellschaft ganz überwiegend auf natürlicher biologischer Auslese. Einflussfaktoren wie Einkommensverhältnisse, Bildung, Sozialstatus, kulturelle Prägung, Integration oder Desintegration in den Arbeitsmarkt sind für ihn zu vernachlässigende Restgrößen. Der Erfolg oder Misserfolg einer Gesellschaft ist für Sarrazin deshalb vor allem davon abhängig, dass die richtigen Menschen viele Kinder bekommen, um ihre Intelligenz zu vererben und die anderen weniger.

Thilo Sarrazin scheut sich in seinem Buch auch nicht, Vorschläge zu machen, wie man diese gezielte Auswahl von scheinbar werthaltigeren Eltern voran bringen könnte.

> Es könnte bspw. bei abgeschlossenem Studium für jedes Kind, das vor Vollendung des 30. Lebensjahres der Mutter geboren wird, eine staatliche Prämie von 50.000,- € ausgesetzt werden. Die Prämie – und das wird die politische Klippe sein – dürfte allerdings nur selektiv eingesetzt werden, nämlich für jene Gruppen, bei denen eine höhere Fruchtbarkeit zur Verbesserung der Sozio-ökonomischen Qualität der Geburtenstruktur besonders erwünscht ist. (S. 389/390)

Und die Definition der zur fördernden Gruppe oder Schicht ist nach Sarrazins Auffassung die Aufgabe der Polítik. Welch ein Wahnsinn!

Spätestens jetzt ist klar: Thilo Sarrazin führt keine Integrations-, sondern eine Selektionsdebatte. Er greift darauf ganz offen auf Francis Galton zurück (S. 92 und 352), allerdings ohne die Leser aufzuklären. Galton ist ein britischer Naturforscher, der im 19. Jahrhundert als Vater der modernen Eugenik von dem Gedanken beseelt war, „die Qualität der Menschen durch gezielte Auswahl der Eltern zu verbessern".

Liebe Kolleginnen und Kollegen, meine Damen und Herren!

Kontinuitäten? Es ist schon erstaunlich, dass ein Rückgriff auf die Eugenik in unserem Land nicht einmal auffällt, ein solcher Tabu-Bruch nicht geschlossen politisch zurück gewiesen wird und darüber hinaus ein solches Medienecho hervorrufen kann.

Die aktuelle Diskussion um die Thesen des Politikers Sarrazin mit dem Vorabdruck von Auszügen seines Buches in der Bild-Zeitung und mit dem Hinweis auf ein bestimmtes jüdisches Gen kommt aus der Mitte der Gesellschaft und befördert objektiv Antisemitismus und Rassismus. Damit erweist Herr Sarrazin der Demokratie einen Bärendienst. Dabei geht es nicht um Meinungsfreiheit, sondern auch um eine Politikrichtung und um die notwendige Grenze, die die demokratischen Kräfte für den Erhalt von Demokratie und Toleranz in diesem Land gegenüber dem Neofaschismus ziehen müssen, um glaubwürdig und erfolgreich gegen ihn ankämpfen zu können. Null Toleranz gegenüber den Neonazis!

Inzwischen haben die Neonazis versucht, die Internetseiten der KZ-Gedenkstätte Buchenwald durch einen Hackerangriff zu zerstören. Die Täter hatten unter anderem das Totenbuch des KZ Buchenwald und die Internetseite über das Konzentrationslager Dora entfernt. Das sei der Versuch, „die Erinnerung an die Opfer der nationalsozialistischen Verbrechen auszulöschen", sagte der Stiftungsdirektor gegenüber dpa. Ein solcher krimineller Angriff auf die Gedenkstättenarbeit sei bisher einmalig.

Wir aber, wir wollen uns erinnern, und wir sollten das auch möglichst genau tun, denn das sind wir den Opfern des Holocaust und des Krieges schuldig.

Erinnern – erforschen und konfrontieren mit der eigenen Geschichte, das braucht es insbesondere auch für die Jugend, wenn wir verhindern wollen, dass sie den rechten Rattenfängern auf den Leim geht.

Der Anfang, der Beginn der Ermordung von Menschen und später der systematische Völkermord begann nicht erst mit den Judenpogromen, sondern bereits mit dem Terror auf den Straßen vor 1933.

So gab es schon lange zuvor Handlungen, Gewalt und Hinweise, Reden, in denen diese Ziele bereits unverhohlen angekündigt waren. Ja, die gab es, verehrte Zuhörende, und die gab es nicht nur in der Schrift „Mein Kampf", sondern auch in vielen Reden wurde die Vernichtung des Judentums bereits angekündigt, lange vor der Machtergreifung. Diese Ankündigungen wurden nicht etwa nur auf Parteiversammlungen der Nationalsozialisten zur Stimmungsmache ausgesprochen, sondern sogar auch gegenüber den Abgeordneten in den Parlamenten. So geschehen gegenüber meinem Großvater, Ernst Heilmann, dem Fraktionsvorsitzenden de SPD im Preußischen Landtag und Reichstagsabgeordneten, der nach einem grausamen Martyrium durch viele Konzentrationslager in Buchenwald von den Nazis umgebracht worden ist.

So verkündete der Reichstagsabgeordnete und spätere Reichsinnenminister Dr. Wilhelm Frick bereits 1929 öffentlich im Reichstag, als die NSDAP nur 12 von 491 Abgeordneten stellte:

> Wir Nationalsozialisten werden Herrn Heilmann dabei (dass die Gerechtigkeit das Fundament dieses Staates wird) tatkräftig unterstützen, in dem wir im kommenden Dritten Reich aufgrund eines Gesetzes gegen Volksverrat und Korruption durch einen deutschen Staatsgerichtshof Herrn Heilmann als ersten in völlig legaler Weise aufhängen lassen werden".

Ja, liebe Kolleginnen und Kollegen, meine Damen und Herren, wir wollen erinnern, erforschen und konfrontieren.

Als ich im vergangenen Jahr mit der Familie meiner Schwester, meinen Brüdern und meiner Mutter, seiner ersten Frau, am Grab meines Vaters stand, da habe ich unwillkürlich daran denken müssen, wer mein Vater wirklich war.

Habe ich ihn wirklich gekannt? Was weiß ich wirklich über sein Leben – über die Generation, die als Jugendliche, die als Juden und „Mischlinge" den Verfolgungen des Naziterrors ausgesetzt waren?

Dabei hatte mein Vater viele Gesichter. Oft schweigsam und in sich gekehrt, nachdenklich. Dann wieder nach außen gewandt in der Lage, eine ganze Gesellschaft mit seinen Erzählungen und Geschichten zu unterhalten. Blendender Laune, rezitierend, charmant, in der Hand ein Glas Wein und „gib mir mal ne Zigarette“, obwohl er sonst nie rauchte und keinen Alkohol trank – dann jedoch auch gerne den politischen Disput suchend bis tief in die Nacht.

Aber was weiß ich wirklich über seine Jugend, die wohl keine sehr glückliche war, wie ich inzwischen aus den späteren Briefwechseln mit seiner Mutter weiß.

So schrieb meine Großmutter Magdalena Heilmann an ihren Sohn am 18. Juli 1952, als es um einen Antrag beim Entschädigungsamt für Wiedergutmachung für körperliche Schädigungen ging:

> Ich habe im Oktober 1951 einen Antrag auf Rente wegen eines erlittenen Körperschadens gestellt. Wozu sollst du Stellung nehmen? Du kannst doch nur schreiben, dass dein Vater, Reichstags- und Landtagsabgeordneter, am 26. Juli 1933 von der SA verhaftet wurde und du ihn in deinem Leben nie wieder gesehen hast. Dass seine Frau, deine Mutter, jetzt in Berlin, Geisenheimer Str. 43 wohnt. Dass wir bis zu unserer Ausbombung in Berlin in der Blücherstr. 66 gewohnt haben, dass Papa keine Geschwister gehabt hat außer einer Schwester (*Einfügung*: die als jüdische Lehrerin mit Berufsverbot bei der Familie lebte und die Kinder betreute), die sich im August 1942 das Leben nahm, um ihrer drohenden Deportierung (*Einfügung*: nach Theresienstadt) zu entgehen. Dass du im Übrigen ein Kind warst, das sehr unter dem Fehlen des Vaters gelitten hat, dass du und deine Geschwister aber von deiner Mutter ordentlich versorgt worden sind und dass sie für euch getan hat, was sie konnte. Und dass sie heute noch in bestem Einvernehmen leben. Dass meine Gesundheit durch die beständigen Aufregungen gelitten hat, dass ich von Heydrich geschlagen wurde (*Einfügung*: als sie nach ihrem Mann suchte, der sich im KZ befand) und dass Tante Doktor immer der Meinung war, dass meine Krankheit „Adolf Hitler“ heißt.
>
> Im Übrigen wäre es mir außerordentlich interessant, das Originalschreiben in die Finger zu bekommen, wenn das Berliner Entschädigungsamt etwas wissen will, so sollte es sich doch vielleicht an der nächst besten Stelle erkundigen.“

Das ist ein Stück der Familiengeschichte, und so war meine Großmutter, bestimmt und klar, ein Stück weit distanziert.

Viele Jahre haben wir in der Familie nicht viel darüber gesprochen.

Mein Vater konnte und wollte wie viele seiner Generation nicht darüber reden. Erst später, als mein Sohn Max Florian, eine Arbeit über den Holocaust schreiben sollte, begann er sich zu öffnen.

Ein Interview, oder: Gespräch meines Vaters mit seinem Enkel Max (14 Jahre); auszugsweise.

(Notiz vorweg: Ich habe die Tür geschlossen und die beiden allein im Zimmer gelassen.)

Warum haben die Nazis die Juden verfolgt?

Die Verfolgung von Minderheiten ist seit alter Zeit immer ein Mittel der politisch herrschenden Klasse gewesen, um von eigenen Fehlern oder eigenem Verschulden abzulenken. Während des Dritten Reiches gab es aber möglicherweise noch einen zweiten Grund. Adolf Hitler hielt sich für einen gottbegnadeten Kunstmaler. Als er als junger Mann eine Kunstschule besuchen wollte, hat der jüdische Direktor der Schule erklärt, sein Talent sei bei weitem nicht ausreichend. Hitler hat später für sein mangelndes künstlerisches Werden die Juden verantwortlich gemacht und bereits in „Mein Kampf“ gesagt, die Juden seien an seinem Schicksal Schuld und mithin auch an dem negativen Schicksal der ganzen Welt. Dies ist aber auch ein Gedanke, der sehr stark seit alter Zeit in der christlichen Religion verankert ist. Es hat schon in früher Zeit christliche Geistliche gegeben, die den Standpunkt vertreten haben, die Juden müssten bestraft werden, weil sie Jesus von Nazareth gekreuzigt haben. Die Tatsache aber ist, wenn man die historischen Gegebenheiten verfolgt, kein Jude hat den Jesus von Nazareth gekreuzigt, sondern die Kreuzigung war eine Strafe der römischen Besatzungsmacht.

Wie hast du die Zeit erlebt?

Von Erleben war in der Zeit nicht die Rede. Die einzige Überlegung, die man immer hatte, war: wie überlebt man diese Zeit.

Kannst du dich noch daran erinnern wie du dich gefühlt hast, als ihr die Nachricht bekommen habt, das dein Vater ins KZ kam? – Warst du während der Nazi-Zeit auch in einem KZ oder anderen Lagern?

(Den ersten Teil der Frage hat mein Vater nicht beantworten können. Als ich meinen Sohn danach fragte, sagte er, sein Opa hätte geweint und ist dann fortgefahren.)

Gegen Ende des Krieges wurde ich selbst noch inhaftiert und war dann in einem KZ-Lager. Dort erhielt ich auch meine Wirbelsäulenverletzung, die mir bis heute Schmerzen bereitet.

Was geschah mit deiner Mutter, mit deinem Bruder Butz und mit deinen Schwestern?

Nach der so genannten Reichskristallnacht wurde die Goldschmidtschule geschlossen, und Freunde meines Vaters besorgten mir Papiere zur Ausreise nach Schweden. Ich war dann in Schweden, habe dort Schwedisch gelernt und habe mich dort sehr wohl gefühlt und hätte wahrscheinlich auch in Schweden bleiben können, aber ich hatte den Gedanken, dass ich meine Mutter nicht alleine in Deutschland lassen könnte, und bin deswegen wieder nach Deutschland zurück gekehrt. Meine Mutter war darüber nicht sehr erfreut. Wir durften meinen Vater noch einmal im KZ Oranienburg besuchen. Nach seiner Ermordung im April 1940 durften nur meine älteste Schwester Eva und meine Mutter ihn noch mal sehen.

Ich selbst habe dann versucht, eine landwirtschaftliche Lehre zu beginnen, was mir zunächst auch gelang, aber in späteren Jahren wurde vom Reichsbauernführer verfügt, dass ich für meine bestandenen Prüfungen kein Zeugnis ausgehändigt bekommen dürfe. Dies zeigt eindeutig, wie damals praktisch verfahren wurde. Der Reichsbauernführer hat entschieden. Es wurde nicht Bezug genommen auf Gesetz oder Recht, sondern ein Führer hat entschieden. Das war die Schizophrenie dieses Staates.

Meine Mutter wurde bei Verhören in der Prinz-Albrecht-Straße von dem SS-Führer Reinhard Heydrich persönlich gefoltert und dabei lebensgefährlich verletzt. Langwierige Krankheit und schwierige Operationen haben ihr dann letztendlich doch das Leben gerettet. Gleichzeitig erhielt meine Mutter aber, weil sie vier Kinder hatte, das Mutterkreuz. Da sie bei Luftangriffen immer versuchte, anderen Leuten zu helfen und auch häufig mal mit einem Wassereimer einen kleinen Brand löschte, erhielt sie auch noch das Kriegsverdienstkreuz.

Dies zeigt also die völlige Unlogik der damaligen Zeit. Jeder SS-Führer, jeder SA-Führer konnte in seinem Rahmen entscheiden, wie es ihm passte. Es war also kein Staat, der sich nach Gesetz und Recht richtete, sondern nur nach Gutdünken und Laune. Recht gab es also nur für Parteigenossen. Und die Parteigenossen der Nazis hatten natürlich alle Privilegien.

Wie hast du im Alltag den Antisemitismus erlebt?

Der Antisemitismus begegnete einem Tag für Tag, und eigentlich kann man sagen, Stunde für Stunde. Es war nur ein Glück, daß es in der Nazi-Ideologie hieß, dass Juden schwarze Haare, braune Augen und große krumme Nasen hätten. Da ich diese drei Kennzeichen nicht besitze, konnte man mir also äußerlich den Mischling nicht ansehen, und ich konnte mich also insofern etwas freier bewegen. Als die Besuche der Museen verboten wurden, als die Benutzung öffentlicher Verkehrsmittel verboten wurden, konnte ich immer noch mal, wenn auch sehr vorsichtig und sehr selten, ein Museum besuchen und ein öffentliches Verkehrsmittel benutzen. Kränkend waren allerdings die Klassenkameradinnen, soweit ich dann welche hatte, weil im BDM damals gelernt wurde, Juden und Neger stinken und ein arisches Mädchen, das wirklich reinen Blutes sei, könne sie schon von weitem am Geruch erkennen.

Wie hast du es ertragen, ständig Angst um dein Leben zu haben?

Im Grunde genommen hatte ich keine Zeit, um ständig Angst um mein Leben zu haben. Man hat also nicht immer daran gedacht, aber eigentlich ging es nur ums Überleben. Besonders schlimm wurde es natürlich nach der Wannseekonferenz. Ich habe es ertragen, weil ich immer an den Satz geglaubt habe: ... denen, die Gott liebt, gereichen alle Dinge zum Besten ... und außerdem hatte ich die feste Überzeugung von meinem Großvater, dem Vater meiner Mutter (Opa Müller) übernommen, wir werden den (Hitler) überleben. Mein Großvater hat 33 gesagt, dass wir überleben, und er hat Recht behalten, denn er starb erst nach dem Krieg.

Am 27. Oktober 2008 waren wir zur Eröffnungsfeier der Gedenkstätte Stille Helden im Berliner Rathaus geladen.

Dieser Teil des politischen Widerstandes, der das nackte Überleben sichern musste, wurde nach jahrelangem Insistieren von Antifaschistinnen und Antifaschisten und nach dem Film „Schindlers Liste“ auch endlich in Berlin dokumentiert.

In der Broschüre der Gedenkstätte lesen wir unter der Überschrift „Verfolgte helfen Verfolgten“:

> ... Heilmanns werden von Oppositionellen in ihrem großen Freundes- und Bekanntenkreis unterstützt und erleben im engsten Umfeld auch immer wieder Verfolgungen. Im Wissen um die nationalsozialistischen Verbrechen und trotz ihrer eigenen Gefährdung ist es für Magdalena Heilmann und ihre Kinder selbstverständlich, in der Wohnung in der Kreuzberger Blücherstr. 66 häufig Menschen aufzunehmen, die Schutz vor der Gestapo suchen. Auch dabei helfen ihnen Sozialdemokraten, ehemalige Gewerkschaftsfunktionäre und andere politisch Verfolgte.

Eva und Ernst-Ludwig Heilmann organisieren Lebensmittelspenden für die Untergetauchten.

Peter Heilmann schließt sich der Jugendgruppe der Berliner Quäker an. Die kleine Glaubensgemeinschaft lehnt rassistische Ausgrenzungen ab, so dass auch Jugendliche jüdischer Herkunft hier gleichberechtigt Freunde finden können. Peter Heilmann knüpft etliche Beziehungen zu Oppositionellen, wodurch er Unterkünfte und falsche Papiere für Verfolgte besorgen kann.

Zwischen 1942 und 1945 nehmen Heilmanns mehrere geflohene Juden zumindest zeitweise in ihrer Wohnung auf: ihre aus München entkommene Freundin Else Behrend-Rosenfeld, Toni Kaliski-Boronow, Lotte Kahle, Herbert Strauss, den Jugendlichen Walter Joelson, sowie für längere Zeit auch das Ehepaar Eva und Martin Deutschkron.

Lotte Kahle und kurze Zeit nach ihr auch Herbert Strauss können mit Hilfe des Fluchthelferkreises um Luise Meier und Josef Höfler im Frühjahr 1943 in die Schweiz entkommen. Hella Gorn, Peter Heilmanns nichtjüdische Freundin aus der Quäker-Gruppe, hält den Kontakt zu den Verbindungsleuten aufrecht. So können mit ihrer Hilfe auch weitere Schützlinge Heilmanns auf diesem Wege in Sicherheit gebracht werden.

Von der Einweisung in ein Arbeitslager bedroht, flieht Peter Heilmann am Jahresende 1944 selbst in die Illegalität. Magdalena Heilmann wird einige Male von der Gestapo vorgeladen, aber nicht verhaftet. Sie, ihre Kinder sowie die meisten ihrer Schützlinge überleben die nationalsozialistische Verfolgung.

So weit zum Thema Verfolgung und Widerstand im Alltag.

Und so weit das Gespräch meines Vaters mit seinem Enkel (meinem Sohn Max).

Erst danach erkundigte er sich mein Vater bei mir, was ich denn so alles als – wie er es ausdrückte: Bonze bei ver.di – zu tun hätte und treiben würde. Nach pflichtschuldigster Berichterstattung durch mich war das Eis dann endlich gebrochen.

Nach einer ersten gemeinsamen Veranstaltung in der Jugendbegegnungsstätte Alte Synagoge in Röbel war er bereit, als Zeitzeuge vor Schulklassen auch an seinem Heimatort Elmshorn in Schleswig-Holstein zu berichten und zu diskutieren. Es war beeindruckend und überzeugend zugleich, wie auch die Reaktion der Schülerinnen und Schüler zeigte.

So habe ich ihn in den letzten Jahren seines Lebens doch noch ein wenig näher kennen gelernt. Ein langer Weg zu meinem Vater.

Es ist jetzt an der Enkelgeneration, diese Erinnerungen wach zu halten und weiter zu geben.

Wir befassen uns mit der Geschichte und den Einzelschicksalen der Menschen während des Faschismus, aber auch um zu warnen. Sicher, das Jahr 2010 ist nicht ein 1933, aber der Terror auf der Straße, das Morden von Menschen, die

Zerstörung der Demokratie und das Errichten eines sogenannten nationalen Sozialismus, das sind die wahren Ziele der neuen Nazis, und in dieser ungebrochenen Tradition steht auch der Neofaschismus in Deutschland. Daher ist es auch kein Zufall, wenn Herr Pastörs von der „Judenrepublik" spricht, die es zu zerstören gilt.

Der Neofaschismus als gesellschaftliche Erscheinung aber lebt ja davon, dass er sich auf die Gesellschaft bezieht. Er reagiert auf Krisen, Problemstellungen und besonders auf die soziale Frage. Er formuliert „reaktionäre und faschistische Lösungen" und verbreitet diese, um den Boden für seine politischen Konzepte zu bereiten. Da seine Antworten auf gesellschaftliche Probleme in aller Regel nationalistischer Natur sind, verstärkt er mit seinem Agieren negative Erscheinungen wie Ausländerfeindlichkeit und Antisemitismus.

Wir jedoch lehnen jede Form von Rassismus und Nationalismus entschieden ab und stehen für Demokratie, Vielfalt und eine offene Zivilgesellschaft.

Wenn die Gewerkschaften als gesellschaftliche Gegen- und Gestaltungskraft dem Rassismus im Alltag allerdings etwas entgegensetzen wollen, dann müssen sie sich zwingend dem Politikbereich Gleichheit und Antidiskriminierung zuwenden, dann geht es darum, neben der klassischen Interessenvertretungspolitik im Betrieb, auch im Wohnquartier, in Kulturarbeit, in der Bildungsarbeit neue Koalitionen einzugehen mit Ausländervereinen, Flüchtlingsverbänden und lokalen Initiativen, dann geht es darum, sich auch als Organisation interkulturell zu öffnen. Und es braucht die Besinnung auf die internationalistische Tradition von Gewerkschaften. Es geht darum, mitzuwirken an der Entwicklung einer solidarischen interkulturellen Gesellschaft. Es geht auch darum, Menschenrechtspartei zu sein.

Die Bedrohung durch rechtsextreme Kräfte nimmt im Vorfeld des Landtagswahlkampfes im nächsten Jahr aktuell zu. Daher wollen wir im Rahmen unserer Initiative „NPD – Kehrt marsch" und auch im Rahmen der Kampagne „Kein Ort für Neonazis in Mecklenburg-Vorpommern" unser Engagement weiter ausbauen. Wir werden ihnen den öffentlichen Raum nicht überlassen, und wir wollen die Menschen überzeugen, den Neonazis nicht noch einmal ihre Stimme zu geben. Dazu braucht es breite politische Bündnisse der demokratischen Kräfte im Land, in den Regionen und Betrieben.

Wir wünschen uns, daß wir mit der Tagung und der Ausstellung „Neofaschismus in Deutschland" hier in Prora einen Beitrag leisten, der aufklärt, konfrontiert und das gemeinsame Handeln der Demokratinnen und Demokraten im Land befördert.

Denn wir sind überzeugt, dass es so etwas wie einen unaufhaltsamen Aufstieg des Neofaschismus nicht gibt. Vielmehr können wir ihn stoppen, wenn wir gemeinsam handeln.

Ernst Heilmann, geboren 1881, ermordet im Konzentrationslager Buchenwald, 1940

Ernst Heilmann als Häftling, 1933

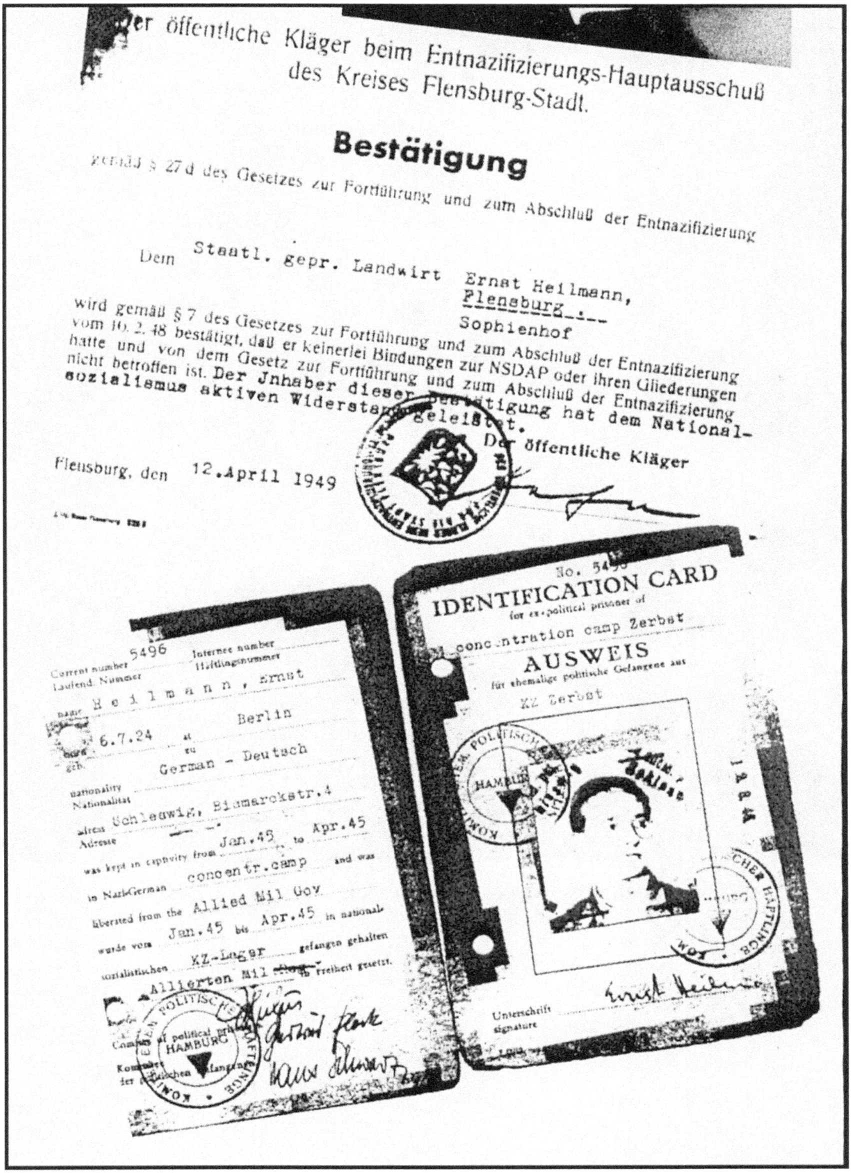

Der öffentliche Kläger beim Entnazifizierungs-Hauptausschuß des Kreises Flensburg-Stadt.

Bestätigung

gemäß § 27 d des Gesetzes zur Fortführung und zum Abschluß der Entnazifizierung

Dem Staatl. gepr. Landwirt Ernst Heilmann, Flensburg Sophienhof

wird gemäß § 7 des Gesetzes zur Fortführung und zum Abschluß der Entnazifizierung vom 10. 2. 48 bestätigt, daß er keinerlei Bindungen zur NSDAP oder ihren Gliederungen hatte und von dem Gesetz zur Fortführung und zum Abschluß der Entnazifizierung nicht betroffen ist. Der Jnhaber dieser Bestätigung hat dem National-sozialismus aktiven Widerstand geleistet.

Der öffentliche Kläger

Flensburg, den 12.April 1949

No. 5496

IDENTIFICATION CARD
for ex-political prisoner of
concentration camp Zerbst
AUSWEIS
für ehemalige politische Gefangene aus
KZ Zerbst

Unterschrift / signature: Ernst Heilmann

Current number / Laufend. Nummer: 5496
Internee number / Häftlingsnummer
name: Heilmann, Ernst
born / geb.: 6.7.24 at / zu Berlin
nationality / Nationalität: German - Deutsch
adress / Adresse: Schleswig, Bismarckstr.4
was kept in captivity from Jan.45 to Apr.45 in Nazi-German concentr.camp and was liberated from the Allied Mil Gov.
wurde vom Jan.45 bis Apr.45 in nationalsozialistischen KZ-Lager gefangen gehalten und von den Alliierten Mil Gov. in Freiheit gesetzt.

Komitee ehem. politischer Gefangener Hamburg

Ernst Ludwig Heilmann, geboren 1924, Bestätigung und Ausweis für ehemalige politische Gefangene

Ernst Ludwig Heilmann im Gespräch mit seinem Enkel Max Heilmann, 2007

Die ‚Nürnberger Gesetze' – Voraussetzung, Inhalte, Folgen

Lorenz Gösta Beutin

> Eines Abends müssen wir uns auf Veranlassung der Heimleitung alle im Speisesaal versammeln. Aus dem ‚Volksempfänger' tönte eine Nazigröße, ich glaub, es war Goebbels. Er verkündete die ‚Nürnberger Gesetze'. Ich höre: ‚Zum Schutze des deutschen Blutes und der deutschen Ehre…' Wir sind eigentlich alle unkonzentriert, möchten viel lieber was anderes machen. Meine Klassenlehrerin, Frau Rieke (sie lebt noch und war immer eine überzeugte Antifaschistin), wird immer nervöser, geht auf und ab – bleibt hinter meinem Stuhl stehen. Sie legt mir wie zufällig die Hand auf die Schulter, dann streicht sie mir flüchtig übers Haar. Ich bin etwas verwundert, denn ich habe gar nicht begriffen, was da verkündet wurde und was meine Zukunft, mein Leben so sehr verändern würde. Erklärt wird mir das erst am Bahnhof und mein sonst immer fröhlicher und zu Scherzen aufgelegter Vater empfängt mich mit einem todtraurigen Gesicht.[1]

In dieser Passage aus ihrem autobiographischen Werk „Als unsichtbare Mauern wuchsen. Eine deutsche Familie unter den Nürnberger Rassegesetzen" schildert Ingeborg Hecht aus der Sicht ihrer Freundin, der „kleinen Inge", wie in die ‚Normalität' der Schule der Schrecken der ‚Nürnberger Gesetze' eindringt. Diese Gesetze, die dem ‚nationalsozialistischen'[2] Rassenwahn seine juristische Form gaben, werden bis 1945 ihr Leben bestimmen. Hecht entkommt dem Holocaust als „Mischling ersten Grades", ihr Vater, Jude[3], der sich von ihrer nicht-

---

1 Ingeborg Hecht: Als unsichtbare Mauern wuchsen. Eine deutsche Familie unter den Nürnberger Rassengesetzen, m. e. Vorwort v. Ralph Giordano, Hamburg 1984, S. 51 f.

2 Anders als bei Begriffen wie ‚Drittes Reich' oder ‚Volksgemeinschaft' wird ‚Nationalsozialismus' in der etablierten Geschichtswissenschaft nicht in Anführungszeichen gesetzt. Im Gegensatz dazu setze ich auch diese Selbstbezeichnung des Regimes in Anführungszeichen.

3 Wenn in diesem Aufsatz von ‚Juden' die Rede ist, ist in der Regel die Fremddefinition gemeint, wie sie durch den ‚Nationalsozialismus' konstituiert wurde und in den ‚Nürnberger Gesetzen' ihren Niederschlag fand. Es gab also unter den Opfern eine Vielschichtigkeit, beispielsweise diejenigen, die sich von der Religion abgewandt hatten und sich als fester Bestandteil der deutschen, auch deutsch-nationalen Mehrheitsgesellschaft sahen, die, die sich dem Sozialismus und Kommunismus zuwandten und meinten, mit der Überwindung der Klassengesellschaft müsse auch das Antisemitismus zu Grunde gehen, und diejenigen, die weiterhin ihr Judentum praktizierten. Seit 1933 rang der ‚nationalsozialistische' Machtapparat um die Frage, wer als Jude zu betrachten sei. Wer als Jude zu gelten hatte, bestimmten nicht die Opfer, sondern die Täter. Aus Respekt für die

jüdischen Mutter getrennt hatte, kommt in den Konzentrationslagern der Nazis um.

Aus Anlass der 75-jährigen Wiederkehr des Jahrestages des Inkrafttretens der ,Nürnberger Gesetze' werde ich einen Blick auf ihre Vorgeschichte und ihr Zustandekommen werfen, zentrale Begrifflichkeiten darin analysieren und in den Kontext des ,nationalsozialistischen' Massenmordes stellen, und im Fazit die Frage anreißen, welche Bedeutung die Beschäftigung mit dem Thema für uns heute noch haben kann. Es geht demnach nicht nur um das Konkrete, die Gesetze, sondern gerade auch darum, ihren Kontext und ideologischen Hintergrund zu schildern und die Ereignisse auch im Hinblick auf den Titel der Tagung nach Kontinuitäten und Brüchen sowie Konsequenzen für das heutige Handeln zu hinterfragen. Da ich kein Rechtshistoriker bin, geht es mir in erster Linie darum, den weltanschaulichen Gehalt der ,Nürnberger Gesetze' zu bestimmen.

Meine grundlegende These ist, dass sich auch in der Rechtsgebung und den Auseinandersetzungen darum die gesamte ,nationalsozialistische' Weltanschauung manifestierte.

Antisemitismus als ,Vorurteil' oder ,Weltanschauung'?

Mit der ,Machtergreifung' der ,Nationalsozialisten' wurde das rassistische Denken Bestandteil des Staatshandelns, und „ein Prozeß der steten Radikalisierung" „führte von der Sterilisierung und ,Absonderung' zur ,Ausmerze': zum Massenmord in bis dahin unvorstellbaren Dimensionen."[4] Die ,Nürnberger Gesetze' waren Teil des Vernichtungsprozesses, der von den ersten Ausgrenzungsmaßnahmen über das ,Gesetz zur Wiederherstellung des Berufsbeamtentums' und all den Einzelmaßnahmen, die Victor Klemperer eindringlich in seinen Tagebüchern nachzeichnet, über die ,Arisierungen' und die Reichspogromnacht bis hin zur Ermordung der europäischen Juden reichte.

Um die ,Nürnberger Gesetze' und den in ihnen manifestierten Antisemitismus besser verstehen zu können, ist es notwendig, ein Schlaglicht zu werfen auf die Funktionsweise dieser Ideologie. Dabei möchte ich meinen hier verwendeten Begriff des ,Antisemitismus' abgrenzen von der sogenannten Vorurteilsforschung, wie sie sich seit Mitte der 1950er Jahre etabliert hat. Diese sieht den An-

Gesamtheit der Opfer habe ich mich entschieden, in diesem Aufsatz auf distanzierende Anführungszeichen zu verzichten.

4 Ulrich Herbert: Traditionen des Rassismus, in: Ders.: Arbeit, Volkstum, Weltanschauung. Über Fremde und Deutsche im 20. Jahrhundert, Frankfurt a. M. 1995, S. 11-29, hier S. 25.

tisemitismus als funktional für die Ablenkung von sozialem Protest an. Juden werden als ‚Sündenböcke' betrachtet bzw. als ‚Blitzableiter' für soziale Probleme, die nicht innerhalb der Gesellschaft ausagiert werden können.[5] Ein normatives Konzept vertreten Werner Bergmann und Rainer Erb. Ihrer Ansicht nach handelt es sich bei antisemitischen ‚Vorurteilen' um Einstellungen, die „sozial unerwünscht sind, d.h. gegen die Normen der Rationalität, der Mitmenschlichkeit und der Gerechtigkeit (Gleichheit) verstoßen" und deshalb nicht innerhalb der Gesellschaft zum Tragen kommen, sondern an (unschuldigen) Substituten abreagiert werden.[6] Sie begreifen den Antisemitismus als „Gegen-Bewegung" gegen die Moderne und damit als zentralen Bestandteil des europäischen Modernisierungsprozesses, zu betrachten im Kontext der Nationalstaatswerdung und der kapitalistischen Entwicklung.[7] Ähnlich beschreibt es auch Hans-Ulrich Wehler, der den Antisemitismus als eine Ideologie beschreibt, die – aus einer (wirtschaftlich bedingten) Krisensituation entstanden – aggressive Affekte ablenkt auf eine ohnehin schon geschichtlich diskriminierte Minderheit[8].

Theorien, die den Antisemitismus als ‚Vorurteil' verstehen, erklären den Antisemitismus als direkte Reaktion auf soziale Realitäten. Das Handeln antisemitischer Akteure wird demnach nicht vom Antisemitismus angeleitet, sondern ist eine Antwort auf gesellschaftliche Problemlagen, die ihren Ausdruck in antisemitischer Aktion findet. Sinnvoller erscheint es mir, den Antisemitismus nicht als direkte Antwort auf gesellschaftliche Zustände zu charakterisieren, sondern als Reaktion auf ein Wirklichkeits*bild*, das als Deutung der Wirklichkeit das Agieren der handelnden Akteure bestimmt[9]. Als wesentliches Element einer „radikal antimoderne[n] Mentalität" fungiert der Antisemitismus nach Shulamit Volkov als „kultureller Code", der über die Konstruktion kultureller Identität in

---

5 Klaus Holz: Nationaler Antisemitismus. Wissenssoziologie einer Weltanschauung, Hamburg 2001, S. 49 f.; Renate Best: Nationalismus und Antisemitismus in Deutschland. Annäherung von zwei Disziplinen in der Historiographie, in: Hubert Cancik, Uwe Puschner (Hg.): Antisemitismus, Paganismus, Völkische Religion, München 2004, S. 83-96, hier S. 89.

6 Werner Bergmann, Rainer Erb: Antisemitismus in der Bundesrepublik Deutschland. Ergebnisse der empirischen Forschung von 1946-1989, Opladen 1991, S. 113 f.

7 Wolfgang Benz, Werner Bergmann: Antisemitismus – Vorgeschichte des Völkermords, in: Dies. (Hg.): Vorurteil und Völkermord. Entwicklungslinien des Antisemitismus, Freiburg i. Br. 1997, S. 10-31, hier S. 16.

8 Vgl. zu Wehlers Auffassung: Ulrich Langer: Heinrich von Treitschke. Politische Biographie eines deutschen Nationalisten, Düsseldorf 1998, S. 294 f.

9 Shulamit Volkov: Antisemitismus als kultureller Code, in: Dies.: Antisemitismus als kultureller Code. Zehn Essays, 2. durch ein Reg. erw. Aufl., München 2000, S. 13-36, hier S. 25.

Abgrenzung zum Bild des Juden die Zugehörigkeit zu einer Gruppe definiert[10]. Das heißt auch, dass der Begriff des ‚Vorurteils' irreführend ist, da er impliziert, der Antisemitismus erwachse aus einem vorreflexiven Verständnis. Demnach wäre er durch rationales Argumentieren überwindbar.

Wer schon einmal mit antisemitischen ‚Vorurteilen' konfrontiert war, wird festgestellt haben, dass es sich um ein Weltbild handelt, welches sich zwar auf Elemente sozialer Realität bezieht, diese aber mit antisemitischen Mustern durchsetzt und zu einem neuen antisemitischen Bezugssystem zusammensetzt, das schwer rational zu entkräften ist. In positivem Bezug auf die ‚Kritische Theorie' Horkheimers und Adornos, die marxistische und psychoanalytische Ansätze miteinander kombiniert, soll der Antisemitismus deshalb hier als eine ‚Weltanschauung'[11] verstanden werden, welche die Wirklichkeit strukturiert und so handlungsleitend werden kann.

Der Antisemitismus fungiert als Konglomerat von Wahrnehmungs- und Deutungsmustern, die eng verwoben sind mit der Entstehung des Nationalstaates und des Nationalismus und zur Konstituierung eines nationalen Selbst- und eines jüdischen Fremdbildes beitragen. Dabei bildet ‚der Jude' das antinationale Prinzip per se, das sich einer nationalen Zuordnung verweigert. Auf ihn werden die Affekte projiziert, die sich gegen eigene unterdrückte Triebfunktionen und unpersönliche Herrschaftselemente der modernen Gesellschaft richten. Der Antisemitismus ist demnach nicht zu begreifen als fehlgeleiteter sozialer Protest – etwa als „Sozialismus der dummen Kerls", wie die aufstrebende Sozialdemokratie glaubte –, der unmittelbar auf gesellschaftliche Realität reagiert, sondern als psychosoziales Konstrukt. Als eine Art „Alltagsreligion" wird ein konformistisches Bewusstsein produziert, in dem die „widersprüchlichen Ansprüche an den Einzelnen, Triebansprüche und gesellschaftliche Regeln, [...] zueinander in eine psychisch verkraftbare Beziehung" gesetzt werden[12].

---

10 Ebd., S. 20-23.

11 Auch in Abgrenzung zum vulgärmarxistischen Ideologie-Begriff des ‚falschen Bewusstseins'. Vielmehr benutze ich Ideologie synonym zum Begriff der ‚Welt-Anschauung', also als System von ideologischen Mustern, die beanspruchen, die Welt zu erklären. Die Frage, wie weit dies gelingt, wie eng also der Bezug zur sozialen Realität ist und wie sehr es sich dabei um eine mentale Konstruktion handelt, ist nicht entscheidend für die Kennzeichnung als Weltanschauung.

12 Detlev Claussen: Rassismus als Rationalisierung von Gewalt, in: Ders.: Aspekte der Alltagsreligion, Frankfurt a. M. 2000 (Hannoversche Schriften 3), S. 130-153, hier S. 147.

Die ,Nürnberger Gesetze'

In den Jahren 1933 bis 1935 gab es heftige Auseinandersetzungen um die Definition des Rassebegriffs. Vorausgegangen war eine große Anzahl von Gesetzesentwürfen im juristischen Bereich, aber auch Debatten innerhalb wissenschaftlicher bzw. pseudowissenschaftlicher Zirkel.[13] Hinzu kommt, dass im Jahre 1935 eine ,antisemitische Welle' mit Boykottmaßnahmen gegen jüdische Geschäfte und Ausschreitungen gegen jüdische Bürgerinnen und Bürger durch das Land rollte. Für die Vertreter der Bürokratie des ,Dritten Reiches' war diese Entwicklung besorgniserregend, weil sie nicht kontrollierbar schien. Zudem war ein Rückgang deutscher Exporte zu verzeichnen, der die deutsche Wirtschaft beunruhigte, weil sie ihn auf den Boykott deutscher Waren, insbesondere in den Vereinigten Staaten, zurückführten, der auf Grund der Ausschreitungen dort vorangetrieben wurde.[14] Hjalmar Schacht bemerkte bei einer Besprechung im August 1935, er trage zwar die Grundsätze des Parteiprogramms mit, doch seien die „jetzigen Methoden untragbar. In das herrschende Durcheinander muß ein System hineinkommen und ehe nicht dieses System praktisch durchgeführt wird, habe alles andere zu unterbleiben."[15] Im Vorfeld des Erlasses der ,Nürnberger Gesetze' notiert Victor Klemperer in seinem Tagebucheintrag vom 11. August 1935[16]:

> Die Judenhetze ist so maßlos geworden, weit schlimmer als beim ersten Boykott, Pogromanfänge gibt es da und dort, und wir rechnen damit, hier nächtens totgeschlagen zu werden. Nicht durch Nachbarn, aber durch nettoyeurs, die man da und dort als ,Volksseele' einsetzt.

Adolf Hitler hatte schon 1933 die Idee eines neuen Staatsbürgerschaftsrechts gehegt. Seit Juli 1933 arbeitete eine Kommission im Innenministerium an diversen Gesetzentwürfen, wie „die Juden von vollen Bürgerrechten auszuschließen" seien. Am 13. September wies Hitler seine Staatssekretäre und Referenten – unter ihnen auch Bernhard Lösener, „Rassereferent" im Reichsinnenministerium – an, für die Einberufung einer Reichstagssitzung auf dem Reichsparteitag in Nürnberg einen Gesetzentwurf vorzulegen, der eheliche und nichteheliche Be-

---

13 Vgl. die ersten beiden Kapitel in dem Band von Cornelia Essner, in denen sie die Debatten über den Rassebegriff und die verschiedenen Gesetzentwürfe nachzeichnet, die den ,Nürnberger Gesetzen' vorausgingen: Cornelia Essner: Die „Nürnberger Gesetze" oder Die Verwaltung des Rassenwahns 1933-1945, Paderborn / Wien / Zürich 2002.

14 Leni Yahil: Die Shoah. Überlebenskampf und Vernichtung der europäischen Juden, a. d. Amerik. v. H. Jochen Bußmann, München 1998, S. 113.

15 Essner, S. 108-112, Zitat S. 112.

16 Victor Klemperer: Tagebücher 1935-1936, hrsg. v. Walter Nowojski, u. Mitarb. v. Hadwig Klemperer, Berlin [2]1999.

ziehungen zwischen Juden und ‚Ariern' regeln sollte. Diese Anordnung ergänzte er um die Forderung nach einem Staatsbürgerschaftsgesetz, „das umfassend genug sein sollte, um die spezieller rassenbiologisch ausgerichtete Gesetzgebung zu untermauern." Auf Grund der divergierenden Ansichten darüber wurden ihm letztlich vier verschiedene Versionen mit unterschiedlicher Reichweite, was die Definition der Juden anging, vorgelegt.[17]

Bestandteile der im Anschluss an den „Parteitag der Freiheit" vom 8. bis 14. September am 15. des Monats verabschiedeten Gesetze waren das ‚Reichsbürgergesetz', das ‚Gesetz zum Schutz des deutschen Blutes und der deutschen Ehre' und das ‚Reichsflaggengesetz'[18]. Im Vorwort zur Sammlung der ‚Nürnberger Gesetze' von 1939 im Reclam-Verlag betont der Herausgeber und Dresdner Landgerichtspräsident Rudolf Beyer, dass alle drei Gesetze unter der „bereits geschichtlich gewordenen Sammelbezeichnung ‚Nürnbergergesetzgebung'" zu fassen seien.[19] Der Herausgeber betrachtet die ‚Nürnberger Gesetze' als „Grundpfeiler der deutschen Rassegesetzgebung." Sie würden dem „deutschen Volke [...] die rassische Kraft sichern, ein ‚germanisches Volk deutscher Nation' heranziehen [sic], das sich durch Fernhaltung jeder fremdartigen Rassenmischung seine Art erhält."[20] Beyer sieht die drei Gesetze im Kontext mit dem „Ehegesundheitsgesetz" vom 18. Oktober 1935, mit dem die „Familie als Keimzelle der Sippe und des Volkes vor krankem Blut und vor Schaden bewahrt, die Zeugung untauglichen Nachwuchses verhütet" werden solle. Zu diesem Gesetzeskomplex zählt er sodann auch das „Gesetz zur Verhütung erbkranken Nachwuchses" vom 14. Juli 1933.[21] Der rassistische Rassenwahn gegen die Juden war also eng verbunden mit der ‚Rassenhygiene' innerhalb des ‚deutschen Volkes'. Um so frappierender, dass sich der Deutsche Bundestag weiterhin weigert, die „rassistische Motivation der Verfolgung" der ‚Euthanasie'-Opfer anzuerkennen und sie unter dem ‚Bundesentschädigungsgesetz' zu fassen.[22] Der Rassismus innerhalb des ‚deutschen Volkes', die ‚rassische' Formung des ‚Volkskör-

---

17 Saul Friedländer: Das Dritte Reich und die Juden, München 2007, S. 163-165.

18 Dieses wurde in der Folgezeit zu den ‚Nürnberger Gesetzen' gerechnet. Es legte die Hakenkreuzflagge als Nationalflagge fest. In diesem Aufsatz werden als Kern der Gesetzgebung das ‚Reichsbürgergesetz' und das ‚Blutschutzgesetz' betrachtet.

19 Rudolf Beyer (Hg.): Die Nürnberger Gesetze vom 15. September 1935 (Reichsflaggengesetz, Reichsbürgergesetz, Gesetz zum Schutze des deutschen Blutes und der deutschen Ehre) und das Ehegesundheitsgesetz vom 18. Oktober 1935, München [7]1939 (Hitlergesetze XIII, Reclams Universal Bibliothek Nr. 7321, 7321a) [In Folge zitiert als ‚N.G.'], S. 3.

20 Ebd., S. 4.

21 Ebd.

22 Rolf Surmann: Diskriminierung als Wohltat, in: konkret 8/2011, S. 32.

pers' war das Äquivalent des ‚nationalsozialistischen' Rassenwahns gegen die Juden.

‚Reichsbürgergesetz'

Das ‚Reichsbürgergesetz' ging über das Staatsangehörigkeitsrecht hinaus. Konnten Juden dieser Definition nach Staatsbürger sein, wurde ihnen das Reichsbürgerrecht aberkannt. Zur zentralen Kategorie wurde also der Begriff des ‚Reichsbürgers'. Zur Komponente des Blutes trat noch ein voluntaristisches Prinzip hinzu, das die ‚Reichsbürgerschaft' abhängig machte vom ‚guten Willen' des einzelnen Staatsangehörigen. Paragraph 2 definierte im ersten Absatz[23]:

> Reichsbürger ist nur der Staatsangehörige deutschen oder artverwandten Blutes, der durch sein Verhalten beweist, daß er gewillt und geeignet ist, in Treue dem Deutschen Volk und Reich zu dienen.

Das ‚Reichsbürgergesetz' hatte unmittelbar zur Folge, dass kein Jude mehr ein öffentliches Amt innehaben durfte. Auch die jüdischen Beamten, die bisher durch das sogenannte Frontkämpferprivileg im ‚Gesetz zur Wiederherstellung des Berufsbeamtentums' von der Entlassung verschont geblieben waren, mussten zum 31. Dezember 1935 den Dienst quittieren. (§ 4 (2))[24] Die Ausgrenzung der Juden aus dem öffentlichen Raum wurde juristisch vorangetrieben[25]:

> Ein Jude kann nicht Reichsbürger sein. Ihm steht ein Stimmrecht in politischen Angelegenheiten nicht zu; er kann ein öffentliches Amt nicht bekleiden. (§ 4 (1))

Durch weitere Verordnungen zum ‚Reichsbürgergesetz' wurde 1938 jüdischen Ärzten – „Die Bestallung als Arzt kann einem Juden nicht erteilt werden"[26] – und Rechtsanwälten die Zulassung entzogen: „Juden ist der Beruf des Rechtsanwalts verschlossen."[27] In der Folge erstreckte sich das Verbot der Berufsausübung für Juden auf immer weitere Bereiche, traf die Patentanwälte[28], Zahnärzte, Tierärzte und Apotheker[29].

Allerdings war im ursprünglichen Text des ‚Reichsbürgergesetzes' keine Definition darüber enthalten, wer als Jude zu gelten habe, auch weil der Konflikt darüber nicht abschließend gelöst war. Diese Frage und die Frage, welche kon-

23 N.G., S. 24.
24 Reichsbürgergesetz vom 15. September 1935, N.G., S. 24-28, hier S. 27.
25 Ebd.
26 Vierte Verordnung zum Reichsbürgergesetz vom 25. Juli 1938, N.G., S. 38-40.
27 Fünfte Verordnung zum Reichsbürgergesetz vom 27. September 1938, N.G., S. 42-49.
28 Sechste Verordnung zum Reichsbürgergesetz vom 31. Oktober 1938, N.G., S. 51-55.
29 Achte Verordnung zum Reichsbürgergesetz vom 17. Januar 1939, N.G., S. 56 f.

kreten Auswirkungen das Gesetz haben würde, blieb den Verordnungen vorbehalten, die in der Folge seit 1935 erlassen wurden[30]. In der ersten Verordnung zum ‚Reichsbürgergesetz' vom 14. November 1935 wurde dann im Paragraphen 5 auch festgehalten, welche Personengruppen als Juden zu gelten hätten. Demnach galt als Jude, wer „von mindestens drei der Rasse nach volljüdischen Großeltern abstammt." Zudem als Juden galten ‚jüdische Mischlinge', die beim Erlass des Gesetzes oder später der „jüdischen Religionsgemeinschaft" angehörten, die mit einem Juden verheiratet waren oder sich danach mit einem verheirateten, die aus einer Ehe mit einem ‚Voll-Juden' oder die nach dem 31. Juli in Folge des „außerehelichen Verkehr[s] mit einem [Voll-]Juden" geboren wurden. Rudolf Beyer machte die Unausweichlichkeit dieser Definition für die Betroffenen deutlich, die „damit ein für allemal den Volljuden gleichzustellen [seien], auch wenn sie blutmäßig nur Halbjuden sind."[31] Eine Ausnahme definierte die erste Verordnung allerdings in Paragraph 7: Adolf Hitler persönlich blieb die Zustimmung für Ausnahmen vorbehalten: „Der Führer und Reichskanzler kann Befreiungen von den Vorschriften der Ausführungsverordnungen erteilen."[32]

Für den ökonomischen Raubzug gegen die Juden waren die dritte und die elfte Verordnung zum ‚Reichsbürgergesetz' von Bedeutung. In der dritten Verordnung zum ‚Reichsbürgergesetz' vom 14. Juni 1938 wird festgelegt, wann ein „Gewerbebetrieb" als jüdisch zu gelten hat. Paragraph 7 bestimmt, dass „jüdische Gewerbetriebe in ein Verzeichnis" einzutragen sind.[33] Folgerichtig ist in der Reclam-Ausgabe von 1939 im Anschluss an diesen Text die „Verordnung zur Ausschaltung der Juden aus dem deutschen Wirtschaftsleben" vom 12. November 1938 abgedruckt, die die rechtliche Grundlage für die ‚Arisierungen' im Anschluss an die Reichspogromnacht bildete.[34]

Im Hinblick auf die bevorstehenden Deportationen wurde die elfte Verordnung vom 25. November 1941 wirksam mit der Festlegung, dass Juden, die ihren Wohnsitz im Ausland hatten, keine deutschen Staatsangehörigen sein konnten. Das hatte weitreichende Folgen, wie aus einem Erlass des Reichssicherheitshauptamtes aus dem Dezember desselben Jahres hervorgeht. Dort wird darauf verwiesen, dass „alle im Ausland sich aufhaltenden Juden die deutsche Staatsangehörigkeit mit dem Inkrafttreten der Verordnung [verlieren] oder, soweit sie das Reichsgebiet später verlassen, mit dem Zeitpunkt des Verlassens des

30 Essner, S. 154.

31 Erste Verordnung zum Reichsbürgergesetz vom 14. November 1935, N.G., S. 25-28, hier S. 27 f.

32 Ebd., S. 28.

33 Dritte Verordnung zum Reichsbürgergesetz vom 14. Juni 1938, N.G., S. 25-28.

34 Verordnung zur Ausschaltung der Juden aus dem deutschen Wirtschaftsleben vom 12. November 1938, N.G., S. 37 f.

Reichsgebiets, zu diesem Zeitpunkt verfällt auch das Vermögen dieser Juden dem Reich.“[35] Was mit den ‚Arisierungen' jüdischer Wirtschaftsbetriebe begonnen hatte, setzte sich mit dieser Verordnung fort: Der physischen Vernichtung ging die wirtschaftliche Ausplünderung voraus.

‚Gesetz zum Schutze des deutschen Blutes und der deutschen Ehre'

Wo das ‚Reichsbürgerrecht' die Klassifikationen im Bereich des Öffentlichen und Staatlichen vornahm, sollte das ‚Gesetz zum Schutze des deutschen Blutes und der deutschen Ehre' dies für den Bereich des Privaten leisten. Es verbot „Eheschließungen zwischen Juden und Staatsangehörigen deutschen oder artverwandten Blutes“. (§1 (1))[36] Zudem verbot es den „außerehelichen“ Verkehr zwischen „Juden und Staatsangehörigen deutschen oder artverwandten Blutes“ (§2).[37] ‚Deutsche' Dienstmädchen sollten geschützt werden: Juden wurde verboten, „weibliche Staatsangehörige deutschen oder artverwandten Blutes unter 45 Jahren in ihrem Haushalt“ zu beschäftigen (§3)[38]. Im Paragraph 4 schließlich wurde Juden das „Hissen der Reichs- und Nationalflagge und das Zeigen der Reichsfarben verboten“[39], eine Regelung, die man eigentlich für das ‚Reichsflaggengesetz' erwartet hätte.

Der Paragraph 6 der ersten Verordnung zum ‚Gesetz zum Schutze des deutschen Blutes und der deutschen Ehre' weitete das Eheverbot auf andere Gruppen aus[40]:

> Eine Ehe soll ferner nicht geschlossen werden, wenn aus ihr eine die Reinerhaltung des deutschen Blutes gefährdende Nachkommenschaft zu erwarten ist.

Ein Rundschreiben zählte dazu „Zigeuner, Neger und Ihre Bastarde“. So wurde es existenziell, den eigenen Stammbaum darlegen und nachweisen zu können, nicht „jüdischer Abstammung“ zu sein, sei es im privaten Bereich oder im öffentlichen, beispielsweise bei der Aufnahme eines Berufes in Diensten des ‚nationalsozialistischen' Staates.[41]

---

35 Essner, S. 302-326, Zitat S. 309.

36 Gesetz zum Schutze des deutschen Blutes und der deutschen Ehre vom 15. September 1935, N.G., S. 58-61, hier S. 58.

37 Ebd. S. 59.

38 Ebd.

39 Ebd.

40 Erste Verordnung zur Ausführung des Gesetzes zum Schutze des deutschen Blutes und der deutschen Ehre vom 14. November 1935, N.G., S. 61-65, hier S. 63.

41 Friedländer, S. 170.

Blut, Sexualität, Vernunft

Um den weltanschaulichen Gehalt der Gesetze zu bestimmen, werde ich im letzten Abschnitt drei aus meiner Sicht zentrale Ideologie-Bausteine der ‚Nürnberger Gesetze' herausarbeiten. Diese sind ebenso dazu geeignet, den ‚nationalsozialistischen' Antisemitismus insgesamt zu charakterisieren. Dabei möchte ich sie nicht als einzige Merkmale verstanden wissen: Beispielsweise wäre die ökonomische Dimension ebenfalls zu beleuchten, wie wir an der dritten und elften Verordnung zum ‚Reichsbürgergesetz' gesehen haben. Allerdings kommt den drei hier anzusprechenden weltanschaulichen Komponenten eine so zentrale Rolle zu, weil sie mit dem menschlichen Gefühlshaushalt zusammenhängen und eine Aussagekraft für den Umgang mit dem aktuellen Neofaschismus haben.

Die ‚Nürnberger Gesetze' sind nicht nur eine Ansammlung von Paragraphen. Sie sind auch in juristische Form gegossene Sprache. Ihre Begrifflichkeit ist geprägt von der faschistischen Alltagssprache und gleichzeitig der Versuch, gesellschaftliche Machtverhältnisse in feste, justitiable Formen zu gießen. Wie Victor Klemperer beobachtet hat, wirkte die faschistische Sprache nicht durch reine Propaganda oder Willenserklärungen, sondern mit Hilfe der Durchdringung des Alltagsbewusstseins, indem der „Nazismus [...] in Fleisch und Blut der Menge [glitt] durch die Einzelworte, die Redewendungen, die Satzformen, die er ihr in millionenfachen Wiederholungen aufzwang und die mechanisch und unbewußt übernommen wurden."[42] Die ‚Nürnberger Gesetze' waren so Ausdruck des ‚nationalsozialistischen' Rassenwahns, halfen, ihm eine Form zu geben, und bereiteten den Massenmord an den europäischen Juden vor.

Blut

Eine zentrale Kategorie der ‚Nürnberger Gesetze ist die des ‚Blutes'. Dies kommt bereits in der Präambel des „Blutschutzgesetzes" zum Ausdruck, in der formuliert wird, dass die „Reinheit des deutschen Blutes die Voraussetzung für den Fortbestand des Deutschen Volkes ist" und die Voraussetzung, die Deutsche Nation für alle Zukunft zu sichern"[43]. Was hier formuliert wird, findet sich bereits in „Mein Kampf"[44]:

42 Victor Klemperer: LTI. Notizbuch eines Philologen, Leipzig 2005, S. 26.

43 Gesetz zum Schutze des deutschen Blutes und der deutschen Ehre vom 15. September 1935, N.G., S. 58-61, hier S. 58.

44 Adolf Hitler: Mein Kampf. Eine Abrechnung, 1. Band, München 1939, S. 324.

> Die Blutsvermischung und das dadurch bedingte Senken des Rassenniveaus ist die alleinige Ursache des Absterbens aller Kulturen; denn die Menschen gehen nicht an verlorenen Kriegen zugrunde, sondern am Verlust jener Widerstandskraft, die nur dem reinen Blute zu eigen ist.

In diesen Worten Adolf Hitlers erscheint das ‚Blut' als treibende Kraft in der Geschichte. Damit werden gesellschaftliche Machtkämpfe, die immer Beziehungen zwischen Menschen sind, zu einem quasi natürlichen Prozess. Der Mensch kann nur eingreifen, indem er die eigene ‚Rasse' von äußeren Einflüssen rein erhält. Als eine Ursache liegt dieser Biologisierung die Definition zugrunde, die deutsche Nation sei „eine durch gemeinsame Abstammung und gemeinsames Blut geprägte Volksgemeinschaft."[45] In Deutschland führte das Ausbleiben einer erfolgreichen bürgerlichen Revolution dazu, dass das Bürgertum sich zwar der wirtschaftlichen Macht, jedoch nicht des Staates bemächtigen konnte. Eine Definition der eigenen Nation über eine Identifikation mit dem Staat war so nicht möglich. Die deutsche ‚Kulturnation' konnte sich nur über die Kriterien der Abstammung, der Sprache und der kulturellen Tradierung beschreiben.[46]

Die Biologisierung der Sprache gehorcht der Methode, biologische Merkmale auf gesellschaftliche Zustände zu projizieren, die mit der Entwicklung der Darwinschen Lehre und deren Übertragung auf die soziale Welt an Relevanz gewonnen hat. Dabei kommt dem Begriff des ‚Körpers' eine zentrale Rolle zu. Er lässt ein geschlossenes, vereinheitlichtes System imaginieren. Wird seine Funktion gestört, indem einzelne Glieder nicht mehr funktionieren oder er von Krankheiten oder Schädlingen befallen wird, ist Heilung notwendig.[47] In ihrem Kommentar zu den ‚Nürnberger Gesetzen' schreiben Wilhelm Stuckart und Hans Globke[48]:

> Die Zuführung artfremden Blutes zu dem eigenen führt daher zu dem Volkskörper schädlichen Veränderungen; denn die Homogenität, das instinktsichere Wollen eines Körpers wird dadurch geschwächt; an seine Stelle tritt eine unsichere, schwankende

---

45 Wolfgang Wippermann: Das „ius sanguinis" und die Minderheiten im Deutschen Kaiserreich, in: Hans H. Hahn, Peter Kunze (Hg.): Nationale Minderheiten und staatliche Minderheitenpolitik in Deutschland im 19. Jahrhundert, Berlin 1999, S. 133-143, hier S. 136.

46 Renate Best: Nationalismus und Antisemitismus in Deutschland. Annäherung von zwei Disziplinen in der Historiographie, in: Hubert Cancik, Uwe Puschner (Hg.): Antisemitismus, Paganismus, Völkische Religion, München 2004, S. 83-96, hier S. 84.

47 Rainer Guldin: Körpermetaphern. Zum Verhältnis von Politik und Medizin, Würzburg 2000, S. 27.

48 Der ‚furchtbare Jurist', der in der Bundesrepublik noch als Kanzleramtsminister Adenauers Karriere machen konnte. Zit. n. Friedländer, S. 170.

> Haltung in allen entscheidenden Lebenslagen, eine Überschätzung des Intellekts und eine seelische Aufspaltung. Eine Blutmischung erreicht nicht eine einheitliche Verschmelzung beider sich fremder Rassen, sondern hat in der Regel eine Störung des seelischen Gleichgewichts in dem aufnehmenden Teil zur Folge.

In der ‚nationalsozialistischen' Weltanschauung war diese Biologisierung des Gesellschaftlichen Grundlage des Rassenantisemitismus. Die ‚Ausmerzung' der den deutschen ‚Volkskörper' krankmachenden Einflüsse war die praktische Konsequenz dieser pseudowissenschaftlichen Konstruktion.[49] In der NS-Sprache ging eine solche Form der politischen Metaphorik den realen Handlungen voraus und bereitete den ‚Volkskörper' darauf vor, indem sie eine legitimierende Funktion erfüllte[50].

Sexualität

Die ‚Nürnberger Gesetze' waren nicht geschlechtsneutral, sondern zielten auf die männlichen Juden als die „Vergifter deutschen Blutes".[51] So legte der Paragraph 5 des „Gesetzes zum Schutz des deutschen Blutes und der deutschen Ehre" fest, dass wegen des Verstoßes gegen das Verbot des außerehelichen Verkehrs lediglich der Mann bestraft werden sollte. In der Anmerkung Rudolf Beyers wird festgehalten, dass ebenfalls der „nichtjüdische Mann, der mit einer Jüdin außerehelich Geschlechtsverkehr unterhält" bestraft wird[52]. Hierin ebenso wie in dem Verbot der Beschäftigung von ‚arischen' Dienstmädchen in ‚jüdischen' Haushalten wird das ‚nationalsozialistische' Frauenbild deutlich, das die Frau als Gebärerin ‚artgerechten' Nachwuchses sah, den Mann aber als den Verbreiter ‚rassischer' Merkmale und damit als denjenigen, der die Geschicke des ‚Volkskörpers' entscheide.

Julius Streicher betonte im Vorfeld der ‚Rassengesetzgebung' am 1. Dezember 1934 in einer Rede[53]:

> Ein einziger Beischlaf eines Juden bei einer arischen Frau genügt, um deren Blut für immer zu vergiften. Sie hat mit dem ‚artfremden Eiweiß' auch die fremde Seele in sich aufgenommen.

Der Ansicht, bereits durch Geschlechtsverkehr könne die ‚rassische Reinheit' verdorben werden, widersprach das ‚Rassenpolitische Amt' der NSDAP 1935

---

49 Herbert, S. 13-15 und S. 22-28.

50 Wolfgang Beutin: Sprachkritik – Stilkritik. Eine Einführung, Stuttgart u.a. 1976, S. 123.

51 Essner, S. 18.

52 Gesetz zum Schutze des deutschen Blutes und der deutschen Ehre vom 15. September 1935, N.G., S. 58-61, hier S. 60.

53 zit. n. Essner, S. 39.

mit dem Hinweis, Adolf Hitler wolle eine Verbreitung dieser „Irrlehre" verhindern. Es betonte, dass „die rassischen Merkmale eines Menschen durch die Vererbung bestimmt sind."[54] Und bereits im Parteiprogramm der NSDAP von 1920 wurde festgehalten, dass „Volksgenosse" nur sein könne, „wer deutschen Blutes ist, ohne Rücksichtnahme auf Konfession. Kein Jude kann daher Volksgenosse sein."[55] Obwohl die NSDAP versuchte, die ‚Rassenfrage' wissenschaftlich zu fundieren und abzukoppeln von der religiös begründeten Judenfeindschaft, gelang dies nicht völlig. Besonders deutlich wird dies bei der Frage, wer als Jude zu betrachten ist. So definiert die erste Verordnung des ‚Reichsbürgergesetzes' vom 14. November 1935, dass ein „jüdischer Mischling" sei, „wer von einem oder zwei der Rasse nach volljüdischen Großelternteilen abstammt [...]. Als volljüdisch gilt ein Großelternteil ohne weiteres, wenn er der jüdischen Religionsgemeinschaft angehört hat." Wer also Jude ist, wird wiederum über die Frage der Religionszugehörigkeit definiert. Auf die Spitze treibt diese Widersprüchlichkeit Rudolf Beyer, wenn er diesen Paragraphen mit den Worten kommentiert: „Diese Vermutung ist nicht widerlegbar."[56] Obwohl sich der ‚Nationalsozialismus' wissenschaftlich gab, war er immer noch eng verknüpft mit der religiösen Judenfeindschaft. Gerade das sogenannte Blutschutzgesetz ist ein Ausweis für die Verbindung von ‚Rassenfrage' und ‚Sexualität', indem es den Bereich des Privaten, ehelichen und außerehelichen Verkehrs zu reglementieren versucht, mit fatalen Auswirkungen für die Betroffenen.

In der Studie „Soldaten" von Sönke Neitzel und Harald Welzer aus dem Jahr 2011 wird diese Verknüpfung offenbar. Sexuelle Gewalt im Rahmen des Vernichtungskrieges war keine Ausnahmeerscheinung.[57] In diesem Kontext von Bedeutung sind die Fälle, in denen Frauen zum Sex gezwungen und anschließend ermordet wurden, um nicht in Gefahr zu geraten, der „Rassenschande" angeklagt zu werden[58]. Die Annahme der „Rassenschande", ein ideologischer Kampfbegriff, der sich so nicht in den ‚Nürnberger Gesetzen' findet, aber dennoch strafbewehrt war, ist letztlich das, was auch in der Rede Schleichers zum Ausdruck kommt: Durch den Geschlechtsverkehr wird die eigene ‚Rasse' beschädigt. In einem Abhörprotokoll von inhaftierten Angehörigen der Wehrmacht wird dieser Nexus erschreckend deutlich[59]:

54 Ebd., S. 39 f.

55 Ebd., S. 55.

56 Erste Verordnung zum Reichsbürgergesetz vom 14. November 1935, N.G., S. 25-28, hier S. 26.

57 Sönke Neitzel, Harald Welzer: Soldaten. Protokolle vom Kämpfen und Sterben, Frankfurt/M. 2011, S. 217 f.

58 Ebd., S. 219.

59 Ebd.

Hacken lassen hat sie sich, aber man musste sich vorsehen, dass man nicht gekriegt wurde da. Das ist ja nichts Neues, die sind umgebracht worden die Judenweiber, dass es nicht mehr schön war.

Vernunft

In seinem Aufsatz „Moderne und Ambivalenz" beschreibt Zygmunt Bauman den Nationalstaat als Gärtner, der mit Hilfe des ‚social engeneering' die „Aufgabe der Kultivierung von Gefühlen und Fähigkeiten übernahm, die auf andere Art kaum zustande gekommen wären."[60] Aus dem deutschen ‚Volkskörper' wurde das ‚Unkraut' ausgemerzt und vernichtet:

> Wenn Gesellschaft zu einem Garten wird, dann nimmt die Idee vom unwerten Leben in jedem Gesellschaftsentwurf zwangsläufig so viel Platz ein, wie die Notwendigkeit der Bekämpfung von Unkraut und Parasiten in jedem guten Gartenhandbuch ausmacht.

Dieses drastische Bild beschreibt sehr gut den Prozess der Entmenschlichung, der dazu führte, dass die Vernichtungsmaschinerie so funktionierte, wie sie es tat: dass so wenige Deutsche Widerstand leisteten, sondern, waren sie nicht selbst überzeugte Antisemiten, zumindest die Entscheidungen billigend oder neutral hinnahmen.[61] Durch Nationalismus und Rassismus wurde die „Anerkennung der hierarchischen Ordnung, ihrer Legitimität und besonders ihrer Unverrückbarkeit"[62] produziert. Dies ist jedoch nicht als bewusster Prozess zu betrachten, sondern als Vorgang, der die gesellschaftlichen Normen und die Ansprüche des Einzelnen in Übereinstimmung bringt, indem das Gefühl der Zugehörigkeit zu einem ‚Norm-Kollektiv' die Bedrohungsgefühle, die aus dem Gefühl der Widersprüchlichkeit des gesellschaftlichen Lebens zwischen Anspruch und Wirklichkeit, umlenkt auf das als ‚Fremdes', dem Selbst Äußerliches konstruierte[63].

Dies erforderte eine Abkehr vom „Antisemitismus aus rein gefühlmäßigen Gründen"; ein „Antisemitismus der Vernunft" sollte an seine Stelle treten.[64] Nach Cornelia Essner stellen die ‚Nürnberger Gesetze' „etwas völlig Anachro-

60 Zygmunt Bauman: Moderne und Ambivalenz, in: Uli Bielefeld (Hg.): Das Eigene und das Fremde. Neuer Rassismus in der alten Welt? Hamburg 1998, S. 23-49, hier S. 35.

61 Ders.: Große Gärten, kleine Gärten. Allosemitismus: Vormodern, Modern, Postmodern, in: Michael Werz (Hg.): Antisemitismus und Gesellschaft. Zur Diskussion um Auschwitz, Kulturindustrie und Gewalt, Frankfurt a. M. 1995, S. 44-61, Zitat S. 57.

62 Bauman: Moderne und Ambivalenz, S. 39.

63 Vgl. Claussen, Rassismus, S. 144-147.

64 Adolf Hitler: Brief an Adolf Gemlich, in: Detlev Claussen (Hg.): Vom Judenhaß zum Antisemitismus. Materialien einer verleugneten Geschichte, Darmstadt 1987 (Sammlung Luchterhand, 677), S. 190-193, hier S. 192.

nistisches im modernen Europa" dar. Von der Form her seien sie modern gewesen, vom Inhalt aber antimodern.[65] Erinnert sei nur an den Umstand, dass die Ermordung der europäischen Juden an dem Ort in Europa stattfand, an dem die Assimilation der Juden in die Gesellschaft weit vorangeschritten war, eine der Forderungen in der Debatte um die ,Judenemanzipation' – die letztlich doch nur die „bürgerliche Verbesserung der Juden" war, ein obrigkeitsstaatliches Projekt.[66] Voraussetzung für den Holocaust war die Entstehung des ,modernen Antisemitismus' im 19. Jahrhundert, der Versuch der Rationalisierung des religiös begründeten Judenhasses. Peter Pulzer etwa hat den Antisemitismus als eine „Gegenwissenschaft" bezeichnet[67]. Zu suchen ist ihre Entstehung für den Bereich des gesellschaftlichen Lebens und der Politik im 18. und 19. Jahrhundert, als religiöse Erklärungsmuster von ,rationalen' abgelöst und persönliche Machtstrukturen und regionale Ordnungen zurückgedrängt wurden zugunsten von zentral organisierten Nationalstaaten. Diese benötigten einheitliche Standards, Institutionen und Verwaltungsapparate, wozu die Strategie der Normalisierung, also der Homogenisierung und Vereinheitlichung, sowohl über institutionelle als auch über informelle Regelungen realisiert wurde.[68]

In seiner Rede nach der Verabschiedung der „Nürnberger Gesetze forderte Adolf Hitler die Anwesenden auf[69]:

> Sorgen Sie dafür, daß die Nation selbst aber den Weg des Gesetzes nicht verlässt! Sorgen Sie dafür, daß unser Volk selbst den Weg des Gesetzes wandelt! Sorgen Sie dafür, daß dieses Gesetz geadelt wird durch die unerhörte Disziplin des ganzen deutschen Volkes, für das und für die sie verantwortlich sind.

Die ,Nürnberger Gesetze' waren der in juristische Form gegossene Rassenwahn. Gleichzeitig waren sie der Versuch der Abkehr vom ,Radauantisemitismus', der sich in Angriffen gegen Geschäfte, Mordaktionen und Brandstiftungen äußerte. Verfolgung, Raub, Mord sollten ab jetzt in geordneten Bahnen verlaufen, mit Disziplin und auf dem Wege des Gesetzes. Folgerichtig war der Holocaust bei aller Grausamkeit auch ein bürokratisches Projekt, das einer fatalen Binnenrationalität folgte. Die Dimensionen des ,nationalsozialistischen' Massenmordes sind nicht deshalb so unerträglich, weil er etwas wäre, was außerhalb der Zivili-

---

65 Essner, S. 14.

66 Claussen, Vom Judenhaß, S. 10 f.

67 Benz, Bergmann, S. 18.

68 Werner Sohn: Bio-Macht und Normalisierungsgesellschaft. Versuch einer Annäherung, in: Ders., Herbert Mertens (Hg.): Normalität und Abweichung. Studien zur Theorie und Geschichte der Normalisierungsgesellschaft, Opladen/Wiesbaden 1999, S. 9-29, hier S. 11-14.

69 Zit. n. N.G., S. 4.

sation stünde, sondern im Gegenteil, weil er gerade mit den Mitteln der Moderne möglich wurde[70]:

> Die moderne Zivilisation war gewiß nicht die einzige, mit größter Wahrscheinlichkeit aber eine notwendige Voraussetzung des Holocaust.

Fazit

Zwar bereiteten die rassistischen Theorien des 19. und 20. Jahrhunderts dem ,nationalsozialistischen' Rassenwahn den Boden, doch dessen Besonderheit liegt in der bürokratisch kalten Durchführung: Noch „nie ist eine rassistische Idee so konsequent verwaltet worden wie die antisemitische im ,Dritten Reich'", konstatiert Cornelia Essner in ihrem Grundlagenwerk zu den ,Nürnberger Gesetzen'.[71] Die Suche nach der Klassifizierung der Juden dauerte die gesamte Zeit des ,Dritten Reiches' an.[72] Neueren Untersuchungen nach lebten in Deutschland zum Zeitpunkt des Erlasses der ,Nürnberger Gesetze', setzt man ihre Kategorisierung an, etwa 502.000 ,Volljuden', 70.000 bis 75.000 ,Halbjuden', 125.000 bis 130.000 ,Vierteljuden' sowie 195.000 bis 205.000 ,Mischlinge', die von der antisemitischen Gesetzgebung betroffen waren.[73] Bis zum Jahr 1940 wurden 2090 Personen wegen Verstößen gegen diese Gesetze verurteilt[74]. Diese Zahl erscheint gering, doch die mittelbaren Folgen der ,Nürnberger Gesetze' waren weitreichender. Sie lieferten die Basis für die Entrechtung und Beraubung der Juden und schließlich für ihre Ermordung.

In ihrer Studie zum Anteil der deutschen Bevölkerung an der Judenverfolgung kommt Ursula Büttner zu dem Schluss, dass „die permanente Verschärfung der Judenpolitik von der Mehrzahl der Deutschen hingenommen, wenn nicht unterstützt" wurde. Sie führt eine Vielzahl von Gründen an, wie das Bedürfnis, Teil einer scheinbar harmonischen ,Volksgemeinschaft' zu sein, die Überwindung der Wirtschaftskrise oder der Arbeitslosigkeit. Als ausschlaggebend betrachtet sie aber die fehlende Anteilnahme am Schicksal der Juden[75]:

---

70 Zygmunt Bauman: Dialektik der Ordnung. Die Moderne und der Holocaust, Hamburg 1992, S. 27.

71 Essner, S. 445.

72 Ebd., S. 15.

73 Friedländer, S. 168.

74 David Bankier: Artikel „Nürnberger Gesetze", in: Israel Gutmann u.a. (Hg.): Enzyklopädie des Holocaust. Die Verfolgung und Ermordung der europäischen Juden, Bd. II, München / Zürich o. J., S. 1055 f.

75 Ursula Büttner: Der Alltag der Judenverfolgung und der Anteil der Bevölkerung daran, in: Dies. (Hg.): Die Deutschen und die Judenverfolgung im Dritten Reich, Frankfurt a. M. 2003 (Die Zeit des Nationalsozialismus. Eine Buchreihe), S. 86-110, hier S. 102.

> Die Juden waren Fremde im deutschen Volk, sie wurden nicht erst von den Nationalsozialisten dazu gemacht.

Welche Schlüsse lassen sich daraus nun für unser Handeln im Hier und Jetzt ziehen? Wir leben in einer Zeit, die durch gesellschaftliche Widersprüche gekennzeichnet ist. Wurde der Neoliberalismus lange Zeit als nur leicht verschleierte Variante des Sozialdarwinismus gepriesen, so ist er heute angesichts der Finanz- und Wirtschaftskrise und der sich verschärfenden Kluft zwischen arm und reich delegitimiert. Dennoch gibt es immer wieder den Versuch, bestehende Ungerechtigkeiten innerhalb des Kapitalismus nicht als diesem System inhärent zu betrachten, sondern Substitute dafür verantwortlich zu machen. Die Ursachen von Ausbeutung und Konkurrenz werden nicht gesellschaftlich analysiert, sondern verkürzt auf ‚fremde Mächte', Juden, Fremde und andere Gruppen projiziert, die als die Verursacher der Probleme erscheinen.

Um den Antisemitismus wirksam zu bekämpfen, ist es notwendig, nach seinen gesellschaftlichen Ursachen zu fragen. Nicht zuletzt ist zu diesen der Ruf nach einer ‚normalen' nationalen Identität zu zählen[76]:

> Um diesen Schein von Einheit herzustellen, bedarf es des Ausschlusses von Menschen, die nicht mit der eigenen Nation identisch sein sollen. [...] Die hohle Phrase nationaler Identität beutet die Sehnsucht der Menschen nach Geborgenheit in einer bedrohlichen Welt aus. Die Parole von nationaler Identität spielt die Sicherheit falscher Gefühle gegen die Unsicherheit einer widerspruchsvollen Wahrnehmung der Wirklichkeit aus.

Dazu gehört es dann auch, gegenüber dem Staat und der Kulturindustrie genauso wie gegenüber WissenschaftlerInnen kritisch zu bleiben, die die gesellschaftlichen Verhältnisse als ‚natürlich' ‚verkaufen' wollen. Sich nicht entmündigen zu lassen, den Mut zu haben, sich „seines Verstandes ohne Leitung eines anderen zu bedienen", Rassismus, Antisemitismus, Neofaschismus und Rechtspopulismus entschieden entgegenzutreten, wo immer sie auftauchen und unverdrossen für Mitmenschlichkeit und Solidarität zu kämpfen – das mögen richtige Schlussfolgerungen sein.

---

76 Detlev Claussen: Vergangenheit mit Zukunft. Über die Entstehung einer neuen deutschen Ideologie, in: Ders.: Aspekte der Alltagsreligion. Ideologiekritik unter veränderten gesellschaftlichen Verhältnissen, Frankfurt/M. 2000 (Hannoversche Schriften 3), S. 30-55, hier S. 40.

Literatur

Bankier, David: Artikel „Nürnberger Gesetze“, in: Israel Gutmann u.a. (Hg.): Enzyklopädie des Holocaust. Die Verfolgung und Ermordung der europäischen Juden, Bd. II, München/Zürich o. J., S. 1055 f.

Bauman, Zygmunt: Dialektik der Ordnung. Die Moderne und der Holocaust, Hamburg 1992.

Ders.: Große Gärten, kleine Gärten. Allosemitismus: Vormodern, Modern, Postmodern, in: Michael Werz (Hg.): Antisemitismus und Gesellschaft. Zur Diskussion um Auschwitz, Kulturindustrie und Gewalt, Frankfurt a. M. 1995, S. 44-61.

Ders.: Moderne und Ambivalenz, in: Uli Bielefeld (Hg.): Das Eigene und das Fremde. Neuer Rassismus in der alten Welt? Hamburg 1998, S. 23-49.

Benz, Wolfgang; Werner Bergmann: Antisemitismus – Vorgeschichte des Völkermords, in: Dies. (Hg.): Vorurteil und Völkermord. Entwicklungslinien des Antisemitismus, Freiburg i. Br. 1997, S. 10-31.

Bergmann, Werner; Rainer Erb: Antisemitismus in der Bundesrepublik Deutschland. Ergebnisse der empirischen Forschung von 1946-1989, Opladen 1991.

Best, Renate: Nationalismus und Antisemitismus in Deutschland. Annäherung von zwei Disziplinen in der Historiographie, in: Hubert Cancik, Uwe Puschner (Hg.): Antisemitismus, Paganismus, Völkische Religion, München 2004.

Beutin, Wolfgang: Sprachkritik – Stilkritik. Eine Einführung, Stuttgart u.a. 1976.

Beyer, Rudolf (Hg.): Die Nürnberger Gesetze vom 15. September 1935 (Reichsflaggengesetz, Reichsbürgergesetz, Gesetz zum Schutze des deutschen Blutes und der deutschen Ehre) und das Ehegesundheitsgesetz vom 18. Oktober 1935, München [7]1939 (Hitlergesetze XIII, Reclams Universal Bibliothek Nr. 7321, 7321a)

Büttner, Ursula: Der Alltag der Judenverfolgung und der Anteil der Bevölkerung daran, in: Dies. (Hg.): Die Deutschen und die Judenverfolgung im Dritten Reich, Frankfurt a. M. 2003 (Die Zeit des Nationalsozialismus. Eine Buchreihe), S. 86-110.

Claussen, Detlev (Hg.): Vom Judenhaß zum Antisemitismus. Materialien einer verleugneten Geschichte, Darmstadt 1987 (Sammlung Luchterhand, 677), S. 190-193.

Ders.: Rassismus als Rationalisierung von Gewalt, in: Ders.: Aspekte der Alltagsreligion, Frankfurt a. M. 2000 (Hannoversche Schriften 3), S. 130-153.

Ders.: Vergangenheit mit Zukunft. Über die Entstehung einer neuen deutschen Ideologie, in: Ders.: Aspekte der Alltagsreligion. Ideologiekritik unter veränderten gesellschaftlichen Verhältnissen, Frankfurt/M. 2000 (Hannoversche Schriften 3), S. 30-55.

Essner, Cornelia: Die „Nürnberger Gesetze“ oder Die Verwaltung des Rassenwahns 1933-1945, Paderborn/Wien/Zürich 2002.

Friedländer, Saul: Das Dritte Reich und die Juden, München 2007.

Guldin, Rainer: Körpermetaphern. Zum Verhältnis von Politik und Medizin, Würzburg 2000.

Hecht, Ingeborg: Als unsichtbare Mauern wuchsen. Eine deutsche Familie unter den Nürnberger Rassengesetzen, m. e. Vorwort v. Ralph Giordano, Hamburg 1984, S. 51 f.

Herbert, Ulrich: Traditionen des Rassismus, in: Ders.: Arbeit, Volkstum, Weltanschauung. Über Fremde und Deutsche im 20. Jahrhundert, Frankfurt a. M. 1995, S. 11-29.

Hitler, Adolf: Mein Kampf. Eine Abrechnung, 1. Band, München 1939.

Holz, Klaus: Nationaler Antisemitismus. Wissenssoziologie einer Weltanschauung, Hamburg 2001.

Klemperer, Victor: LTI. Notizbuch eines Philologen, Leipzig 2005.

Ders.: Tagebücher 1935-1936, hrsg. v. Walter Nowojski, u. Mitarb. v. Hadwig Klemperer, Berlin ^{2}1999.

Langer, Ulrich: Heinrich von Treitschke. Politische Biographie eines deutschen Nationalisten, Düsseldorf 1998.

Neitzel, Sönke; Harald Welzer: Soldaten. Protokolle vom Kämpfen und Sterben, Frankfurt/M. 2011.

Sohn, Werner: Bio-Macht und Normalisierungsgesellschaft. Versuch einer Annäherung, in: Ders., Herbert Mertens (Hg.): Normalität und Abweichung. Studien zur Theorie und Geschichte der Normalisierungsgesellschaft, Opladen/Wiesbaden 1999, S. 9-29.

Surmann, Rolf: Diskriminierung als Wohltat, in: konkret 8/2011, S. 32.

Volkov, Shulamit: Antisemitismus als kultureller Code, in: Dies.: Antisemitismus als kultureller Code. Zehn Essays, 2. durch ein Reg. erw. Aufl., München 2000, S. 13-36.

Wippermann, Wolfgang: Das „ius sanguinis" und die Minderheiten im Deutschen Kaiserreich, in: Hans H. Hahn, Peter Kunze (Hg.): Nationale Minderheiten und staatliche Minderheitenpolitik in Deutschland im 19. Jahrhundert, Berlin 1999, S. 133-143.

Yahil, Leni: Die Shoah. Überlebenskampf und Vernichtung der europäischen Juden, a. d. Amerik. v. H. Jochen Bußmann, München 1998.

Medizin und Holocaust: Vom nationalsozialistischen Umbruch in der Medizin zu den NS-Medizinverbrechen[1]

Christoph Kopke

Die Diskussion um die „Krise der Medizin“ vor 1933

„Ärzte haben von allen akademischen Berufen zuerst und am aktivsten in der nationalsozialistischen Bewegung gestanden“, ließ Reichsgesundheitsführer Leonardo Conti 1943 im Deutschen Ärzteblatt verlauten.[2]

Und in der Tat: Erhebliche Teile der Ärzteschaft standen 1933 politisch gegen die Weimarer Republik, wenn nicht schon auf Seiten der Nationalsozialisten. Dies muß zunächst vor dem Hintergrund einer seit Mitte der 1920er Jahre tiefgreifenden, z.T. erbittert geführten Debatte über Grundlagen, Probleme und Perspektiven der deutschen Medizin gesehen werden, die in dem Schlagwort von der „Krise der Medizin“ gipfelte. Die Auseinandersetzung wurde nahezu in der gesamten medizinischen Fachpresse geführt. Sie gehörte gegen Ende der Weimarer Republik zu den relevantesten gesundheitspolitischen Themenstellungen und Auseinandersetzungen. Im Zentrum der Debatte um die „Krise der Medizin“ stand die Kritik an der ‚Schulmedizin', der zunehmende Technisierung, Spezialisierung und Verwissenschaftlichung vorgeworfen wurden. Im Zuge dieser Debatte war 1929 erstmals die Rede von einer „Neuen deutschen Heilkunst“, womit eine Synthese von ‚Schulmedizin' und Außenseitermethoden vorgeschlagen wurde.[3]

In zahlreichen Fachorganen beteiligten sich viele Mediziner an der Diskussion:

---

1 Schriftliche Fassung meines Vortrags „Medizin, Eugenik, Holocaust (Medizin ohne Menschlichkeit)“ auf der Tagung „Diskriminierung, Ausgrenzung, Verfolgung – Kontinuitäten und Brüche“, Prora / Rügen, 1. 10. – 3. 10. 2010.

2 Deutsches Ärzteblatt 73 (1943), S. 33.

3 Klasen, Eva-Maria: Die Diskussion über eine „Krise“ der Medizin in Deutschland zwischen 1925 und 1933. Mainz [Med.Diss.] 1984.

> Trotz differenter Auffassungen über Inhalt und Bedeutung der Krise der Medizin, war sie zu einem Sammelbegriff für eine allgemeine Unzufriedenheit mit der Medizin geworden[4].

In der Debatte formulierten sich standespolitische und standesegoistische Interessen, mischten sich Kritiken an einzelnen Missständen und Defiziten des medizinalen Systems mit fundamentalen Angriffen gegen die ‚Schulmedizin', ihr Selbstverständnis und ihre naturwissenschaftlichen Grundlagen. In ihrer Stoßrichtung gegen Spezialistentum und Verwissenschaftlichung war sie in großen Teilen antisemitisch ausgerichtet: Schließlich waren es vor allem jüdische Mediziner, die in neue Fächer, wie etwa in die Dermatologie, drängten, die im Zuge der Professionalisierung der Medizin entstanden. Die Niederlassung als Facharzt war eine probate Lösung, schließlich konnte man als Jude an den Hochschulen kaum erfolgreich sein.[5]

Gleichzeitig muss die Debatte als Teil der allgemeinen Krisenstimmung in der Weimarer Republik verstanden werden.[6] Doch die Krise war nicht nur ‚gefühlt', sondern hatte auch ihre handfesten Seiten: Ein großer Teil der Mediziner verdiente immer schlechter, und gerade Ärzte auf dem Lande hatten Schwierigkeiten, ihre Praxen aufrechterhalten zu können. Viele Ärzte dürften das ‚Dritte Reich' als Ausweg auch aus der eigenen Misere erhofft haben. Mehr als andere Berufsgruppen, vermutet der Historiker Michael Kater, begrüßte die deutsche Ärzteschaft das NS-Regime „vor allem aus sozioökonomischen Gründen"[7].

Zu einem der prominentesten und unter Medizinern populärsten Kritiker avancierte der Danziger Chirurg und Gynäkologe Erwin Liek (1878-1935). Seine Bücher erschienen in hohen Auflagen. Sein Hauptwerke waren „Über das Wunder in der Heilkunde", nach Angaben des Zeitgenossen Theodor Brugsch ein „von den Ärzten nach dem ersten Weltkrieg vergöttert[es] Buch[ ]"[8] und „Der Arzt und seine Sendung". Letzteres erschien mit dem Untertitel „Gedanken eines Ketzers" erstmalig 1925 im völkisch-rassistischen J. F. Lehmann-Verlag[9]

---

4 Bothe, Detlef: Neue Deutsche Heilkunde 1933-1945. Dargestellt anhand der Zeitschrift „Hippokrates" und der Entwicklung der volksheilkundlichen Laienbewegung. Husum 1991, S.16.

5 Hahn, Judith / Schwoch, Rebecca: Anpassung und Ausschaltung. Die Berliner Kassenärztliche Vereinigung im Nationalsozialismus. Berlin / Teez 2009. S. 17.

6 Vgl. grundlegend: Klasen, Diskussion.

7 Kater, Michael: Die soziale Lage der Ärzte im NS-Staat, in: Ebbinghaus, Angelika / Dörner, Klaus: Vernichten und Heilen. Der Nürnberger Ärzteprozeß und seine Folgen. Berlin 2001, S. 51-67, S. 56.

8 Brugsch, Theodor: Arzt seit fünf Jahrzehnten. Berlin 21958, S. 245.

9 Liek, Erwin: Das Wunder in der Heilkunde. München 1930. Liek, Erwin: Der Arzt und seine Sendung. München 1925. [In den mir vorliegenden Auflagen von 1927 und 1929 fehlt der Untertitel] Vgl. zur Geschichte des Verlages J.F. Lehmann und zu seinem An-

und erreichte schon 1929 eine Auflage von über 30000 Exemplaren[10]. Liek hat wesentliche Positionen vorformuliert, die die NS-Medizin kennzeichnen und die sie weiterentwickelte, so die Vorstellung vom Arzt als Führer des Patienten, die Kritik an der „Verwissenschaftlichung“ der Medizin, die organizistische Vorstellung vom „Volkskörper“, die Denunziation sozialpolitischer und Fürsorgemaßnahmen, da sie „natürliche Auslese“ hemmten usw.[11] Liek bekannte sich 1933 zum Nationalsozialismus, den er als „Aufbruch zur Freiheit“ begrüßte. Der Nationalsozialismus sei „eine Zeit, deren Größe wir heute nur ahnen und später erst ganz begreifen werden“[12]. Ohne selbst – aus einer allgemeinen Skepsis jedweden Parteien gegenüber – je der NSDAP beigetreten zu sein, begrüßte Liek die NS-Machtergreifung ausdrücklich wegen der Beseitigung der Demokratie und der Zerschlagung der Arbeiterbewegung.[13] Erwin Liek hatte es aus gesundheitlichen Gründen abgelehnt, das ihm angetragene Amt eines Reichsärzteführers zu übernehmen; allerdings beeinflussten seine Positionen nachhaltig die NS-Gesundheitskonzeption vor allem der ersten Jahre der NS-Diktatur.

---

teil zur Verbreitung von Rassismus in Medizin und Naturwissenschaft: Thomann, Klaus-Dieter: Dienst am Deutschtum – der medizinische Verlag J.F. Lehmann und der Nationalsozialismus, in: Bleker, Johanna /Jachertz, Norbert (Hrsg.): Medizin im „Dritten Reich“, Köln 21993 S. 54-69; Stöckel, Sigrid (Hrsg.): Die „rechte Nation“ und ihr Verleger. Politik und Popularisierung im J. F. Lehmanns Verlag 1890-1979, Berlin 2002.

10 Schmiedebach, Peter: Ärztliche Standeslehre und Standesethik 1918-1945, in: Baader, Gerhard / Schultz, Ulrich (Hrsg.): Medizin und Nationalsozialismus. Tabuisierte Vergangenheit – ungebrochene Tradition? Frankfurt 1980. S. 64-72, S. 65.

11 Vgl.: Wuttke-Groneberg, Walter: „Kraft im Schlagen – Kraft im Ertragen“ Medizinische Reformbewegung und Krise der Schulmedizin in der Weimarer Republik, in: Cancik, Hubert (Hrsg.): Religions- und Geistesgeschichte in der Weimarer Republik. Düsseldorf 1982, S. 277-300, bes. S. 285-287; Schmiedebach, Ärztliche Standeslehre; Schmiedebach, Heinz-Peter: Der wahre Arzt und das Wunder der Heilkunde. Erwin Lieks ärztlich-heilkundliche Ganzheitsideen, in: Der ganze Mensch und die Medizin, Hamburg 1989, S.33-53; Schmid, Wolfgang: Die Bedeutung Erwin Lieks für das Selbstverständnis der Medizin in Weimarer Republik und Nationalsozialismus. Erlangen-Nürnberg [Med. Diss.] 1989; Kater, Michael H.: Die Medizin im nationalsozialistischen Deutschland und Erwin Liek, in: Geschichte und Gesellschaft 16 (1990) S. 440 – 463.

12 Liek, Erwin: Im Dritten Reich, in: Ders: Die Welt des Arztes. Aus 30 Jahren Praxis. Dresden 1933, S. 239-242, S. 239.

13 Liek bejubelte geradezu die ersten „Erfolge“ des Nationalsozialismus: „Abwehr und Vernichtung des Marxismus, Verneinung des Gleichheitswahns, Beseitigung der Parteien, Kaltstellung der Schwatzparlamente, Einigung des deutschen Volkes, Abbau der Arbeitslosigkeit“, in: Ebd.; Vgl. zur Zustimmung zum NS auch: Schmid, Bedeutung Lieks, S. 118ff.

Nationalsozialistische Revolution: Volksgesundheit und „Rasse"

Bereits unmittelbar nach der Machtübernahme der NSDAP kam es gerade auf dem Gebiet der Gesundheitspolitik und im Gesundheitswesen zu tiefen Umbrüchen und Neuorientierungen.[14] Auch die Nationalsozialisten schufen trotz Forderungen und Entwürfen aus den eigenen Reihen kein separates Gesundheitsministerium – Gesundheitspolitik blieb bis 1945 in der Zuständigkeit des Innenministeriums –, aber mit der reichsweiten Errichtung von staatlichen Gesundheitsämtern und dem Aufbau des Netzes von Dienststellen des parteieigenen Hauptamtes für Volksgesundheit wurde 1933 zügig begonnen. NS-Ärztefunktionäre wurden nicht müde, diese institutionellen Erneuerungen und die sie begleitenden ideologischen Neuorientierungen zur „nationalsozialistischen Revolution in Medizin und Gesundheitspolitik"[15] zu verklären. Im Kern allerdings erscheint die rückblickende Einschätzung eines nationalsozialistischen Ärztefunktionärs aus dem Jahre 1935 nicht als übertrieben, wonach „wohl auf keinem Gebiet" (...) „der nationalsozialistische Staat ein solches Aufbauwerk übernommen" habe, „wie auf dem Gebiet des Gesundheitswesens".[16]

Auf die unterschiedlichen institutionellen Akteure im staatlichen Gesundheitswesen und in der NSDAP, ihre zum Teil divergierenden Interessen und die daraus resultierenden Auseinandersetzungen um Macht und Einfluss kann hier nicht eingegangen werden. Letztlich ziehen sich diese Auseinandersetzungen durch das ganze ‚Dritte Reich': Gerade das Gesundheitswesen kann als Beispiel für polykratische Machtverhältnisse im Nationalsozialismus herangezogen werden.[17]

---

14 Labisch, Alfons / Tennstedt, Florian: Gesundheitsamt oder Amt für Volksgesundheit? Zur Entwicklung des öffentlichen Gesundheitsdienstes seit 1933, in: Frei, Norbert (Hrsg.): Medizin und Gesundheitspolitik in der NS-Zeit. München 1991, S. 35-66; Labisch, Alfons / Tennstedt, Florian: Der Weg zum „Gesetz über die Vereinheitlichung des Gesundheitswesens" vom 3. Juli 1934: Entwicklungslinien und -momente des staatlichen und kommunalen Gesundheitswesens in Deutschland. 2 Bde. Düsseldorf 1985; Leibfried, Stephan / Tennstedt, Florian: Berufsverbote und Sozialpolitik 1933. Bremen 1980;

15 So lautet beispielsweise der Titel eines Vortrages von Hans Reiter, dem neuen Präsidenten des Reichsgesundheitsamtes, aus dem Jahre 1933.

16 Rinne: Die Aufgaben des Amtes für Volksgesundheit der NSDAP und seine Zusammenarbeit mit den Staatlichen Gesundheitsämtern, in: Der öffentliche Gesundheitsdienst 1 (1935/36), S. 857-862, S. 857.

17 Vgl.: Süß, Winfried: Der „Volkskörper" im Krieg. Gesundheitspolitik, Gesundheitsverhältnisse und Krankenmord im nationalsozialistischen Deutschland 1939-1945. München 2003; Woelk, Wolfgang / Vögele, Jörg: Einleitung, in: Dies., Geschichte der Gesundheitspolitik, S. 11-48, bes. S. 29-33. Zu den Strukturen vgl. an zeitgenössischer Li-

Die großen Standesorganisationen der Ärzteschaft ordneten sich 1933 in ihrer Gesamtheit in die nationalsozialistische Politik weitgehend freiwillig ein; schließlich versprachen die Nationalsozialisten die Umsetzung zahlreicher von ihnen schon lang erhobener standespolitischer Forderungen. Der 1929 gegründete Nationalsozialistische Deutsche Ärztebund (NSDÄB), dem 1933 nur etwa 3000 Mediziner angehörten, war, ohne ein in sich geschlossenes Konzept einer nationalsozialistischen Gesundheitspolitik vorweisen zu können, „treibender Motor“[18] der Entwicklung, obgleich er im weiteren Verlauf der nationalsozialistischen Herrschaft keine große Rolle mehr spielen sollte.[19] Die nationalsozialistischen Ärzte bildeten einen wichtigen „Kaderstamm“ zur Besetzung der durch die politisch und rassistisch motivierten ‚Säuberungen’ freigewordenen oder neu entstandenen „leitenden Positionen im Gesundheitswesen und in den ärztlichen Verbänden und Organisationen.“[20] Ob allerdings die schnelle und reibungslose Selbstindienststellung der ärztlichen Standesorganisationen mit dem Begriff der „Neutralisierung“[21] treffend zu beschreiben ist, erscheint angesichts des zielgerichteten Engagements vieler ihrer Spitzenfunktionäre fraglich. Die Führungen der Ärzteverbände jedenfalls stimmten in den zentralen Positionen mit den Nationalsozialisten auch inhaltlich überein: Entfernung von Juden und „Marxisten“ aus allen Bereichen des Gesundheitswesens, Hebung des Ansehens des Ärztestandes und Zurückdrängen des Einflusses der als „marxistisch“ denunzierten Krankenkassen.

---

teratur u. a.: Gütt, Arthur: Der Aufbau des Gesundheitswesens im Dritten Reich. Berlin 1935; Pohlen, K.: Die Gesundheitsbehörden im Deutschen Reiche. Zusammengestellt im Reichsgesundheitsamt. Berlin 1936; Bunz, Fritz: Was muß der praktische Arzt vom staatlichen Gesundheitswesen wissen? Berlin 1938; Ramm, Rudolf: Ärztliche Rechts- und Standeskunde. Der Arzt als Gesundheitserzieher. Berlin 21943.

18 Kater, Michael H.: Medizin und Mediziner im Dritten Reich, in: Historische Zeitschrift 244 (1987), S. 299-352, hier S. 306; Vgl. auch: Süß, Volkskörper, S. 53.

19 Zum NSDÄB vgl.: Zapp, Albert: Untersuchungen zum Nationalsozialistischen Ärztebund (NSDÄB). Kiel [Diss. med.] 1979; Lilienthal, Georg: Der Nationalsozialistische Deutsche Ärztebund (1929-1943/45): Wege zur Gleichschaltung und Führung der deutschen Ärzteschaft, in: Kudlien, Fridolf: Ärzte im Nationalsozialismus. Köln 1985, S. 105-121; Müller, Peter: Entstehungsgeschichte und Wirksamkeit des Nationalsozialistischen Deutschen Ärztebundes (1929 bis 1943). Leipzig [Diss. med.] 1996; Süß, Volkskörper, S, 53-72.

20 Thom, Achim: Formen der Mitwirkung der deutschen Ärzteschaft bei der Kriegsvorbereitung durch das faschistische Regime in den Jahren 1933 bis 1939, in: Fahrenbach, Sabine und Achim Thom (Hrsg.): Der Arzt als „Gesundheitsführer“. Ärztliches Wirken zwischen Ressourcenerschließung und humanitärer Hilfe im 2. Weltkrieg. Frankfurt/Main 1991, S. 11-24, S.12.

21 Kater, Medizin und Mediziner, S. 306; Süß, Volkskörper, S. 53.

Mit der rigorosen, zunächst ökonomischen, später auch physischen „Ausschaltung“ so genannter „nichtarischer“ Ärzte war bereits 1933 begonnen worden: Zunächst wurden jüdische Mediziner aus dem öffentlichen Gesundheitswesen verbannt, später durch Entzug der Kassenzulassung, dann ab 1938 durch Entzug der ärztlichen Approbation von jeder normalen ärztlichen Tätigkeit ausgeschlossen. Wer konnte, emigrierte, wobei die zur Ausreise Gezwungenen dabei noch erheblicher Vermögenswerte beraubt wurden. Zahlreiche in Deutschland verbliebene jüdische Mediziner kamen dann in den Vernichtungslagern oder im Getto Theresienstadt ums Leben.[22]

Die im Laufe des Jahres 1933 auf den Weg gebrachten rassistischen und antisemitischen Gesetze, wie das „Gesetz zur Wiederherstellung des Berufsbeamtentums“, das „Gesetz zur Wiederherstellung des deutschen Blutes und der deutschen Ehre“ (Nürnberger Gesetze), das „Gesetz zur Verhütung erbkranken Nachwuchses“, und das „Gesetz zum Schutze der Erbgesundheit des deutschen Volkes“, sind wesentlich durch NS-Ärzte formuliert worden und müssen im Zusammenhang einer verbindenden rassistischen Gesellschaftskonzeption gesehen werden: „Alle diese Gesetze, von denen die meisten auf Initiative der Reichsärzteführung erlassen wurden, dienen der Aufartung des Volkes.“[23] Die enge Verbindung rassenhygienischer, erbbiologischer und gesundheitspolitischer Vorstellungen mit einer zutiefst irrationalen rassistischen Weltsicht und vor allem einem aggressiven Antisemitismus findet sich programmatisch verdichtet beispielsweise in der 1935 erschienenen Schrift „Nationalsozialistische Rassen- und Bevölkerungspolitik“ von Reichsärzteführer Gerhard Wagner.[24]

---

22 Vgl. u. a.: Fahrenbach, Sabine: Verfolgung – Vertreibung – Vernichtung jüdischer Mediziner in Deutschland, in: Fahrenbach, Sabine / Thom, Achim (Hrsg.): Der Arzt als „Gesundheitsführer“. Ärztliches Wirken zwischen Ressourcenerschließung und humanitärer Hilfe im 2. Weltkrieg, Frankfurt/Main 1991, S. 151-159; vgl. an neueren regionalgeschichtlichen Arbeiten nur: Hahn / Schwoch, Anpassung und Ausschaltung; Schwoch, Rebecca (Hrsg.): Berliner jüdischen Kassenärzte und ihr Schicksal im Nationalsozialismus. Ein Gedenkbuch. Berlin / Teetz 2009; Damskis, Linda Lucia: Zerrissene Biografien. Jüdische Ärzte zwischen nationalsozialistischer Verfolgung, Emigration und Wiedergutmachung. München 2009. Rueß, Susanne: Stuttgarter Ärzte während des Nationalsozialismus. Würzburg 2009; Drexler-Gormann, Birgit: Jüdische Ärzte in Frankfurt am Main 1933-1945. Isolation, Vertreibung, Ermordung. Frankfurt/Main 2009.

23 Ramm, Standeskunde, S. 137.

24 Wagner, Gerhard: Nationalsozialistische Rassen- und Bevölkerungspolitik. München 1935. Vgl. dazu ausführlich: Rensmann, Lars: Antisemitismus und „Volksgesundheit“. Zu ideologiehistorischen Verbindungslinien im politischen Imaginären und in der Politik, in: Kopke, Christoph: Medizin und Verbrechen. Festschrift zum 60. Geburtstag von Walter Wuttke. Ulm 2001, S. 44-82, bes. S. 67.

Von der „Neuen Deutschen Heilkunde“ zur „Gesundheitsführung“

In der Phase der „Formierung einer spezifisch nationalsozialistischen Medizin“ suchten die Nationalsozialisten schon 1933 – zumindest zeitweilig - den Schulterschluss mit Vertretern aller möglichen alternativ-medizinischen bzw. paramedizinischen Richtungen.[25] Bereits unmittelbar nach der Machtübernahme riefen sie die an sog. „Außenseitermedizin“ orientierten Ärzte zur Mitarbeit auf und versprachen eine vorurteilsfreie Prüfung aller unterschiedlichen Heilmethoden.[26] Jene wiederum dürften in ihrer Mehrheit diese Entwicklungen begrüßt haben, erhofften sie doch endlich eine öffentliche und staatliche Akzeptanz ihrer Methoden und Teilhabe am Gesundheitswesen. Ein nationalsozialistischer Naturarzt drückte dies 1936 so aus[27]:

> Das Ringen um eine Aufnahme naturheilerischen Denkens und Handelns in die offizielle Medizin erschien im materialistischen Zeitalter als wenig aussichtsreich. Erst der mit der nationalen Erhebung einsetzende geistige Umbruch machte den Weg zu einer freien Entfaltung der idealistischen Kräfte frei, die eine gründliche Umwandlung in der ärztlichen Zielsetzung erstrebten. Daher fanden die Forderungen der nationalsozialistischen Staats- und Ärzteführung im Lager der Naturärzte freudigen Widerhall.

Fast anderthalb Jahre, nachdem Reichsärzteführer Wagner die „biologischen Ärzte“ zur Mitarbeit an der nationalsozialistischen Gesundheitspolitik aufgerufen hatte, schlossen sich im Ende Mai 1935 sieben Ärzteverbände, die ein breites Spektrum verschiedenster Richtungen der „biologischen Medizin“ repräsentierten, zur „Reichsarbeitsgemeinschaft für eine Neue Deutsche Heilkunde“ zusammen.[28] Durch Integration der Naturärzte sollte es zur Synthese mit der ‚Schulmedizin‘ kommen. Ideologisch ging es, so Reichsärzteführer Gerhard Wagner, darum, als Basis dieser Neuen Deutschen Heilkunde „die nationalso-

25 Wuttke-Groneberg, Walter: Heilpraktiker im Nationalsozialismus, in: Brinkmann, Manfred / Franz, Michael (Hrsg.): Nachtschatten im weissen Land. Betrachtungen zu alten und neuen Heilsystemen. Berlin 1982. S.127-147, S. 127.

26 Vgl. den Aufruf Gerhard Wagners, in: Deutsches Ärzteblatt 63 (1933), S. 421 (= 7. Oktober 1933); Der Aufruf wurde in den zentralen volks- und naturheilkundlichen Blättern in Auszügen wiedergegeben.

27 Hube, Fritz: Taschenbuch des Naturheilverfahrens für den praktischen Arzt. Leipzig 1936, S. 8-9.

28 Haug, Alfred: Die Reichsarbeitsgemeinschaft für eine Neue Deutsche Heilkunde (1935/36) Ein Beitrag zum Verhältnis von Schulmedizin, Naturheilkunde und Nationalsozialismus. Husum 1985.; Bothe, Neue Deutsche Heilkunde, S. 96-97.

zialistische Weltanschauung von den natürlichen, den biologischen Grundgesetzen allen Geschehens" durchzusetzen.[29]

Die wichtigste Funktion der Integration der biologischen Medizin bestand in deren ideologischen Instrumentalisierung zur Durchsetzung nationalsozialistischer Weltanschauung in der Medizin und bei den Medizinern. Vorrangig ging es zunächst um die Beendigung der Diskussion um die „Krise der Medizin" und um die Beendigung der dadurch entstandenen Vertrauenskrise in der Bevölkerung gegenüber der Medizin, die von nationalsozialistischen Gesundheitspolitikern als dysfunktional erkannt wurde. Der Methodenstreit wurde zurückgestellt, die Angriffe gegen die ‚Schulmedizin' wurden in eine Diskussion ihrer vorgeblichen politischen Grundlagen kanalisiert, die vor 1933 in einer „jüdisch-liberalistischen" bzw. „jüdisch-kommunistischen" Grundideologie bei gleichzeitiger Vernachlässigung des ‚Natürlichen', der Rasse usw. bestanden hätten.[30] In der Diskussion um die Neue Deutsche Heilkunde tauchten bereits wesentliche Elemente auf, die später in der Konzeption der nationalsozialistischen ‚Gesundheitsführung' zentral ausformuliert werden sollten[31]:

> Neue Deutsche Heilkunde hieß vor allem, den in der Naturheilkunde verbreiteten Gedanken einer präventiven und gesundheitserzieherischen Heilkunde aufzugreifen und unter Berücksichtigung einer rassenhygienischen Denkweise in der Medizin zu verankern.

Der Begriff „Neue Deutsche Heilkunde" war früh zu einem zentralen konzeptionellen Schlagwort der NS-Gesundheitspolitik geworden. Für die Nationalsozialisten war die herkömmliche ‚Schulmedizin' zu ‚jüdisch-marxistisch', sie galt ihnen als Ausdruck materialistischen Denkens und wurde als Fürsorgemedizin denunziert, die das Schwache durchbringe, anstatt das Starke zu fördern.[32]

---

29 Zitiert nach: Bothe, Neue Deutsche Heilkunde, S. 97.

30 Bothe, Neue Deutsche Heilkunde, S. 97-100;

31 Ebd., S. 103.

32 Vgl. nur: Walter Wuttke: „Deutsche Heilkunde" und „Jüdische Fabrikmedizin": Zum Verhältnis von Natur- und Volksheilkunde und Schulmedizin im Nationalsozialismus, in: Bussche, Hendrik van den (Hrsg.): Anfälligkeit und Resistenz. Zur medizinischen Wissenschaft und politischen Opposition im „Dritten Reich". Vorträge und Reden anläßlich der Einweihung des Rothe-Geussenhainer-Hauses im Universitätskrankenhaus Hamburg-Eppendorf am 3. 12. 1987. Berlin und Hamburg 1990. S. 23-54; Jütte, Robert: Geschichte der Alternativen Medizin. Von der Volksmedizin zu den unkonventionellen Therapien von heute. München 1996, S. 45.

Dagegen setzten die Nationalsozialisten mit dem Schlagwort „Vorsorge statt Fürsorge“ die Idee von Prophylaxe und Gesundheitserziehung, verbunden mit dem autoritären Konzept der „Gesundheitsführung“[33]:

> „Gesundheit ist (...) Voraussetzung für die volle Leistungsfähigkeit; sie zu fördern und zu pflegen ist Ziel und Aufgabe der Gesundheitsführung des deutschen Volkes. Hierbei beschäftigen wir uns nicht nur mit dem Menschen, der schon krank ist, sondern vornehmlich mit dem gesunden. Wir wollen ihn so gesund, leistungsstark und leistungsfähig entwickeln, wie es sein Erbgut überhaupt zuläßt.

Gesundheit wurde nicht mehr als individuelles Wohlergehen verstanden, sondern mit der Leistungsfähigkeit des Einzelnen für die Volksgemeinschaft gleichgesetzt. Unmittelbar ging es um die Schaffung einer „an der Leistung des Einzelnen orientierten Billigmedizin“[34].

Der totalitäre Anspruch, der mit dem Begriff der Gesundheitsführung verbunden war, wird auch aus einem Text des damaligen stellvertretenden Reichsärzteführers Fritz Bartels aus dem Jahre 1937 deutlich[35]:

> Gesundheitsführung ist der Wille, einen jeden Menschen und das Gesamtvolk, soweit irgend möglich, zu dem Gesundheits- und Leistungsstand zu entwickeln, den Erb- und Rasseanlagen überhaupt als erreichbar erscheinen lassen.

Ausgehend von dieser Zweckbestimmung erschließt sich, dass „der spezifische Begriff einer Gesundheitsführung ausschließlich“ für das öffentliche Gesundheitswesen und die Gesundheitspolitik in der NS-Zeit zutreffend ist und sich von den Aufgaben des Gesundheitswesen der vorangegangenen Republik in zwei zentralen Punkten klar unterschied. Diesem fehlten vor allem „in der theoretischen Zielsetzung die sozialbiologischen Intentionen und in der praktischen Durchführung die Organisations- und Funktionsformen der nationalsozialistischen Herrschaft.“[36] Gleichwohl erscheint das Konzept der Gesundheitsführung „als logische Weiterentwicklung“ sozialhygienischer und gesundheitspolitischer Konzepte aus der Weimarer Republik, wo „Medizin als Sozialtechnologie“ schon „mehr als angedacht war“.[37]

---

33 Wagner, Gerhard: Die Wichtigkeit richtiger Ernährung für die Erhaltung voller Leistungsfähigkeit, in: Ziel und Weg 8 (1938), S. 480-482, S. 480.

34 Jäckle, Renate: Die Ärzte und die Politik 1930 bis heute. München 1988, S. 96.

35 Bartels, Fritz: Gesundheitsführung und Ernährung, in: Arbeit und Ernährung. Berlin 1937, S.1-7, S. 1.

36 Kater, Michael H.: Die „Gesundheitsführung“ des Deutschen Volkes, in: Medizinhistorisches Journal 18 (1983), S. 349-375, S. 349.

37 Stöckel, Sigrid / Heidler, Mario: Gesundheitsführung des deutschen Volkes – eine nationalsozialistische Variante des Taylorismus?, in: Kuhn, Joseph / Göbel, Eberhard

Verknüpft war dies mit einem spezifisch biopolitischen Konzept der „Volksgesundheit".[38] „Neue Deutsche Heilkunde" und „Gesundheitsführung" waren fest eingebettet in das rassistische Gesellschaftsverständnis und die rassistische Gesellschafts- und Sozialpolitik des Nationalsozialismus, in der der „biologische Gedanke" „Leitgedanke" sein sollte. Bernhard Hörmann vom Hauptamt für Volksgesundheit der NSDAP fasste diese grundsätzliche ideologische Ausrichtung aller nationalsozialistischen Politik 1942 in folgende Worte[39]:

> Der biologische Gedanke ist Leitgedanke des nationalsozialistischen Staates, der nationalsozialistischen Volksgemeinschaft geworden. Uns dienen alle außenpolitischen und innerpolitischen Maßnahmen und Gesetze, insbesondere die Rassenpflege, Rassenkunde, Erbgesundheitspflege, Bevölkerungspolitik, der Verwirklichung des biologischen Gedankens als Tragpfeiler unserer völkischen Entwicklung in der Zukunft.

Ärzten kam in diesem Konzept die Rolle sogenannter „Gesundheitsführer" bzw. „Gesundheitserzieher" zu, sie sollten zugleich „Rassenpfleger und Bevölkerungspolitiker" sein.[40]

Auch wenn sich das Konzept einer „Neuen Deutschen Heilkunde" in seinem ursprünglichen Sinne nicht durchsetzen konnte und gerade im Krieg die „reine Schulmedizin", darunter vor allem die Chirurgie wieder mehr an Ansehen gewann, blieb der Begriff in der Diskussion, unterlag aber einem Bedeutungs- bzw. Funktionswandel. Nun galt es, das Konzept der Gesundheitsführung ideologisch zu flankieren.

Ärzte als Nationalsozialisten – Mediziner als Täter

Gemessen an der großen Bedeutung, die Ärzten im NS-Staat zukam und zugesprochen wurde, verwundert es kaum, dass Mediziner als Berufsgruppe überdurchschnittlich stark nationalsozialistisch orientiert und organisiert waren. Nahezu 45% der deutschen Mediziner waren während des „Dritten Reiches" Mit-

---

(Hrsg.): Gesundheit als Preis der Arbeit? Gesundheitliche und wirtschaftliche Interessen im historischen Wandel. Frankfurt/Main 2001, S.99-117, S.144.

38 Kater, Michael H.: „Volksgesundheit". Ein biopolitischer Begriff und seine Anwendung, in: Lehmann, Hartmut / Oexle, Otto Gerhard (Hrsg.): Nationalsozialismus in den Kulturwissenschaften, Band 2: Leitbegriffe – Deutungsmuster – Paradigmenkämpfe. Erfahrungen und Transformationen im Exil. Göttingen 2005, S.101-114.

39 Hörmann, Bernhard: Einführung, in: Reiter, Hans / Breger, Joh. (Hrsg.): Deutsches Gold. Gesundes Leben – Frohes Schaffen. München 1942, S. 13-28, S. 16.

40 Ramm, Standeskunde, passim

glied der NSDAP, wogegen nur je etwa 25% der Lehrer und selbst der Juristen Parteimitglieder waren.[41]

Wenn wir an die NS-Medizin denken, fallen uns sehr schnell und vor allem die nationalsozialistischen Medizinverbrechen ein: Einzelne Mediziner waren an der Konzeption und Umsetzung der rassistischen Gesellschaftspolitik und an der NS-Vernichtungspolitik aktiv und führend beteiligt.[42] Hier sind zunächst die unterschiedlichen Krankenmordaktionen besonders augenfällig. Heute geht die Forschung von einer Gesamtzahl von mehr als 200.000 Opfern der NS-Euthanasie aus.[43]

Darunter fallen

die zentral gesteuerten Krankenmordaktionen im Rahmen der „Aktion T 4" (in den Tötungsanstalten Bernburg, Pirna-Sonnenstein, Brandenburg, Hadamar, Grafeneck und Hartheim),

die Morde im Rahmen der Aktion 14f13 in den KZ-Lagern bzw. nach Verlegung in den Tötungsanstalten (sog. ‚Häftlingseuthanasie'),

die Kinder-„Euthanasie",

die „wilde Euthanasie" bzw. das „Hungersterben" in den Heimen vor allem gegen Ende des Krieges.

Von den Euthanasieverbrechen war der Weg zu einer umfassenden Genozidpolitik kurz: Die Krankenmordaktionen begannen zeitlich vor dem Judenmord und sind als eigenständiges Massenverbrechen zu verstehen. Gleichwohl existiert ein direkter Zusammenhang durch die Übernahme bzw. durch den Transfer eingeübter Mordpraktiken (LKW-Abgase, Gaswagen) und von (auch ärztlichen) „Fachleuten", d. h. Tötungsspezialisten, bei Errichtung und Betrieb des Tötungszentrums Kulmhof (Chelmo) Ende 1941 und der Mordstätten der ‚Aktion Reinhard' (Belzec, Sobibor, Treblinka), die seit Frühjahr bzw. Sommer 1942 in

---

41 Vgl. zu den Zahlen und weitere Angaben bei: Rüther, Martin: Ärztliches Standeswesen im Nationalsozialismus 1933-1945, in: Jütte, Robert (Hrsg.): Geschichte der deutschen Ärzteschaft. Organisierte Berufs- und Gesundheitspolitik im 19. und 20. Jahrhundert. Köln 1997, S. 143-193, hier S. 166-168.

42 Vgl. u.a. : Friedlander, Henry: Der Weg zum NS-Genozid. Von der Euthanasie zur Endlösung. Berlin 1997; Ders.: Von der „Euthanasie" zur „Endlösung" in: Henke, Klaus-Dietmar (Hrsg.): Tödliche Medizin im Nationalsozialismus. Von der Rassenhygiene zum Massenmord. Köln u. a. 2008, S. 185-202; Vgl. auch: Evans, Richard J.: Zwangssterilisierung, Krankenmord und Judenvernichtung im Nationalsozialismus, in: Ebd., S. 31-45.

43 Der Forschungsstand ist durch zahlreiche regionalgeschichtliche und anstaltsbezogene Arbeiten inzwischen recht unübersichtlich. Vgl. zur Einführung u.a.: Kaminsky, Uwe: Die NS-"Euthanasie". Ein Forschungsüberblick, in: Ebd., S. 268-290.

Betrieb genommen wurden. Mindestens 90 Personen, die als Mitarbeiter der T4-Aktion Erfahrungen im Töten gesammelt hatten, waren im Rahmen der ‚Aktion Reinhard' eingesetzt: „Zuletzt bestand beinahe die gesamte deutsche Besetzung in den Vernichtungslagern der Aktion Reinhard aus T4-Personal"[44], darunter waren auch Ärzte.

Unser Bild von der NS-Medizin prägen daneben vor allem die Menschenversuche, die in den Konzentrations- und Kriegsgefangenenlagern durchgeführt wurden. Da ein Teil dieser Praktiken bereits unmittelbar nach Kriegsende zum Gegenstand strafrechtlicher Ermittlungen wurde und schließlich im „Nürnberger Ärzteprozess" zur Anklage kam, ist hier vieles schon seit längerem bekannt.[45] Systematisch werden diese Zusammenhänge erst seit den 1980er Jahren erforscht. Auch es hat lange gedauert, die verbrecherischen Menschenversuche in ihrer medizinischen und wissenschaftlichen Logik zu begreifen und diese Taten nicht persönlichen Perversitäten einzelner Mediziner zuzuschreiben. Auch das Ausmaß rücksichtsloser, Menschen als Material vernutzender wissenschaftlicher Zweckforschung blieb lange im Dunkeln. Trotz zahlreicher neuerer Studien ist auch dieses Themenfeld längst nicht ausgeforscht.[46]

Heilen und Vernichten

Zwar bilden die euphemistisch „Euthanasie" genannten Patientenmorde in den Heil- und Pflegeanstalten und die verbrecherischen Menschenversuche in Konzentrations- und Gefangenenlagern den markantesten Ausdruck einer insgesamt im Dienst des Nationalsozialismus stehenden Medizin. Doch können diese offensichtlichen Verbrechen nicht lediglich als „Auswüchse" isoliert betrachtet werden. Schon früh sind die Entwicklungen in der Medizin und die terroristischen bzw. menschenvernichtenden Elemente der NS-Gesundheitspolitik als zusammengehörige dialektische Einheit erkannt und durch die einprägsame Formel vom „Heilen und Vernichten" treffend beschrieben worden.[47]

---

44 Friedländer, Henry: Von der „Euthanasie" zur „Endlösung", in: Ebd., S. 185-202, 200.

45 Mielke, Fred / Mitscherlich, Alexander: Medizin ohne Menschlichkeit. Frankfurt/Main 1960; Ebbinghaus, Angelika / Dörner, Klaus (Hrsg.): Vernichten und Heilen. Der Nürnberger Ärzteprozeß und seine Folgen. Berlin 2001.

46 Vgl. u.a.: Hahn, Judith / Kavcic, Silvija / Kopke, Christoph (Hrsg.): Medizin im Nationalsozialismus und das System der Konzentrationslager. Beiträge eines interdisziplinären Symposiums. Frankfurt / Main 2005.

47 Projektgruppe Volk und Gesundheit (Hrsg.): Heilen und Vernichten im Nationalsozialismus. Begleitbuch zur gleichnamigen Ausstellung. Tübingen 1982; Wuttke, Walter: Heilen und Vernichten in der nationalsozialistischen Medizin. In: Tröger, Jörg (Hrsg.):

Die in der NS-Medizin theoretisch vorformulierte, geforderte und durch unterschiedliche, auch medizinische, Akteure schließlich exekutierte „Vernichtungspolitik“ war „nicht blindwütig“, sondern unterlag und folgte „dem Kosten-Nutzen-Kalkül, Leistungsdenken und Verwendungsaspekt“. Auch wenn sie sich dabei „irrationaler Elemente“ bediente, war sie „nicht irrational“.[48]

Gerade Mediziner und medizinische Wissenschaft begleiteten und begründeten die schrittweise Umsetzung einer rassistischen Gesellschaftspolitik oder hatten ihr den Weg geebnet. Hier trafen sich akademische sozial- und biopolitische Diskurse und Konzepte mit den entsprechenden Zielvorstellungen der politischen extremen Rechten. So gesehen können Eugenik, Vererbungslehre und Rassenhygiene rückblickend als zentrales „fachliches Alibi der kruden biologistischen Ideologeme der Nationalsozialisten“ begriffen werden.[49]

Die nationalsozialistische Medizin und medizinische Wissenschaft konnten dabei auf eine lange Tradition der Integration rassistischer, eugenischer und antisemitischer ‚Theorien‘ und Ideologeme in der Medizin aufbauen.[50] Dies erleichterte es vielen Ärzten, sich an inhumanen Praktiken bis hin zum Massenmord zu beteiligen.

Hochschule und Wissenschaft im Dritten Reich. Frankfurt/Main und New York 1986. S. 142-156

48 Wuttke-Groneberg, Walter: Leistung, Vernichtung, Verwertung. Überlegungen zur Struktur der Nationalsozialistischen Medizin, in: Projektgruppe Volk und Gesundheit (Hrsg.): Heilen und Vernichten im Nationalsozialismus. Begleitbuch zur gleichnamigen Ausstellung. Tübingen 1982, S. 6-59, S. 34

49 Kröner, Hans-Peter: Von der Eugenik zur NS-Rassenhygiene: Zur politischen Schuld der Medizin im „Dritten Reich“, in: Knigge-Tesche, Renate (Hrsg.): Berater der braunen Macht. Wissenschaft und Wissenschaftler im NS-Staat. Frankfurt 1999, S. 111-132, S. 121.

50 Vgl. u.a.: Baader, Gerhard: Die Medizin im Nationalsozialismus. Ihre Wurzeln und die erste Periode ihrer Realisierung 1933-1938, in: Pross, Christian / Winau, Rolf (Hrsg.): Nicht mißhandeln. Berlin 1984. S. 61-107; Thomann, Klaus-Dieter: Auf dem Weg in den Faschismus. Medizin in Deutschland von der Jahrhundertwende bis 1933, in: Bromberger, Barbara / Mausbach, Hans / Thomann, Klaus-Dieter (Hrsg.): Medizin, Faschismus und Widerstand. Drei Beiträge. Köln 1985, S. 15-85.

Soziale Menschenrechte, Menschenrechtsbildung und historisches Lernen

Agnieszka Morawska

Zunächst möchte ich mich ganz herzlich bei Ihnen bedanken, dass Sie trotz des umfangreichen Tagungsprogramms bereit sind, sich einen nicht angekündigten, zusätzlichen Beitrag anzuhören. Ich freue mich über Ihr Interesse an dem Thema „soziale Menschenrechte, Menschenrechtsbildung und historisches Lernen".

Mein Name ist Agnieszka Morawska. Ich bin im Dokumentationszentrum Prora für das Projekt „Arbeit und Bildung: Menschenrechte in Geschichte und Gegenwart" verantwortlich. In unserem Projekt versuchen wir das Lernen über die NS-Zeit mit der Menschenrechtsbildung zu verknüpfen. Im zweiten Teil meines Referats werde ich Ihnen unser Konzept zur Menschenrechtspädagogik vorstellen. Anfangen möchte ich mit einer kurzen Einführung in das Thema „soziale Menschenrechte".

Nach der Satzung der vereinten Dienstleistungsgewerkschaft tritt ver.di

> in Zusammenarbeit mit den internationalen Gewerkschaftsverbänden für die Wahrung und Verwirklichung der Menschenrechte, für die Achtung der Menschenwürde, für ein friedliches Zusammenleben (...) und für eine sozial gerechte Weltordnung (...) ein. (§ 5 Abs. 2 der ver.di-Satzung)
>
> Diese Ziele sollen nach § 5 Abs. 3 der Satzung u.a. durch Bildungsarbeit erreicht werden.

Ich hoffe, dass Sie unser Konzept zur Menschenrechtsbildung für Ihre Arbeit nutzbar machen können und dass das Referat ein Augenmerk auf die Arbeitssituation der ausländischen Arbeitnehmer richtet, die kaum gewerkschaftlich organisiert sind und die dennoch dringend des Schutzes und aktiver Unterstützung seitens der Gewerkschaften bedürfen.

Unter dem Begriff „soziale Menschenrechte" werden häufig Menschenrechte verstanden, die in dem Internationalen Pakt über wirtschaftliche, soziale und kulturelle Rechte von 1966 (sog. Sozialpakt, seit 1976 in Kraft) und zum Teil in weiteren Menschenrechtsabkommen, z.B. in der UN-Kinderrechtskonvention oder dem UN-Wanderarbeiterabkommen[1] aufgeführt sind.

Zu den sozialen Rechten gehören u. a. das Recht auf Wohnen, Nahrung, Wasser, Gesundheit, Bildung und das sog. Recht auf Arbeit, das Recht auf einen angemessenen Lebensstandard, das Recht auf soziale Sicherheit und das Recht auf Teilhabe am kulturellen Leben.

---

1 Eine Unterzeichnung durch die Bundesrepublik Deutschland steht noch aus.

Der Sozialpakt und der sog. Zivilpakt, d. h. der Pakt über bürgerliche und politische Rechte (ebenso von 1966/1976) stellen völkerrechtliche Verträge dar. Sie regeln rechtsverbindlich, was in der Allgemeinen Erklärung der Menschenrechte (AEMR) von 1948 nur – wie der Name sagt – deklariert wird. Dieser kommt eine enorme politische Bedeutung zu, sie ist aber rechtlich nicht bindend. Der Einzelne (wie auch die Vertragsstaaten) können nicht die Verletzung ihrer Bestimmungen einklagen. Während für die im Zivilpakt verankerten Rechte (im Fakultativprotokoll) ein Individualbeschwerdeverfahren vorgesehen ist, blieb es lange unklar, ob natürliche Personen die Verletzung ihrer sozialen Rechte geltend machen können. Das war u. a. der Grund dafür, dass die sozialen Menschenrechte lange als keine „eigentlichen“ Menschenrechte galten, sondern als Staatszielbestimmungen oder Programmsätze.

Das 2008 verabschiedete Fakultativprotokoll zum UN-Sozialpakt sieht ein Individualbeschwerdeverfahren vor. Das Protokoll[2] ist noch nicht in Kraft getreten. Individualbeschwerde kann beim entsprechenden Ausschuss eingereicht werden, wenn der nationale Rechtsweg ausgeschöpft wurde. Für Deutschland bedeutet dies, dass einer Individualbeschwerde immer eine Verfassungsbeschwerde vorausgehen muss.

Individualbeschwerderecht ist kein Individualklagerecht, d.h. es gibt kein Gericht, das Sanktionen gegen den betreffenden Staat verhängen könnte. Der UN-Ausschuss versucht, auf dem Weg des Dialogs zu bewirken, dass der betreffende Staat die Rechtsverletzung aufhebt. Ein weiterer Kontrollmechanismus für die Einhaltung der Vertragspflichten sind die Staatenberichte, die von den Parallelberichten der NGOs begleitet werden.

Es gibt heute keinen internationalen Gerichtshof für Menschenrechte, vor dem eine Individualklage zulässig wäre. Eine gerichtliche Durchsetzung der Menschenrechte würde natürlich zu ihrer weltweiten Verwirklichung beitragen und präventive Wirkung haben. Auf der Internetseite von *medico international*, einer Organisation, die für ein globales Recht auf Arbeit eintritt, können Sie ein Gutachten zur Errichtung eines internationalen (weltweiten) Gerichtshofs für Menschenrechte nachlesen.[3] Dort wird u.a. vorgeschlagen, auch nichtstaatliche Akteure, wie transnationale Unternehmen, gerichtlich zur Verantwortung zu ziehen.

Die Grundrechte des deutschen Grundgesetzes sind subjektiv-öffentliche Rechte, die von dem Einzelnen einklagbar sind. Wir arbeiten in unserem Projekt gerne mit den Bestimmungen des Grundgesetzes, u. a. aus dem Grund, dass den

2 Eine Unterzeichnung durch die Bundesrepublik Deutschland steht noch aus.

3 http://www.medico.de/themen/menschenrechte/dokumente/fuer-einen-internationalen-gerichtshof-fuer-menschenrechte/3279

Formulierungen die unterschiedliche Behandlung der deutschen Staatsbürger bzw. der EU-Bürger und der EU-Ausländer sehr deutlich zu entnehmen ist. Die Jedermannsgrundrechte sind mit den Deutschengrundrechten nicht deckungsgleich. So hat gemäß Art. 12 GG nur „jeder Deutsche" das Recht auf freie Berufswahl (EU-Bürger sind oder werden mit der Zeit den deutschen Bürgern gleichgestellt). Die in internationalen Pakten verankerten Menschenrechte sind dazu da, diese Kluft zwischen den Rechten eines Jeden und eines Staatsbürgers zu überbrücken. Die Autoren der AEMR haben erkannt, dass eine Verwirklichung der Menschenrechte eine Änderung der globalen Weltordnung erfordert. In Art. 28 haben sie das Recht eines Jeden auf – ich zitiere – „eine soziale und politische Ordnung, in der die in dieser Erklärung verkündeten Rechte und Freiheiten verwirklicht werden können" statuiert. (Vgl. die Satzung der Vereinten Dienstleistungsgewerkschaft)

Es gibt viele Auffassungen, wie eine solche Weltordnung ausgestaltet werden könnte. Ich möchte hier an den Vorschlag von Otfried Höffe zur Errichtung einer föderalen und subsidiären Weltrepublik als einer qualifizierten, die universale Geltung der Menschenrechte anerkennenden Demokratie erinnern. Diese Idee der Weltrepublik hat er in seinem Buch „Demokratie im Zeitalter der Globalisierung", erschienen im Beck-Verlag 1999, dargelegt. Höffe knüpft in seinen Überlegungen an Kants Schrift „Zum ewigen Frieden" an.

Zwar bestritt Höffe in Bezug auf soziale Rechte z. B. von Migranten die Zuständigkeit der Weltrepublik. Ich finde aber, dass sein konzeptionelles Modell für die universale Geltung der sozialen Rechte fruchtbar gemacht werden kann. Fragen der weltweiten Migrationsbewegungen und die notwendige Regulierung von Flucht und Migration begründen globalen Handlungsbedarf. Sie sollten in die Zuständigkeit einer Weltorganisation gelegt werden, die im Interesse aller Menschen handelt und nicht wie der Nationalstaat vorrangig die (vermeintlichen) Interessen der Staatsbürger vertritt.

Leider reicht die Zeit nicht, um in systematischer Weise den normativen Gehalt der einzelnen sozialen Menschenrechte aufzuzeigen. Hierzu möchte ich Sie insbesondere auf die sog. General Comments – die allgemeinen Bemerkungen der UN-Ausschüsse zu den einzelnen Menschenrechten – hinweisen.

Menschenrechtspädagogik

Ich möchte nun zur Darstellung unseres methodischen Konzeptes zur Menschenrechtspädagogik des Dokumentationszentrums Prora übergehen.

Wie ich bereits erwähnt habe, erörtern wir die Menschenrechte in historischer (Situation der NS-Zwangsarbeiter auf Rügen) und aktueller Perspektive (Situation der afrikanischen Flüchtlinge und Migranten sowie die der Teilnehmer des Workshops).

Das Konzept basiert auf einer Gegenüberstellung von drei Arten von Quellen:

den lebensgeschichtlichen Interviews (in Form einer direkten Begegnung mit den Zeitzeugen/innen, dem Video- oder Audiomaterial bzw. den Transkripten),

den Vorschriften des NS-Regimes, die die Lebens- und Arbeitssituation der Zwangsarbeiter verschiedener Nationalitäten regelten und

den Menschenrechten (den Rechten, die in der AEMR, dem Grundgesetz, dem UN-Sozialpakt, der UN-Kinderrechtskonvention usw. aufgeführt sind)

In Form von einleitenden Vorträgen und moderierten Diskussionen wird das Thema NS-Zwangsarbeit in den gesellschaftlichen und politischen Kontext gestellt.

Durch die Gegenüberstellung der drei Arten von Quellen, die in zwei Etappen/Übungen erfolgt, sollen die Teilnehmer unserer Workshops befähigt werden, die (Leidens-) Erfahrungen der Zeitzeugen als Unrechtserfahrungen zu bewerten (1. Etappe) und in ihnen die Verletzungen der Menschenrechte zu erkennen (2. Etappe). Die Übungen werden mit Hilfe verschiedenfarbiger Karten durchgeführt. In der ersten Etappe arbeiten die Jugendlichen in Kleingruppen. Jede Kleingruppe bekommt 3-4 rosa Karten, auf denen Auszüge aus lebensgeschichtlichen Interviews notiert sind (Quelle 1) und 3-4 graue Karten, auf denen Vorschriften des NS-Regimes stehen (Quelle 2). Die Aufgabe der Schüler besteht darin, den rosa Karten entsprechende graue Karten zuzuordnen. Die Ergebnisse der Kleingruppenarbeit werden präsentiert und diskutiert.

In der zweiten Etappe kommen blaue Karten, auf denen menschenrechtliche Bestimmungen verzeichnet sind (Quelle 3), hinzu. Die Jugendlichen ordnen den rosa-grauen Paaren entsprechende blaue Karten zu.

Beispiel einer Zuordnung:

Beschreibung eines damals 13-jährigen Zeitzeugen, dass er arbeiten musste und nicht zur Schule gehen durfte (rosa Karte);

Bestimmung, dass Kinder der in der Landwirtschaft beschäftigten Zwangsarbeiter/innen nach Vollendung der 12. Lebensjahres als arbeitsfähig gelten (graue Karte);

Recht auf Bildung nach UN- Kinderrechtskonvention (blaue Karte).

Durch die Auseinandersetzung mit dem lebensgeschichtlichen Quellenmaterial wird eine Sensibilisierung – das (emotionale) Verstehenlernen der verschiedenen Formen von Menschenrechtsverletzungen – angestrebt. Die Jugendlichen arbeiten zunächst mit den transkribierten Teilen verschiedener Interviews, die menschenrechtsrelevante Probleme im Zusammenhang mit dem Thema Zwangsarbeit umfassend behandeln. Sie sollen befähigt werden, in einer Diskussion die Situation der Zwangsarbeiter (Modul 1) bzw. Kinder (Modul 2) unter dem Gesichtspunkt der einschlägigen Menschenrechte zu thematisieren.

Im ersten Teil der Veranstaltungen, in dem die NS-Geschichte thematisiert wird, sollen der vorpositive Charakter der Menschenrechte und der historische Kontext der Umsetzung der Menschenrechte in positives (geschriebenes) Recht vermittelt werden. In der Auseinandersetzung mit dem Nationalsozialismus wird ein Bewusstsein für die Bedeutung von geltendem Recht bzw. bestehenden Machtstrukturen und Ideologien für die Möglichkeiten einer selbstbestimmten Lebensführung entwickelt. Die Jugendlichen sollen befähigt werden, das positive Recht und die herrschenden Ideologien unter dem Kriterium der Menschenrechte zu hinterfragen.

Im zweiten Teil der Veranstaltungen wird der Anspruch der Menschenrechte ihrer Realität gegenübergestellt. Anhand aktueller Problemlagen wird diskutiert, inwieweit vorhandene (geschriebene) Menschenrechtsgarantien in den Bereichen Arbeit und Bildung durchgesetzt werden können und ausgebaut werden müssen. Folgende Problemlagen werden erörtert: Zum einen die Situation der in Deutschland und Polen lebenden afrikanischen Arbeitsmigranten und Flüchtlinge (Modul 1) und der Migranten- und Flüchtlingskinder (Modul 2) und zum anderen die Situation der Teilnehmer, die aus strukturschwachen Regionen kommen bzw. einen Migrationshintergrund haben (beide Module).

Im Modul „Arbeit" werden Gründe für die Flucht und Migration nach Europa, Situation der Migranten und Flüchtlinge auf dem deutschen Arbeitsmarkt sowie nationalstaatliche Interessen thematisiert. Für die Schüler ist hier das Rollenspiel „Kann ich reinkommen?" nach dem Handbuch zur Menschenrechtsbildung „KOMPASS" angedacht. Die Jugendlichen werden sich in Kleingruppen selbst ausgewählte lebensgeschichtliche Quellen/Selbstzeugnisse aneignen und die entsprechenden Rechtsbestimmungen recherchieren. Wie im ersten Teil der Veranstaltungen arbeiten sie zunächst mit Karten in den Farben rosa, blau bzw. grau.

Es wird nach den Folgen des unterschiedlichen menschenrechtlichen Schutzes für Staatsbürger und Nicht-Staatsbürger gefragt. Die Jugendlichen wissen, was die geltenden menschenrechtlichen Garantien in Bezug auf Arbeit beinhalten und unterbreiten eventuell Vorschläge zur Änderung bestehender Rechtsbestimmungen (lila Karten kommen hinzu).

Dem Modul „Bildung" wird die Übung „Kinderrechte" aus dem „KOMPASS" zu Grunde gelegt Es wird u. a. diskutiert, inwieweit Migranten- und Flüchtlingskinder gleichen Zugang zu Bildung und die gleichen Bildungschancen haben, wie einheimische Kinder (Pisa-Studien 2006, 2008). Auch hier arbeiten die Teilnehmer in Kleingruppen mit verschiedenfarbigen Karten; sie treffen eine eigene Auswahl des lebensgeschichtlichen Quellenmaterials und recherchieren die entsprechenden Rechtsbestimmungen. Sie lernen, was die geltenden Garantien in Bezug auf Bildung beinhalten und unterbreiten eventuell Vorschläge zum Ausbau dieser Garantien (lila Karten). Der Stand der Umsetzung der UN-Kinderrechtskonvention wird erörtert. Es wird u. a. thematisiert, wie sich der Status der irregulären Arbeitsmigranten auf die Möglichkeit, für eigene Rechte bzw. für die Rechte der Kinder einzutreten, auswirkt.

In beiden Modulen wird die Situation der Teilnehmer – der Jugendlichen aus strukturschwachen Regionen, in denen das Recht auf berufliche Erstausbildung und der Zugang zum Arbeitsmarkt eingeschränkt sind – als eine weitere lebensgeschichtliche Quelle berücksichtigt und angesprochen. In moderierten Diskussionen werden die Teilnehmer befähigt, ihre fundamentalen Bedürfnisse und Interessen im Hinblick auf (Aus-)Bildung und Beruf im menschenrechtlichen Vokabular zu artikulieren. In diesem Prozess werden einigen Jugendlichen ihre Interessen und Bedürfnisse zum ersten Mal bewusst (z. B. erschwerter Zugang zum ersten Arbeitsmarkt für die Förderschüler).

Die so vermittelte Kenntnis der ihnen bereits zustehenden Menschen- und Kinderrechte soll die Teilnehmer ermutigen, sich für ihre Verwirklichung einzusetzen. Es wird diskutiert, welche Rechte den Jugendlichen ganz persönlich am wichtigsten erscheinen. Gegebenenfalls werden sie ermutigt, für die Erweiterung der vorhandenen Menschenrechtsgarantien einzutreten und sich selbst zu organisieren.

Es werden mindestens zwei Veranstaltungen im internationalen (deutsch-polnischen) Rahmen geplant. Die polnischen Teilnehmer werden die Problematik der heutigen Arbeitsmigration aus Polen (seit 2002 haben 2 Mio. Polen auf der Suche nach Arbeit das Land verlassen) in die Diskussion einbringen. Es wird angestrebt, dass unter den Teilnehmern Personen mit polnischem Migrationshintergrund sind. Dadurch soll der deutsch-polnische Austausch und die Auseinandersetzung mit erinnerungspolitischen Diskursen erleichtert werden.

Die Diskussion der Situation der Teilnehmer aus EU-Staaten im Kontext der Situation der Menschen, die keine EU-Bürger sind, soll die gegenseitige Toleranz fördern und der Fremdenfeindlichkeit in Mecklenburg-Vorpommern entgegenwirken.

Es wird vermittelt, dass das Recht auf Bildung und das Recht auf freie Berufswahl wichtige Voraussetzungen für ein selbstbestimmtes, menschenwürdiges Leben für alle Menschen bilden. Die Teilnehmer werden unterstützt, ihre individuellen Handlungsspielräume und Ressourcen zur Verwirklichung der eigenen Menschenrechte wahrzunehmen und zu nutzen. Mögliche Formen des menschenrechtlichen Engagements für eigene Rechte sowie die Rechte anderer werden aufgezeigt. Vorrangige Ziele dieses Teils der Veranstaltungen sind die Befähigung der Jugendlichen, ihre eigene Situation in Bezug auf Bildung und

Beruf in der Terminologie der Menschenrechte zu artikulieren und die entsprechenden Menschenrechte anderer (EU-Bürger; EU-Ausländer) anzuerkennen.

Damit möchte ich schließen. Ich bedanke mich für Ihre Aufmerksamkeit und wünsche Ihnen einen angenehmen Abend.

Rassisch und politisch Verfolgte

Judenverfolgung in europäischer Dimension, auf polnischem Terrain; Sinti und Roma; politisch Verfolgte; Homosexuelle; ‚Asoziale'

Gerd Biegel

Liebe Freunde und Gäste,

die zahlreichen Stichworte des Vortragstitels mögen zunächst irritieren, kann man doch zu jedem einzelnen Problemfeld mehrere Vorträge halten.

Tatsächlich waren sie in der Vorbereitung der Tagung ein Stichwortpaket, um meinem Freund und Kollegen Wolfgang Beutin die Möglichkeit zu geben, eine Gruppe aus den rassisch und politisch Verfolgten herauszugreifen, über die ich referieren wollte. Doch im Programm fanden sich alle Gruppen im Titel und ich will daher heute nicht willkürlich einschränken, sondern versuchen, einen kurzen Überblick mit Schwerpunkten und besonderen Akzentsetzungen zu geben.[1] Damit kann vielleicht auch eine gewisse Hinführung und geschichtliche Hintergrundfolie ermöglicht werden zu den anderen Beiträgen unserer so wichtigen Tagung. Mit den ergänzenden Hinweisen auf Ereignisse in Polen soll zugleich die angesprochene *europäische Dimension* aufgezeigt werden. Als allgemein bekannt setze ich die politische Ereignisgeschichte ebenso voraus wie die ideologischen Fragestellungen der Ideologen im *Dritten Reich* von Antisemitismus bis zur Euthanasieproblematik, die im übrigen in den folgenden Einzelvorträgen näher behandelt und diskutiert werden.

1. Europa und die Juden: Verfolgung und Vernichtung in Polen

Die Juden in Polen, dies ist die mehr als 1000jährige Geschichte eines Auf und Ab wie in kaum einem anderen europäischen Land.

In der Frühzeit waren Toleranz und Religionsfreiheit Kennzeichen polnischer Kultur, während nach den Teilungen des Landes im 18. Jahrhundert die Verhältnisse in den einzelnen Staaten der Teilungsmächte schwieriger wurden und deutliche antisemitische Entwicklungen einsetzten. Nach dem Attentat auf Zar Alexander II. im Jahr 1881 kam es zu zahlreichen Pogromen, besonders in

1 Die skizzenhafte Vortragsfassung wurde beibehalten und durch einige Literaturhinweise ergänzt.

den zu Rußland zählenden Gebieten des ehemaligen Polen. Eine judenfeindliche Politik führte in Polen zu einer ersten Auswanderungswelle in die USA, nach Deutschland und Frankreich. Die Pogrome aber setzen sich fort.

Nach dem Ersten Weltkrieg sah der Versailler Vertrag eine Reihe von Minderheitenrechten für Juden in Polen vor, was 1921 in der sogenannten Märzverfassung seinen Niederschlag fand, als man den Juden gleiche Rechte und völlige Religionsfreiheit garantierte.

Zu Beginn des Zweiten Weltkriegs lebten in Polen ca. 3,5 Millionen Juden, nachdem bereits in der Zwischenkriegszeit bis zu 400 000 Juden ausgewandert waren. Gründe dazu waren die wirtschaftliche und soziale Situation, aber auch der deutlich zunehmende Antisemitismus in der polnischen Bevölkerung. Das Minderheitenprogramm der nationalistischen Regierung am Vorabend des deutschen Überfalls auf Polen bestand in der Kurzformel: *Assimilation für die Slawen, Emigration für die Juden.*

Diese Pläne wurden jedoch noch übertroffen von der Vernichtungsstrategie der Nationalsozialisten im Holocaust. Von den rund 3,5 Millionen polnischen Juden überlebten dieses Grauen nicht einmal 500 000. Umstritten sind darüber hinaus zahlreiche Massaker, wie dasjenige von Jedwabne, die unter Beteiligung von polnischen Bürgern stattgefunden haben und einen traurigen Höhepunkt des polnischen Antisemitismus darstellten. Insgesamt sollen vergleichbare Pogrome in mindestens 22 Städten stattgefunden haben.

Für die Vernichtungsmaschinerie stehen die Lager Auschwitz, Treblinka, Majdanek, Belzec, Sobibór und Chelmo. Im System der Vernichtungsmaschinerie spielten zunächst die eingerichteten Ghettos eine Rolle, wie das in Warschau, in dem mehr als 380 000 Menschen unter unvorstellbaren Verhältnissen zusammengepfercht vegetieren mußten. Schließlich folgten nach der Entscheidung der Nationalsozialisten zur *Endlösung* und damit der Vernichtung der Juden in Europa die groß angelegten Deportationen in die Vernichtungslager. Am 22. Juli 1942 hatte die Deportation von mehr als einer halben Million Juden aus dem Warschauer Ghetto in das Vernichtungslager Treblinka begonnen. Insgesamt wurden ca. 6 Millionen Juden in Europa ermordet, davon alleine in Polen ca. 3 Millionen. Die wenigen überlebenden polnischen Juden haben zum größten Teil den Weg nach Israel gesucht. Repressalien und antisemitische Angriffe blieben aber auch unter dem kommunistischen Nachkriegsregime nicht aus, unterstützt von katholischer Kirche und großen Teilen der polnischen Bevölkerung, so daß weiterhin die Juden in die Emigration getrieben wurden und heute nur noch eine jüdische Minderheit von ca. 10 000 Menschen in Polen lebt.

Nur um abschließend zu diesem *europäischen* Beispiel des polnischen Judentums die Dimension der Vernichtung auf polnischem Boden insgesamt deutlich zu machen, sei darauf hingewiesen, daß auch ca. 3 Millionen nichtjüdische

Polen dem Völkermord der Nationalsozialisten zum Opfer gefallen sind. Letztlich fehlt für das nationalsozialistische Verbrechen in Polen und Europa jede Möglichkeit einer rationalen Erklärung, trotz der kaum noch zu überschauenden Forschungsliteratur zu Holocaust und Nationalsozialismus.

Das Geschehen selbst aber muß immer wieder neu dargestellt und erinnert werden, um solche menschenverachtenden Entwicklungen nie wieder zu ermöglichen. Gerade hier in Prora und in unserer Zeit erscheint mir dieser Hinweis notwendig und wichtig, denn Neonazis, Antisemitismus und ideologische Indoktrinationen nehmen gerade in Mecklenburg-Vorpommern spürbar zu, und die Jugend zeigt sich anfälliger als je zuvor.

Doch es ist längst kein regionales Problem mehr, sondern ein europäisches, daran gilt es zu denken und aus der Erinnerung an die Vergangenheit die Mahnung in der Gegenwart immer wieder zu erneuern, um für die Zukunft gerade die Jugend gegen jede Form von Extremismus und Terrorismus zu sensibilisieren.

2. Ausgrenzung der Homosexualität, Verfolgung und Vernichtung der Homosexuellen

Unter den Schlagworten *Reinhaltung des Volkskörpers,, Fortpflanzung der Sippe* oder *Gleichgewicht im Geschlechtshaushalt* fanden im Nationalsozialismus Kampagnen gegen homosexuelle Männer und – bedingt–auch lesbische Frauen statt.

Allerdings war die Verfolgung homosexueller Menschen keineswegs eine für den Nationalsozialismus und dessen Ideologie spezifische Erscheinung, bestand doch bereits seit 1871 eine reichsweit gültige Strafvorschrift, nämlich der bekannte Paragraph 175. In der Weimarer Republik hatte es allerdings heftige Kämpfe für eine soziale Anerkennung von Homosexualität und gegen sexuelle Diskriminierung gegeben, in deren Folge sich namhafte Gruppierungen bildeten, um diesen Kampf zu unterstützen. Hoffte man bei diesen *Außenseitern* der Gesellschaft auf eine zunehmende Liberalisierung, die eng in Zusammenhang mit dem 1919 in Berlin gegründeten Institut für Sexualwissenschaft gesehen wurde, so schien mit der Diskussion des Reichstags 1929 tatsächlich die Streichung des § 175 in greifbare Nähe gerückt.

Einzig die NSDAP sah in der Homosexualität ein Laster, das zum Untergang des deutschen Volkes führen müsse, und schloß sich Forderungen nach zwangsweiser Kastration ebenso an wie derjenigen nach Sicherheitsverwahrung homosexueller Sittlichkeitsverbrecher. Damit wurde Homosexualität aus dem medizinischen Kontext gelöst und politisch kriminalisiert. Schwule wurden zu

Feinden der Volksgemeinschaft und damit letztlich zu Staatsfeinden diskriminiert. Die Definition als Gefährdung der öffentlichen Sittlichkeit öffnete den argumentativen Weg der rechtlichen Einordnung, daß Homosexuelle eine unmittelbare Bedrohung für die Öffentlichkeit seien. Im Rahmen rassehygienischer Konzepte sah man in Homosexuellen außerdem eine ebenso große Gefahr für das Volkswachstum (Zeugungsverweigerung homosexueller Männer), so daß die ideologische Grundlage für Verfolgung und Ausschaltung des als *Ungesunden* und *erbbiologisch Minderwertigen* gelegt war, deren erklärtes Ziel im Nationalsozialismus die *Ausmerzung der Homosexualität* wurde.

Hintergrund hierzu war, daß den Homosexuellen alle für den nationalsozialistischen Staat als männlich definierten Kennzeichen wie Mut, Kameradschaft und Ritterlichkeit abgesprochen wurden *(weibische Männer),* so daß Homosexuelle im *Männerstaat* der NS-Ideologie einen Fremdkörper darstellten. Verfolgung, physischer Terror, Isolierung in Konzentrationslagern sowie Forderung nach freiwilliger Kastration und Einführung der Todesstrafe für besonders schwere Fälle bestimmten in der Zeit des Nationalsozialismus das Vorgehen des Staates und seiner Schergen gegen Homosexuelle.

Das Verhalten gegenüber lesbischen Frauen war dagegen eher ambivalent. Auch wenn ideologisch von *rasseentartend* u. a. die Rede war, wurde weibliche Homosexualität nicht strafrechtlich relevant und in dem Maße rechtlich verfolgt wie dies bei Männern der Fall war. Da einzig der Zeugungswille des deutschen Mannes für den Staat relevant war, galt die Rolle der Frau bei der Fortpflanzung als eine eher passive, zu deren Erfüllung sie auch gezwungen werden konnte. Eine zahlenmäßige Übersicht über Verfolgungen oder weitergehende Konsequenzen ist nach derzeitiger Forschungslage kaum möglich. Lesbische Frauen waren eher von einer Einordnung in die Gruppe der *Asozialen* bedroht, unter der insbesondere Nichtsesshafte, Arbeitslose, Prostituierte sowie Sinti und Roma subsumiert wurden. Vielfach hat man behauptet, daß es einen direkten Zusammenhang gebe zwischen weiblicher Homosexualität und Prostitution, ohne daß konkrete Erkenntnisse über daraus getroffene Schlussfolgerungen vorliegen. Jedoch haben wir KZ-Berichte, wonach lesbische Frauen in die Lagerbordelle gesteckt wurden, um sie *auf Vordermann zu bringen.* Wie deutlich die Forderungen der nationalsozialistischen Ideologen zur Ausrottung der Homosexuellen waren und wie menschenverachtend man vorging, läßt der folgende Auszug aus einer juristischen Dissertation von 1937 erschreckend deutlich erkennen:

> Für den Nationalsozialismus ist der Rassegedanke einer der Grundpfeiler seiner Weltanschauung. Für ihn steht fest, daß das Erbe des Blutes, d. h. die erbmäßige Anlage in ausschlaggebender Weise den Einzelmenschen in körperlicher wie seelischer Beziehung gestaltet. Diese Erkenntnis aber zu verwirklichen, ist Zweck der Rassegesetzgebung der nationalsozialistischen Regierung. Ihr Kampf geht um die Erhal-

tung unseres Volkes. Ihr Endziel ist, durch geeignete Maßnahmen die wertvollen Erbströme unseres Volkes immer stärker fließen zu lassen, die minderwertigen hingegen nach und nach zum Versiegen zu bringen.

Bedenkt man ferner, daß der Gesetzgeber sich die Förderung einer gesunden Rasse durch Ausmerzung minderwertiger und verbrecherischer Elemente im hohen Maße angelegen sein läßt, so glauben wir mit vollem Recht, die Behauptung aufstellen zu dürfen, daß die Entmannung als weiteres Mittel neben der Sterilisation im Kampf um die rassischen Belange unseres Volkes eingesetzt werden soll. Die Entmannung beraubt den Verbrecher seiner Zeugungsfähigkeit und verhindert auf diese Weise eine weitere Verseuchung des Volkes mit dieser Verbrechensneigung.

Ob das Volk für eine Ausscheidung des Minderwertigen durch Tötung bereits Verständnis aufzubringen vermag, mag dahingestellt bleiben, sicher aber begrüßt es heute zumindest die Ausrottung des Sittlichkeitsverbrechers und damit die Verhütung einer asozialen Nachkommenschaft. Der rassischen Aufartung aber hat das gesamte Recht zu dienen. (Zit. bei Grau, S. 320).

Die Forschung teilt die Verfolgung homosexueller Männer im Dritten Reich im allgemeinen in drei Phasen ein:

Zunächst zwischen 1933 und 1935 ging es vor allem um die Zerschlagung der sexuellen Reformbewegung aus der Zeit der Weimarer Republik. Dafür stand exemplarisch die Aktion gegen Magnus Hirschfelds Institut für Sexualwissenschaft in Berlin am 6. Mai 1933. Unter Begleitung einer Blasmusikkapelle zerstörten etwa 100 Studenten der Leibesübungen die Räume des Instituts, und der größte Teil der Bibliothek wurde vier Tage später bei der Bücherverbrennung vernichtet. Aus einem Bericht:

Während der ganzen Zeit wurde das Personal bewacht und immer wieder spielte die Musik, so daß sich große Scharen von Neugierigen vor dem Hause ansammelten. Um 12 Uhr hielt der Führer eine größere Schlussansprache, und unter Absingen eines besonderen Schmutz- und Schundliedes sowie des Horst Wessel-Liedes zog der Trupp ab. – Die Bewohner des Instituts hatten angenommen, daß es mit dieser Plünderung sein Bewenden haben würde, aber um 3 Uhr nachmittags erschienen abermals mehrere Lastautos mit SA-Leuten und erklärten, daß sie die Beschlagnahme fortsetzen müßten, da der Trupp am Morgen nicht genügend Zeit gehabt hätte, um gründlich auszuräumen. Dieser zweite Trupp nahm dann nochmals eine gründliche Durchsuchung aller Räume vor und schleppte in vielen Körben alles mit, was an Büchern und Manuskripten von Wert war, im Ganzen zwei große Lastwagen voll. Aus den Schimpfworten ging hervor, daß die Namen der in der Spezialbibliothek vertretenen Autoren den Studenten zum großen Teil vertraut waren. Nicht nur Sigmund Freud, dessen Bild sie aus dem Treppenhaus entfernten und mitschleppten, erhielt die Bezeichnung „der Saujude Freud“, sondern auch Havelock Ellis wurde als das „Schwein Havelock Ellis“ bezeichnet. Von englischen Autoren hatten sie es außer auf Havelock Ellis besonders auf die Werke von Oskar Wilde, Edward Carpenter und Norman Haire abgesehen, von amerikanischen Schriftstellern auf die Bücher von dem Jugendrichter Lindsey, Margaret Sanger und Sylvester Viereck, von französischen Werken auf die von André Gide und Marcel Proust, Pierre Loti, Zola u. a. Auch die Bücher Van de Veldes und des dänischen Arztes Dr. Leunbach gaben den Studenten Anlaß, die Verfasser mit Schimpfworten zu belegen. Auch ganze Jahrgänge von Zeitschriften, namentlich die 24 Bände der Jahrbücher für sexuelle Zwischenstufen, wurden mitgenommen. Man wollte auch die ausgefüllten Fragebogen fortschleppen (mehrere Tausend), und nur der ausdrückliche Hinweis, daß es sich um Krankengeschichten handle, ließ die Studenten davon Abstand nehmen. Dagegen war es nicht möglich, zu verhindern, daß das Material der Weltliga für Sexualreform, die gesamte vorhandene Auflage der Zeitschrift „Sexus" sowie die Karthothek mitgenommen wurden. Auch zahlreiche, z. T. bisher noch nicht veröffentlichte Handschriften und Manuskripte (u. a. von Krafft-Ebing und Karl Heinrich Ulrichs) fielen den Eindringlingen zum Opfer. – Immer wieder fragten sie nach der Rückkehr Dr. Hirschfelds. Sie wollten, wie sie sich ausdrückten, einen „Tip" haben, wann er wohl zurückkomme. Schon vor der Plünderung des Instituts waren verschiedene Male SA-Männer im Institut gewesen und hatten nach Dr. Hirschfeld gefragt. Als sie die Antwort erhielten, daß er sich wegen einer Erkrankung an Malaria im Ausland befinde, erwiderten sie: „Na, dann krepiert er hoffentlich auch ohne uns; dann brauchen wir ihn ja nicht erst aufhängen oder totschlagen." (Zit. bei Grau, S. 61 f.)

Der sog. ‚Röhm-Putsch' vom 30. Juli 1934 gilt dagegen allgemein als Start einer regelrechten Homosexuellenverfolgung, und zwischen 1936 und 1940 war mit der Verschärfung der Gesetze die zweite Phase der Verfolgung homosexueller Männer gekennzeichnet, deren Verurteilung vor Gericht sprunghaft anstieg. Auch die Registrierung der Homosexuellen durch die am 10. Oktober 1936 gegründete *Reichszentrale zur Bekämpfung der Homosexualität und Abtreibung* unterstreicht die verschärfte Verfolgung. Bis 1940 wurden dabei Daten von mehr als 41.000 Männern gesammelt, die der Homosexualität verdächtigt wurden, auch die Verurteilungen und die Anzahl der homosexuellen KZ-Insassen wuchs deutlich an.

In der dritten und letzten Phase verschärften sich die Gesetzesbestimmungen, erfolgte im November 1941 der Führererlaß, wonach alle homosexuell aktiven Männer in SS oder Polizei mit dem Tod zu bestrafen seien und stieg schließlich die Zahl der mehr oder weniger *freiwilligen* Kastrationen an.

Grundsätzlich gilt, daß die Homosexuellenverfolgung nicht durch die Quantität der Verfolgten, sondern die Qualität der Verfolgung, d. h. Brutalität und Unmenschlichkeit der Maßnahmen gegen Homosexuelle die Besonderheit der Homosexuellenverfolgung der Nationalsozialisten ausmachte. Von den ca. 1,5 Millionen Homosexuellen im Deutschen Reich wurden nach groben Schätzungen etwa 50000 von deutschen Gerichten verurteilt und ca. 10 000 in Konzentrationslager eingewiesen. Nicht belegbar ist dagegen die Zahl derjenigen, die zum Schutz in Scheinehen flüchteten oder aus Angst vor Strafverfolgung und gesellschaftlicher Isolation den Freitod wählten.

Zu kaum einem anderen historischen Zeitpunkt waren Homosexuelle und Lesben größerer Brutalität und Unterdrückung ihrer selbstbestimmten Lebensweise ausgesetzt als durch den menschenverachtenden Nazi-Terror im Dritten Reich.

3. »Bekämpfung der Zigeunerplage«, Verfolgung und Ermordung von Roma und Sinti im Dritten Reich

Wann immer in der Ideologie des Nazi-Regimes Menschen nicht als geeignet für die deutsche Volksgemeinschaft eingeschätzt wurden, waren Ausgrenzung, gesellschaftliche Ächtung, Verfolgung und Vernichtung die Folgen.

Neben den Juden zählten dazu in besonderem Maße die *Zigeuner,* jene Bevölkerungsgruppe, die sich selbst *Roma und Sinti* nennt. Die mit vielfältigen Stereotypen behaftete Gruppe der *Landfahrer* waren in der Geschichte stets der Verfolgung ausgesetzt, besonders auch im Kaiserreich und der Weimarer Republik, wie z. B. in Bayern das *Gesetz zur Bekämpfung von Zigeunern, Landfahrern und Arbeitsscheuen* vom 16. Juli 1926 belegt. Dies soll in unserem Zusammenhang nur ein bezeichnender Hinweis sein, denn die Verfolgung von *Zigeunern* läßt sich seit dem Mittelalter in ganz Europa nachweisen.

In der rassetheoretischen Ideologie der Nationalsozialisten wurden *Zigeuner* schließlich als *fremdrassig* eingeordnet und eine primitive sowie kriminelle, arbeitsscheue und asoziale Charakterveranlagung als gegeben vorausgesetzt. Auf sie wurden die Bestimmungen der Nürnberger Rassegesetze 1935 übertragen, so daß die Roma und Sinti als *undeutschen Blutes* stigmatisiert waren. Ihre Bekämpfung mündete im Runderlaß des Reichsführers Heinrich Himmler vom 8. Dezember 1938, der die *Regelung der Zigeunerfrage aus dem Wesen der Rasse* ankündigte mit dem Ziel der *Bekämpfung der Zigeunerplage.* Die Folge waren Deportation, Konzentrationslager und schließlich der Völkermord an Roma und Sinti. Das Vorgehen wurde auch übertragen auf die polnischen Roma und Sinti, die nach einem ersten Festsetzungsbefehl in Ghettos und Lager untergebracht wurden, deren gesamte Habe die Besatzungsmacht beschlagnahmte und die schließlich von den Lagern zur Vernichtung *(Endlösung der Zigeunerfrage)* in die Konzentrationslager deportiert wurden.

Ausgangspunkt war nach dem deutschen Überfall auf Polen Hitlers Konzept zur *völkischen Flurbereinigung*, das er gegenüber dem Chef des Oberkommandos der Wehrmacht am 17. Oktober 1939 mit den Worten zusammenfaßte, es gelte, *das alte und das neue Reichsgebiet zu säubern von Juden, Polacken und Gesindel.* Zum Hintergrund:

> Am 21. September 1939, drei Wochen nach dem deutschen Überfall auf Polen, berief Heydrich eine Amtschef- und Einsatzgruppenleiterbesprechung in das RSHA ein, an der für das RKPA Arthur Nebe teilnahm. Das Resultat des Gespräches wurde zu einer „zusammenfassende(n) Anwendung“ von vier Punkten kondensiert: „1) Juden so schnell wie möglich in die Städte, 2) Juden aus dem Reich nach Polen, 3) die restlichen 30 000 Zigeuner nach Polen, 4) systematische Ausschickung der Juden aus den deutschen Gebieten mit Güterzügen.“ Diese explizit auch von Himmler getragenen Ziele standen in Zusammenhang mit den globalen „volkstumspolitischen“ Maximen Hitlers, die eine „Rückführung“ von „Reichs- und Volksdeutschen“ aus dem Ausland und die Vertreibung von Juden, Zigeunern und Polen aus dem um die Reichsgaue Danzig-Westpreußen und Wartheland sowie um Südostpreußen und Ostoberschlesien vergrößerten Deutschen Reich in das – formell am 10. Oktober 1939 gegründete – „Generalgouvernement“ vorsahen. (Zimmermann, S. 167)

Diese *völkische Flurbereinigung* bezog auch die Roma und Sinti mit ein, die im Sinne der *vorbeugenden Verbrechensbekämpfung* als Kriminelle und *Asoziale* eingestuft wurden. Aus dem Reich unter Einschluß Österreichs sowie allen europäischen Durchgangslagern wurden zahllose Transporte in Lager der Reichsgaue Danzig-Westpreußen und Wartheland sowie das sog. *Generalgouvernement* transportiert, um sie dort zu isolieren. Im Lager in Lodz z. B. waren 1941: 4996 Roma und Sinti, davon 2689 Kinder. Anfang 1943 erfolgte der Befehl zur deren endgültigen Vernichtung. In den kleineren Lagern wurden zeitgleich tausende von Roma und Sinti durch Erschießungskommandos unmittelbar exekutiert.

> Im Zwangslagersystem der Nazis, zu dem neben den Konzentrationslagern auch Arbeitserziehungs-, Jugendschutz- und andere SS-Sonderlager gehörten, repräsentieren die Zigeunerlager eine besonderen Typ: Ihre Errichtung erfolgte auf Initiative von regionalen und lokalen Behörden und diente der Konzentration und Freiheitsberaubung, die Selektion erfolgte ausschließlich nach „rassenideologischen“ Prinzipien und unter Gesichtspunkten der Ausbeutung und Vernichtung durch Zwangsarbeit sowie der unmittelbaren Vorbereitung zur Deportation. (Djuric, S.268).

In Polen bestanden neun Konzentrations- und Vernichtungslager mit mehr als zweihundert Nebenstellen, 1798 Arbeitslager, 243 Durchgangs- und Umsiedlungslager sowie 2197 Kriegsgefangenenlager. Die Vernichtungslager dienten vornehmlich der Ausrottung von Juden, Roma und Sinti. Anfang 1943 wurde die endgültige Vernichtung der Roma und Sinti angeordnet und die Insassen des Ghettos in Lodz wurden in das Vernichtungslager Chelmo am Ner transportiert und vergast. Es war dies ein *Testlauf* für das größte der bestehenden Vernichtungslager in Auschwitz-Birkenau. Neben unmenschlichen *medizinischen* Versuchen an Roma und Sinti durch den Lagerarzt Dr. Mengele forderten Seuchen und Hunger große Opfer, während unzählige der unmenschlichen Mordmaschinerie in den Gaskammern zum Opfer fielen. Aus einem Tagebuch der Zeit:

> Im Juli 1942 führte ich mit dem zu Besuch weilenden Himmler eine detaillierte Inspektion des Zigeunerlagers durch. Er konnte alles sehen: die überfüllten Baracken, die unzureichenden sanitären Bedingungen, die übervollen Krankenstationen, er sah Kinder, die an Noma, einer schrecklichen Kinderepidemie erkrankt waren, die mich an die Lepra in Palästina erinnerte. Er konnte kleine, bis auf die Knochen abgemagerte, durchsichtige Körper und deren langsames Faulen sehen. Er machte sich mit den Mortalitätsstatistiken vertraut, die zwar im Vergleich zur Statistik des gesamten Lagers relativ gering ausfielen, gewaltig jedoch im Hinblick auf den Kinderanteil. Ich glaube nicht, daß es unter den Neugeborenen viele gab, die länger als einige Wochen lebten. Nachdem er so einen detaillierten Einblick in die Situation erhalten hatte, ordnete Himmler die Liquidation aller Zigeuner an. Ausgenommen wurden nur die Arbeitsfähigen. Dasselbe machte er mit den Juden. (Djuric S.275f.)

Allein für das *Familienzigeunerlager* in Auschwitz-Birkenau geht die Forschung von mehr als 20 000 Ermordeten aus, von denen etwa 6500 vergast wurden, während 13 600 anderen Ursachen wie Seuchen, Krankheiten oder Hunger erlagen. Mahr als die Hälfte der im Lager Auschwitz-Birkenau deportierten Roma und Sinti verloren dort ihr Leben, während wir über die Gesamtzahl der Opfer des Völkermords an Sinti und Roma nicht genau informiert sind.

> Als zwar planmäßig praktizierter, jedoch nicht vorausgeplanter Massenmord war der nationalsozialistische Genozid an den Zigeunern für die Opfer gleichwohl unvorhersehbar und unvorstellbar. (Zimmermann, S. 383).

4. »Asozialer Abschaum« – Verfolgung und Vernichtung sozialer Minderheite

Erfolgte die wissenschaftliche Auseinandersetzung mit der Verfolgung und Vernichtung der Roma und Sinti während des Dritten Reiches recht zögerlich, so gilt dies in gleicher Weise für die Forschungen zur Gruppe der sogenannten *Asozialen*, also der Menschen aus den gesellschaftlichen Unterschichten, die lange ein Randgebiet der Untersuchungen zur NS-Geschichte waren.

Erst im Kontext der Forschungen zu den Komplexen der Rassehygiene, Zwangssterilisation und *Euthanasie-Morde* gelangte die als *Asoziale* eingestufte Bevölkerungsgruppe in den Fokus der Untersuchungen. Ein Diskurs über *minderwertige* und *asoziale* Bevölkerungsschichten fand allerdings bereits im Kaiserreich und während der Weimarer Republik statt, wobei aus rassehygienischem Denken heraus Forderungen erhoben wurden, nach denen *minderwertiges Erbgut* von der Fortpflanzung durch Sterilisation oder durch Internierung der *Minderwertigen/Asozialen* auszuscheiden sei. Die bei den Nazis unter den Begriff *Asoziale* fallenden Menschen, die als *unerwünscht* und *asozialer Abschaum* diskriminiert wurden, waren soziale Minderheiten, die oftmals nicht genau eingegrenzt werden können. So wurden vielfach sogenannte *Zigeuner* durch Polizei und Justiz als *Asoziale* verfolgt, da sie nicht aus ethischen Gründen verdächtigt wurden, sondern als *Obdachlose* oder *Wanderarbeiter* eingestuft wurden, wie sie andererseits als *Zigeuner* massiven Unterdrückungen und Verfolgungen unterlagen. *Obdachlose, Wanderarbeiter* oder Zuhälter galten nach der nationalsozialistischen Ideologie ebenso als *Asozial«* wie etwa *Bettler*, kinderreiche Familien aus sozialen Unterschichten, Arbeitslose, Wohnungssuchende, *Landstreicher, Arbeitsscheue,* Alkoholiker, Prostituierte oder *nach Zigeunerart herumziehende Landfahrer* (die dann aber auch in der Statistik der *Zigeuner* geführt werden konnten). In der verschwommenen Breite der Definition *Asozial* ist die ganze Problematik der Bewertung der betroffenen Gruppen ebenso offenbar wie die Tatsache, daß der willkürlichen Bekämpfung unliebsamer und unbequemer Bevölkerungsgruppen Tür und Tor geöffnet war. Als Auftakt des gezielten Kampfes gegen *Asoziale* kann die sogenannte *Bettlerrazzia* vom September 1933 gesehen werden, die mit groß angelegten pressemäßigen Kampagnen vorbereitet und begleitet wurde, so etwa im *Völkischen Beobachter* vom 11. September 1933 unter dem Titel *Bekämpfung des öffentlichen Bettelns.*

Hintergrund dazu war die vermutete Konkurrenz der Bettler bei den geplanten Sammlungen für das Winterhilfswerk 1933/34. Zitat:

> Von allen bisher zu den Vorarbeiten der Winterhilfe 1933 zugezogenen Stellen ist übereinstimmend der Meinung Ausdruck gegeben worden, daß Voraussetzung für ein Gelingen der Winterhilfe die Bekämpfung des übermäßig angewachsenen Bettelunwesens sei. Gerade die noch leistungsfähigsten und gebefreudigsten Bevölkerungskreise werden z. Zt. von den unwürdigsten Elementen, zum Teil ganz wohl situierten berufsmäßigen Bettlern, derart stark belastet, daß ihre Beiträge zu der offiziell organisierten Winterhilfe entsprechend geringer sein müssen.
>
> Das Winterhilfswerk des deutschen Volkes 1933/34 wird nur dann einen vollen Erfolg erzielen können, wenn die zur Linderung der Notlage deutscher Volksgenossen freiwillig zur Verfügung gestellten Mittel nach einheitlichen Gesichtspunkten zur Verwendung kommen. Erfahrungsmäßig wird das Publikum häufig von bettelnden Personen getäuscht, da die Nachprüfung der Klagen u(nd) d(er) gl(eichen) m(ehr) dem Publikum unmöglich ist. In vielen Fällen sind Bettler nicht nur jeder Unterstützung unwürdig, sondern häufig haben sie ein nicht unbeträchtliches Einkommen.
>
> Der Bevölkerung solle empfohlen werden, die Beträge, die bisher direkt den Bettlern gegeben wurden, den Einrichtungen der öffentlichen und privaten Wohlfahrtspflege zukommen zu lassen. (Ayaß, S. 20 f.)

In der nationalsozialistischen Presse konnte man Aufrufe wie *Volksgenosse, die berufsmäßigen Bettler müssen verschwinden!* lesen, denn nur durch Spenden an das Winterhilfswerk könne erreicht werden, daß die Spenden tatsächlich *den Notleidenden und nicht Doppelverdienern, Säufern, Tagedieben und Einbre-*

chern zugute kommen. (Ayaß, S. 28). Man schätzt in der Forschung, daß während dieser Aktion weitaus mehr als zehntausend Menschen zumindest vorübergehend inhaftiert wurden. Bei dieser Zahl von Gefangennahmen waren die Gefängnisse überfordert und die Verurteilten wurden in provisorischen Lagern, teilweise sprach man von *Konzentrationslager für Bettler,* untergebracht und überwiegend nach sechs Wochen Haft wieder entlassen. Ein Teil der Betroffenen aber wurde der sogenannten *korrektionellen Nachhaft* zugeführt, d. h. sie wurden in Arbeitshäusern oder in geschlossenen Fürsorgeanstalten untergebracht. Ganz wesentlich war dabei auch der Kampf der Kommunen gegen die hohe Zahl der Fürsorgeempfänger, auch wenn Anfang der 1930er Jahre die Zahl der Arbeitslosen drastisch gesunken war. Ein Wiesbadener Merkblatt von 1935 macht die gespannte Situation und die Dramatik für die Unterstützungsempfänger deutlich:

> Deutscher Volksgenosse, deutsche Volksgenossin! Du glaubst Deinen und Deiner Familie Lebensunterhalt nicht aus eigener Kraft erwerben zu können und hast deshalb die Hilfe der Allgemeinheit erbeten, indem Du Antrag auf Unterstützung aus öffentlichen Mitteln stellst. Im nationalsozialistischen Staat haben sich alle Deutschen zu einer großen Volks- und Opfergemeinschaft zusammengeschlossen. Bedenke Du aber, daß das hierzu erforderliche Geld zum großen Teil von Volksgenossen aufgebracht werden muß, die selbst schwer zu kämpfen haben und für die jeder Groschen, den sie geben, ein großes Opfer bedeutet. Verwende es daher nur für den Zweck, für den es bestimmt ist, nicht aber für Alkohol, Tabak, Wetten, Spiel und dergleichen. Glaube nicht, daß die Unterstützung, die Du von einer Behörde erhältst, Deine übrigen Volksgenossen nicht berühre. Staat und Volk sind heute eins! Die Mittel, die Dir das Fürsorgeamt gibt, muß auch der geringstbezahlte Arbeiter in Form von Bürger-, Lohn- und Hauszinssteuer usw. aufbringen helfen. Darum musst Du zunächst Deine eigene Kraft einsetzen und alle Arbeits- und Verdienstmöglichkeiten ausschöpfen, um Dir und den Deinen den Lebensunterhalt zu beschaffen ... Vergiß nie, daß jeder arbeitende Volksgenosse zu Deiner Unterstützung beisteuert, und daß deshalb Unehrlichkeit gegenüber dem Fürsorgeamt Verrat an der Volksgemeinschaft bedeutet. Drum vergelte nicht Opfersinn und Hilfsbereitschaft mit Gemeinheit und Betrug! (Zit. bei Ayaß, S. 57 f.)

Die Auswirkungen im Umfeld der Bekämpfung der Unterstützungsempfänger waren vielfältig und mehr oder weniger von Ort zu Ort unterschiedlich, ohne daß wir in unserem Kontext mehr als nur beispielhafte Tendenzen aufzeigen können. Der Kampf gegen *Asoziale* verschärfte sich, je deutlicher diese Gruppe soziale Unterschichten als Gefährdungspotential der nationalsozialistischen Volksgemeinschaft eingestuft wurde. Gerade in der nationalsozialistischen Sozial- und Gesundheitspolitik gerieten die *Asozialen* in einen zunehmend rechtlosen Zustand. Galt als ideologisches Ziel doch die rassische Erneuerung des deutschen Volkes. *Rassefremde Volkskörper* wie Juden oder *Zigeuner* galt es ebenso zu beseitigen, wie Erbkrankheiten und unerwünschte Erbfaktoren, was nur erreicht werden konnte, wenn die Minderwertigen ausgemerzt würden. Alle nicht Leistungswilligen, nicht Leistungsfähige, die als *minderwertig* eingestuften *Asozialen* wurden dabei zur Zielscheibe des rassehygienischen Programms, galten sie doch als Feind des gesunden Volkskörpers. Damit gerieten die Betroffenen in eine gesellschaftliche Isolation, ja standen außerhalb des völkischen Rechts.

Die Bekämpfung des *Minderwertigen* reichte von Zwangssterilisation bis KZ und Tod, etwa im Rahmen der *Euthanasie*-Morde. Besonders heftig und brutal waren die Folgen für die Diskriminierten im Jahr 1938 im Rahmen der Aktionen *Arbeitsscheu Reich.* Auf der Grundlage des Erlasses *Vorbeugende Verbrechensbekämpfung durch die Polizei* vom 14. Dezember 1937 wurden *Asoziale* nun in die vorbeugende Verbrechensbekämpfung einbezogen, zu der Vorbeugungshaft in *geschlossenen Besserungs- und Arbeitslagern* anzuwenden war, womit nichts anderes als Konzentrationslager gemeint waren. Auf Himmlers Weisung ging die Gestapo 1938 gegen *Arbeitsscheue* vor, zu denen auch die als *asozial* eingestuften Menschen, vor allem *asoziale Großfamilien,* zählten. Damit begannen Verhaftungen von Menschen subproletarischer Schichten in einem Ausmaß wie nie zuvor, denn asoziale Elemente hatten *keine Daseinsberechtigung mehr im nationalsozialistischen Staat.* Im Gegensatz zur Aktion von 1933 nahm nun die Deportation von *Asozialen* in die Konzentrationslager Massenumfang an.

Die Razzien des Sommers waren keine isolierte Einzelmaßnahme, wie neuere Untersuchungen belegen. Vielmehr stieg die Zahl der in Konzentrationslager verschleppten *Asozialen* kontinuierlich an. Heinrich Himmler selbst schätzte 1943 die Anzahl der inhaftierten Berufsverbrecher, Sicherungsverwahrten und *Asozialen* auf mehr als 70 000 Menschen. Die betroffenen Bevölkerungsgruppen waren zahlreich und lassen sich kaum differenzieren, ebenso vielfältig war die Art der Unterbringung: von Arbeitserziehungslagern für *Arbeitsbummelanten,* Jugendschutzlager für *asoziale Jugendliche* bis zu Konzentrationslagern (selbst Jugendkonzentrationslagern) reichte die Möglichkeit der Unterbringung. Waren im Fokus der Verhaftungen zu Beginn vor allem Männer, so rückten im weiteren Verlauf der Aktionen gegen *Asoziale* vermehrt Frauen in das Visier der Ideologen. *Bazillenstreuende Prostituierte,* minderwertige Mütter aus *asozialen Großfamilien* waren nur einige der Vorwürfe, die gegen Frauen erhoben wurden. Auch der Genozid an den Roma und Sinti fiel teilweise in die Verfolgung und Vernichtung der *Asozialen.* Das Problem der *Asozialen* war zwar keine spezifische Erfindung der Nationalsozialisten, die Umsetzung der schon lange vorher diskutierten *Ausmerzung* von als *Minderwertige* bezeichneten Randgruppen der Gesellschaft aufgrund rassehygienischer Ideologie war jedoch ein besonderes Spezifikum, das letztlich zur Vernichtung in Konzentrationslagern und durch

Anstaltsmorde führten. Nationalsozialistische Rasseideologen wie Robert Ritter postulierten den *volkshygienischen* Standpunkt, nach dem die Gruppen wie soziale Minderheiten, Obdachlose, Wanderarbeiter, *selbstverschuldete* Fürsorgeempfänger, Bettler, Landstreicher, Arbeitsscheue, Arbeitsunfähige, Alkoholiker, Prostituierte, Zuhälter und *asoziale* Großfamilien für die Volksgemeinschaft unerwünschter *asozialer Abschaum* waren, der der *Ausmerzung* zuzuführen sei. Die zynische Losung lautete: *Vernichtung durch Arbeit,* und Joseph Goebbels zielte dabei auf

> Juden und Zigeuner schlechthin, Polen, die etwa 3 – 4 Jahre Zuchthaus zu verbüßen hätten, Tschechen und Deutsche, die zum Tode, lebenslangem Zuchthaus oder Sicherheitsverwahrung verurteilt seien.

An einem fast schon anekdotischen Beispiel aus Braunschweig möchte ich abschließend kurz deutlich machen, wie menschenunwürdig vorgegangen und doch auch wie lächerlich ängstlich auf scheinbar kritische Stimmen reagiert wurde.

4 a. Fallbeispiel *Harfen-Agnes* aus Braunschweig

> Mensch, saa hellä ... Wer hat sie nicht mal singen hören? Mensch, saa hellä, un wenns aoch duster ist ... Man sollte den Mut nicht verlieren, Kopf hoch, zum Donnerwetter noch mal, es kann uns doch nicht immer dreckig gehen. Agnes selber aber scheint alle Courage verloren zu haben. Jäjija, baa diese schlechten Zaatens ... Im Ernst: Es geht ihr nicht gut. Sie kriegt oft Krämpfe, das ist etwas Tieftrauriges. Aber das Tragische ist, daß man von Agnes eben nichts Trauriges erwartet. Daher kommt es, daß jeder glaubt, sie wäre sternhagelbesoffen, wenn sie Krämpfe hat. Dabei wird sie wirklich von Krämpfen befallen. Aber niemand glaubt ihr. Einmal sperrte man sie sogar ins Haftlokal, da man sie für betrunken hielt. Kennt ihr die Geschichte von dem Clown, der während seines Spielens in der Arena erfuhr, daß seine Mutter gestorben war? Nun, der Clown rannte wie irrsinnig in der Manege umher und rief andauernd: »Meine Mutter ist tot!« Worüber sich das Publikum vor Lachen wälzte. Seht ihr, so ähnlich ist die Geschichte mit Harfen-Agnes. Sie ist nun 66 Jahre alt geworden, hat kaum zu leben und muß ganze zwölf Mark Steuern zahlen, weil sie ein Gewerbe betreibt. (Jaja, das Finanzamt!) Sie verdient ihr Geld bestimmt nicht leicht, oft genug geschieht es, daß irgendein Lausebengel sie ärgert oder gar die Harfe mutwillig beschädigt. Man sollte etwas mehr Verständnis aufbringen können. Ihre Guitarre ist wieder mal kaputt. Agnes kann nicht spielen. Und wenn sie nicht spielen kann, hat sie auch nichts zum Leben. Es ist eine Affenschande. Ob sie das Lied noch singt? – Mensch, saa hellä, un wenns aoch duster is ...! Wir haben es alle verlernt.

Dieser Bericht in der Braunschweiger Nachtpost aus dem Jahr 1931 läßt eine Person lebendig werden, die in der ersten Hälfte des 20. Jahrhunderts wie selbstverständlich zum Alltag in Braunschweig gehörte: Harfen-Agnes, das bekannteste der sogenannten Braunschweiger Originale.

Harfen-Agnes wurde am 24. Januar 1866 als Agnes Adolphine Agathe Schosnoski, uneheliche Tochter von Henriette Schosnoski, geboren und in St. Magni getauft. Schon früh verlor sie ihre Mutter und verbrachte ihre Kindheit weitgehend in der Kinderpflegeabteilung des Erziehungsheimes in Bevern, die sie jedoch im Alter von 14 Jahren verlassen mußte. In der eher legendenhaften Überlieferung ihres Lebens heißt es, sie sei zu ihrem Vater nach Braunschweig zurückgekehrt und sei von ihm, einem fahrenden Sänger und Musikanten, im Bänkelsang ausgebildet worden. Tatsächlich aber ist sie, deren Vater nicht bekannt war, mit dem Bänkelsänger *Flottwedel* in der Gaststätte *Christian Sandelmann* in Braunschweigs Friesenstraße aufgetreten, wobei er Gitarre und sie Geige spielte. Nach dessen Tod 1907 erbte sie seine Gitarre und zog nun durch Straßen und Kneipen, um sich mit ihren Liedern den Lebensunterhalt zu verdienen. Zeitweise hatte sie einen neuen Partner, den Schlosser *Flötenbosse*. Nachdem er sie offenbar bestohlen hatte, trennte sie sich von ihm, und seit dieser Zeit war sie nur noch alleine mit der Gitarre unterwegs.

Als am 7. November 1918 die revolutionären Arbeiter und Soldaten die Gefangenen aus dem Rennelberg-Gefängnis befreiten, wurden sie auf ihrem Zug durch Braunschweig auch von Harfen-Agnes mit ihren bekanntesten Liedern begleitet. Aufgrund ihrer äußeren Erscheinung – breitkrempiger, mit Blumen und Bändern geschmückter Hut, Pelerine, rosa Strümpfe – war Harfen-Agnes eine auffällige und weithin bekannte Erscheinung im Braunschweiger Stadtbild. Ihre Lieder wie etwa *Hofrats Rieke*, *Ferdinand, wie schön du bist*, *Meine Schwiegermutter* oder *Das Lied von den Straßen der Braunschweiger Altstadt* waren beim Publikum beliebt. Allerdings mußte die Sängerin vielfach Demütigungen ertragen, wurde verhöhnt, verlacht und verunglimpft. Auch unter ihrer Krankheit als Epileptikerin litt sie, denn die Menschen machten sich während der Anfälle lustig, da sie glaubten, sie sei wieder einmal betrunken. Es war ein hartes Leben, das Harfen-Agnes erdulden mußte.

Im Alter konnte sie sich kaum noch von ihren Auftritten auf der Straße ausreichend versorgen. In der volkstümlichen Überlieferung der Braunschweiger Stadtgeschichte jedoch hat sich Harfen-Agnes mit ihren Liedern ein eigenes Denkmal schon zu Lebzeiten gesetzt. Ihr bekanntestes Lied wurde das Couplet mit dem Refrain *Mensch saa hellä, un wenn´s aoch duster is*, das sie wie alle anderen Lieder im Braunschweiger Stadthochdeutsch sang. *Harfen-Agnes* war im Braunschweig der wilhelminischen und Weimarer Zeit die namhafteste Sängerin volkstümlicher Couplets und des Bänkelsangs. Aber nur wenige Menschen hatten begriffen, wie vielsagend die Botschaft dieser einfachen Frau und Analphabetin war, als sie noch zu Beginn der 1930er Jahre in Braunschweigs Straßen ihr berühmtestes Lied *Mensch sei helle, auch wenn es duster ist* sang und die Zeiten tatsächlich duster wurden. Und plötzlich fehlte Harfen-Agnes in den Straßen Braunschweigs und damit ein lebendiges Stück des alten Braunschweig, wie auch im März 1935 in einem Beitrag des Braunschweiger Allgemeinen Anzeigers zu lesen war:

> Wehmutsvoll gedenk ich dein ... Agnes mußte Abschied nehmen ... etwas Besonderes ist mit ihr doch aus dem Straßenbild verschwunden ... Sie hat eine Lücke hinterlassen - das sei mit Wehmut festgestellt...

Es war aber kein freiwilliger Abschied, denn 1935 wurde Harfen-Agnes, offenbar wegen ihrer subversiven Gedanken und Lieder, zwangsweise in die Heil- und Pflegeanstalt des Landes Braunschweig in Königslutter eingeliefert, wo sie am 2. September 1935 als Opfer einer Euthanasieaktion der Nationalsozialisten starb. Doch wie hat sie stets gesungen:

Was nützt mich Geld und Raachtum,
wenn ich nich fröhlich bin!
Das Geld kann ich verlieren,
nich äber manen Sinn!
Und wenn ich anmäl sterwe
und steh in'n Himmelssääl,
Dann sagt Gott, Agnes, sing uns
den letzten Vers noche mäl!
Mensch, saa hellää,
und wenn's aoch duster is,
Mensch, saa hellää,
und wenn's an Schuster bis!

So lustig meist die *»Braunschweiger Originale«* nach außen erschienen und daher heute sogar zum unterhaltsamen Stadtmarketing dienen, so schwer hatten sie doch an ihrem Leben zu tragen. Armut, Krankheit und Spott waren die ständigen Wegbegleiter dieser Menschen, die sich so ganz anders als ihre Mitbürger verhielten und sich letztlich zur Gruppe der *Asozialen* im Dritten Reich rechnen lassen mußten, wie Harfen-Agnes belegt.

5. »Diese Brut wird in Deutschland ausgerottet«: Verfolgung der Zeugen Jehovas

Im Kontext der Opferdebatte, der von den Nationalsozialisten Verfolgten und Ermordeten, war eine Gruppe weitgehend unbeachtet geblieben, nämlich die

Zeugen Jehovas bzw. Bibelforscher, wie sie sich vor 1931 nannten. Ihr Leid und ihre Verfolgung findet bis heute wenig Platz im historischen Diskurs (Garte 1999). Sie gelten nach wie vor als *vergessene Opfergruppe*. Nicht ohne Grund beklagen Historiker die anhaltende Diskriminierung der Zeugen Jehovas in unserer Zeit als *Sekte*, was sich auch gegenüber denjenigen auswirkt, die sich wissenschaftlich mit dieser Opfergruppe beschäftigen.

Die Verfolgung der Zeugen Jehovas im Dritten Reich erfolgte übrigens im Einvernehmen der Machthaber mit den beiden großen Kirchen und stellt ein besonders düsteres Kapitel in der Geschichte der beiden großen christlichen Religionsgemeinschaften dar. Die pazifistische Grundhaltung, Verweigerung des Kriegsdienstes und des obligatorischen Hitlergrußes machte die Zeugen Jehovas rasch zu einer Gefahr für die *Grundpfeiler völkischen Gemeinschaftslebens* und Hitler soll gemeint haben: *Diese Brut wird in Deutschland ausgerottet.* Damit war zugleich die Zielrichtung vorgegeben. Die Zeugen Jehovas galten als Staatsfeinde sowie *asoziale Elemente*, denen keinerlei Fürsorge oder Unterstützung des Staates zukommen dürfe.

Am 1. April 1935 wurde ein reichsweites Verbot der Glaubensgemeinschaft der Bibelforscher erlassen, an dem die beiden Kirchen ebenfalls intensiv beteiligt waren. Bereits im Sommer 1936 wurde dann bei der Gestapo ein eigenes Sonderkommando zur Bekämpfung der *Bibelforscher* eingerichtet, und es kam zu Massenverhaftungen sowie Deportationen in die Konzentrationslager. Da die Zeugen Jehovas aus Glaubensgründen den Wehrdienst verweigerten, setzte mit Beginn des Zweiten Weltkrieges eine verstärkte Verfolgung ein. Sie wurden nun wegen *Zersetzung der Wehrkraft* verurteilt, in vielen Fällen zum Tode. Soweit es zu übersehen ist, gab es im Deutschen Reich etwa 25.000 Anhänger der *Bibelforscher*, von denen mehr als 10.000 den unterschiedlichen Formen der Verfolgung unmittelbar ausgesetzt waren, wozu Schutzhaft, Rentenentzug, Geldstrafen, Diskriminierung im Beruf oder Mißhandlungen zählten. 2600 Mitglieder der Zeugen Jehovas kamen ins KZ, wo über 1000 starben oder ermordet wurden, darunter 250 von ihnen hingerichtet wegen Kriegsdienstverweigerung. Auch hier möchte ich abschließend an einem Fallbeispiel die Vorgehensweise konkreter darstellen:

5a. Fallbeispiel – »...treu zu Jehova und seinem Wort«

Die am 23. Januar 1876 in Joachimsthal geborene Auguste Imlau stand seit 1922 mit den Zeugen Jehovas in Braunschweig. Sie ließ sich 1926 in Hildesheim taufen und lebte dann in Braunschweig in der Karlstraße.

Wegen ihres Glaubens wurde sie erstmals 1934 zu zwei Monaten Gefängnis verurteilt, da sie einer *verbotenen Organisation* angehörte. 1937 kam Auguste Imlau für zehn Monate in Schutzhaft, wurde 1938 erneut wegen Einsatz für die *Internationale Bibelforscher Vereinigung* für acht Monate inhaftiert und Ende November 1938 in die Landes-, Heil- und Pflegeanstalt Königslutter überstellt. Hier wurde sie von Anstaltsarzt und Medizinalrat Dr. R. Müller auf *krankhafte Störung der Geistestätigkeit* untersucht, welche der Anstaltsarzt jedoch nicht bestätigte.

Aber er diagnostizierte eine *Geistesschwäche, die die Fähigkeit zur Einsicht in das Unerlaubte ihres Tuns erheblich vermindere.* Dennoch verurteilte das Braunschweiger Sondergericht Auguste Imlau im Februar 1939 erneut wegen

> Wiedererrichtung der verbotenen Organisation der Internationalen Bibelforschervereinigung, Vergehen gegen §4.I der Verordnung des Reichspräsidenten zum Schutz von Volk und Staat (...) und zugleich wegen Vergehens gegen § 2 des Heimtückegesetzes zu einer Gefängnisstrafe von einem Jahre sowie zur Tragung der Kosten des Verfahrens

zu einem Jahr Haft. Im Januar 1940 wurde schließlich ein Schutzhaftbefehl gegen Auguste Imlau mit der Begründung erlassen, daß *sie mit ihrem Verhalten die Sicherheit und den Bestand des deutschen Volkes gefährde,* womit ihre Tätigkeit für die *Internationale Bibelforschervereinigung* gemeint war.

Mit einem Sammeltransport wurde Auguste Imlau (wahrscheinlich am 23. Februar 1940) schließlich in das Konzentrationslager Ravensbrück eingeliefert, wo sie 1945 von der Roten Armee befreit werden konnte und nach Kriegsende nach Braunschweig zurückkehrte, wo sie 1960 verstarb.

Auguste Imlau ist ein Beispiel, wie die Nationalsozialisten ihre Gewaltherrschaft gegen die Zeugen Jehovas ausübten. Dabei habe ich dieses Beispiel gewählt, da es sich bei Auguste Imlau um keine Funktionsträgerin, Untergrundkämpferin oder straffällig gewordene Regimegegnerin, sondern um eine ganz einfache und bescheidene Frau aus dem Volk gehandelt hat, die lediglich mit fester Überzeugung ihrem Glauben treu blieb. In der Verhandlung 1938 bekannte sie vor Gericht:

> Ich muss noch bemerken, dass ich bis zu meinem Tode treu zu Jehova und seinem Wort, der Bibel, stehen werde. Davon kann mich keine Macht der Erde abbringen.

Fazit

Liebe Freunde und Gäste,

diese in aller Kürze dargestellten Entwicklungen sollen hinführen zu den anschließend vertiefend zu behandelnden Fällen nationalsozialistischer Gewaltherrschaft und Völkermords.

Meine Betrachtungen zeigen keine neuen Forschungsergebnisse auf und erheben keinen Anspruch auf umfassende Darstellung oder abschließende Bewertung. Ich möchte jedoch mit meinen Ausführungen erinnern und in Erinnerung rufen, wie umfassend die Vernichtungsmaschinerie der Nationalsozialisten gegen ihnen unliebsame Menschen vorgegangen ist. Auch heute erleben wir immer wieder, daß Unbelehrbare glauben, nach diesen Vorbildern agieren zu müssen und besonders junge, unerfahrene und unwissend um die Geschichte leichtgläubige Menschen in ihr Netz zu ziehen.

Dagegen helfen nur Aufklärung über Geschichte, Erinnern an den Horror und seine Folgen und die Energie, wachsam gegen braune Ideologie vorzugehen. Die Jugend darf nicht wieder Opfer der Verführung werden, nur weil wir zu sorglos die Feinde unserer Gesellschaft und der Demokratie agieren lassen.

Dazu dienen unsere Aktivitäten in Prora, dafür brauchen wir ein funktionsfähiges Dokumentationszentrum hier in Prora, das endlich als notwendige Aufgabe unserer Regierungen angesehen und ausreichend gefördert werden muß!

Dazu wollte ich einen bescheidenen Beitrag mit meinen heutigen Ausführungen leisten.

Literaturhinweise

Ayaß, Wolfgang, »Asoziale« im Nationalsozialismus. Stuttgart 1995.

Benz, Wolfgang (Hg.), Legenden, Lügen, Vorurteile. Ein Wörterbuch zur Zeitgeschichte, 8. Aufl., München 1996.

Djuric, Rajko; Becken, Jörg; Bengsch, Ohne Heim – Ohne Grab. Die Geschichte der Roma und Sinti. Berlin 1996.

Garbe, Detlef, Zwischen Widerstand und Martyrium. Die Zeugen Jehovas im „Dritten Reich", 4. Aufl., München 1999.

Grau, Günter (Hg.), Homosexualität in der NS-Zeit. Dokumente einer Diskriminierung und Verfolgung. Frankfurt/Main 1993.

Hesse, Hans, Am mutigsten waren immer wieder die Zeugen Jehovas. Verfolgung und Widerstand der Zeugen Jehovas um Nationalsozialismus. Bremen 1998.

Sedlaczek, Dietmar u.a. (Hg.), »minderwertig« und »asozial«. Stationen der Verfolgung gesellschaftlicher Außenseiter. Zürich 2005.

Zimmermann, Michael, Rassenutopie und Genozid. Die nationalsozialistische »Lösung der Zigeunerfrage«. Hamburg 1996 Hamburger Beiträge zur Sozial- und Zeitgeschichte; Bd. 33).

Verfolgte Künstler und Literaten: Einzelschicksale. Am Beispiel Kurt Hillers

Harald Lützenkirchen

Im Herbst 2010 nannte ein Artikel in der Wochenzeitung „Die Zeit" Kurt Hiller einen Verrückten, einen Widerstandsgeist, einen Frechdachs.

Grund genug, sich mit diesem Literaten, der Feind der Nationalsozialisten war, zu beschäftigen.

Politisches Engagement von Schriftstellern und Künstlern war im 20.Jahrhundert ein Wagnis. Dass das Wort Tat sein konnte, dass der Schriftsteller mit dem Wort Politikern gefährlich werden konnte, das haben etliche Biographien gezeigt. Auch die Werke von Malern und bildenden Künstlern können ein politisches System entlarven, wie George Grosz und Thomas Theodor Heine mit ihren Karikaturen gezeigt haben.

Autoren zur Zeit der Novemberrevolution 1918, zur Zeit der Räterepublik mussten ihr Engagement mit Gefängnisstrafen büßen wie Ernst Toller, mussten es mit dem Leben bezahlen wie Hans Paasche.

Im Verlauf der Weimarer Republik hatte sich die Situation nicht gebessert. Nach der Machtübernahme der Nazis mussten viele Schriftsteller wegen ihrer jahrelangen sozialistischen oder demokratischen, freiheitlichen Texte ins Exil gehen, falls sie überhaupt die Flucht ins Ausland schafften.

Zu den Warnern vor dem Nationalsozialismus gehörte der Schriftsteller Kurt Hiller. Im Gefolge des literarischen Expressionismus nach 1910 schuf Hiller den literarischen Aktivismus, der die politische Verantwortung des Schriftstellers postulierte. Die Intellektuellen, die Geistigen sollten in die Politik eingreifen, um diese zu vergeistigen. Die teilweise Machtübernahme der Intellektuellen durch ein zweites Parlament neben dem von Parteipolitikern besetzten war das erklärte Ziel. Nach den Erfahrungen des 1.Weltkriegs gelang dies ja auch vorübergehend in der Räterevolution und in einer Schriftstellerrepublik wie in München.

Kurt Hiller, geboren 1885, gehört zu den deutschsprachigen jüdischen Künstlern, die unter dem Sturz in die Barbarei 1933 am meisten zu leiden hatten. Die Familie Hiller hatte jüdische Wurzeln, aber Hiller empfand sich immer als assimilierter Deutscher. Ob sein sanguinisches Temperament, sein Idealismus, seine Geistigkeit „jüdische" Elemente seines Wesens waren, mag diskutierenswert sein; er selbst sah sich als deutschen Denker, als Literaten mit deutscher Erziehung.

1908 hatte Hiller mit seiner Dissertation „Das Recht über sich selbst“ eine markante Arbeit zugunsten des Selbstbestimmungsrechts des Menschen verfasst, entschloss sich dann aber, statt einer juristischen eine schriftstellerische Laufbahn einzuschlagen. Nach der literarischen Phase des Expressionismus folgte unter dem Eindruck des 1.Weltkriegs der „Aktivismus“, eine Bewegung von Schriftstellern, die die barbarische Politik vergeistigen wollten: der Schriftsteller greift in die Politik ein. Hiller gab zwischen 1916 und 1923 fünf Bände „Das Ziel“ heraus und gründete einen Aktivistenbund. Während der Novemberevolution 1918 versuchte Hiller mit seinem Bund politische Wirksamkeit zu erlangen, was aber scheiterte. Ab 1920 war er ein sehr aktives Mitglied der Deutschen Friedensbewegung.

Hiller verfolgte mutig seinen Weg als juristisch geschulter Schriftsteller und verteidigte die republikanischen Errungenschaften von Weimar gegen die revanchistischen und monarchistischen Tendenzen. In der „Weltbühne“ und anderen Zeitschriften warnte Hiller unter anderem vor den Nationalsozialisten und den für das Volk faszinierenden formalen Eigenschaften des Faschismus.

Im Artikel „Mussolini und unsereins“ in der „Weltbühne“ 1926 äußert sich Hiller unerschrocken positiv über das Formale des Faschismus.[1] Mussolini in Italien verkörpere Vitalität, Eleganz, Entschlossenheit, alles Tugenden, die bei der Jugend ankämen. Solche Formalismen könnten die barbarischen Ziele einer solchen Bewegung verschleiern. Hiller warnte davor, dass die behäbigen Politiker der etablierten Parteien in Deutschland mit ihrer Lahmheit die Jugend zu den schwungvollen Rechtsextremen treiben könnten. Hillers Artikel ist damals missverstanden worden als Begeisterung für den Faschismus; in Wahrheit war es eine Warnung vor dem Faszinierenden des Faschismus.

In den folgenden Jahren verfolgte Hiller vornehmlich nicht das „Negativum“, gegen die Nationalsozialisten zu propagieren, sondern er wollte positiv eine „Linke Einheit“ schmieden, die ein Schutz gegen die rechtsextremen Tendenzen sein sollte.

Als Separatschrift erschien 1932 Hillers Text „Selbstkritik links! Oder: Über die Ursachen des nationalsozialistischen Erfolges“.[2] Konkreter noch als 1926 erläutert Hiller hier seine Sicht des Faktums, warum die Nationalsozialisten in freien Wahlen so viele Stimmen bekommen hatten:

> Mit der Krise erklärt sich der Einbruch des Nationalsozialismus in die Front der bürgerlichen Parteien; mit der Krise erklärt sich nicht, daß dieser Einbruch den mar-

---

1 Kurt Hiller: Mussolini und unsereins. In: Die Weltbühne, Jg.XXII, Nr.2, 12.Januar 1926, S.45-48

2 Verlag Wolfgang Richard Lindner, Leipzig; wiederabgedruckt in Hiller: Ratioaktiv. Wiesbaden 1966, S.89-98

> xistischen Parteien mißlang. Ein Negativum von höchster Erheblichkeit! Die Parteien des klassenbewußten Proletariats, die Parteien gegen Ausbeutung und Verelendung, die sozialistischen Parteien haben von der Krise nicht nur nicht profitiert, sondern durch sie verloren. [...] Die Krise also, anstatt eine im Sinne der proletarischen Befreiung, im Sinne des Sozialismus revolutionäre Situation geschaffen zu haben, hat eine konterrevolutionäre Situation geschaffen; sie hat die Gefahr heraufbeschworen, daß in Deutschland die Stunde eines Regimes anbricht, an dessen Barbarei gemessen das fascistische Italien das Paradies auf Erden wäre. Gefahr? Die Zertretung der elementarsten Freiheiten, der selbstverständlichsten Sozialansprüche, die Vernichtung des Rechtsstaats nahm ja längst ihren Anfang.[3]

Hiller sieht noch andere Momente des Erfolges der NSDAP:

> Wunder wirkte [...] zweifellos der geschickt gewählte Name der Partei. Als Friedrich Naumann[4] zuerst das ‚Nationale' mit dem ‚Sozialen' firmamäßig koppelte, eilte er seiner Zeit voraus. ‚Nationalsozial' – das konnte unter Wilhelm noch nicht ziehen. Daß im Nachkriegsdeutschland das Nationale als Stimmung und als ein in die politische Rationalität intensiv hineinstrahlendes Gefühl sich stark verbreitete und auch unter den Armen bewußter und lebendiger wurde denn je, ist fraglos dem rachehaften Inhalt des Versailler Friedens zuzuschreiben. [...] Man will national sein; man will jedoch auch sozialistisch sein ... ohne Zweifel, das Faszinierende des Namens dieser Partei schuf den Erfolg mit. Dieser Name bedeutete eine synthetische Parole, die in der Luft lag.[5]

Der Titel von Hillers Schrift beginnt mit der Forderung nach einer Selbstkritik auf Seiten der Linken. Hierzu führt er aus:

> Es fehlt der alten und in vielem veralteten sozialistischen Bewegung an Überzeugungskraft, Werbekraft, Anziehungskraft; die Spaltung, die anscheinend unheilbare Spaltung, verringert noch die Attraktion.
>
> Der kolossale nationalsozialistische Erfolg ist, unter anderm, ein Produkt kolossaler und berechtigter Enttäuschung. Dem feineren, geistigeren Typ unter den Anhängern des Hakenkreuzes (und ohne den Rohlings- und Blutsäufertyp unter ihnen etwa zu übersehen, wollen wir doch nicht leugnen, daß es auch jenen gibt) fällt das seelische Vakuum auf, das der Marxismus hinterläßt, sobald seine Zielsetzung: klassenlose Gesellschaft, erreicht ist; ja, sobald sie als erreicht gedacht wird. Eine ökonomische Doktrin kann richtig sein, und die des Marxischen Sozialismus ist, jedenfalls in ihrer Zielsetzung, richtig; aber sie ist ausschließlich ökonomisch und kann deshalb tiefere Menschen niemals befriedigen. Da im Menschen etwas lebt, was über den Verstand hinausreicht und an das er in seinen erhabenen Augenblicken sich magisch gebunden fühlt, so kann großen und dauernden Erfolg eine politische Be-

---

3 Zit.n. Hiller: Ratioaktiv, a.a.O., S.90

4 Naumann war Theologe, nach dem Weltkrieg Vorsitzender der Deutschen Demokratischen Partei, also ein Liberaler, jedoch mit Affinität für den Wilhelminismus.

5 A.a.O., S.91f.

> wegung nur dann haben, wenn sie dies Etwas in ihren Hintergründen aufleuchten läßt; wenn sie eine Perspektive ins Unendliche herstellt."[6]

Hiller gibt zum Schluß seiner Abhandlung die Empfehlung:

> Die nationale Leidenschaft sollte aus ihrer modernen Verrohung erlöst, sollte von Volkserziehern zum Gegenstand einer planvollen Veredlungskampagne gemacht werden; aber man sollte nicht versuchen, sie aus den Seelen zu roden. Das Nationalgefühl will in den Internationalismus eingebaut, nicht verdrängt sein. Der übernationale Gedanke kann Werbekraft nur dann entfalten, wenn er den nationalen als Bestandteil enthält. Ratio vermag sich nur zu verwirklichen, wenn sie irrationale Tatbestände formend umfaßt.[7]

Dies waren Hillers Analysen und Empfehlungen zu einer Zeit, als die Notverordnungen eines Heinrich Brüning das Vertrauen in die Weimarer Demokratie stark erschütterten. Sein Artikel erschien sogar in Übersetzung in der französischen Zeitschrift „L'Europe".

Hiller hatte davon gesprochen, dass die Zertretung elementarer Freiheiten längst ihren Anfang genommen habe. Er war selbst betroffen gewesen von Repressalien. Aufgrund eines Zeitschriften-Artikels wurde die Reichsanwaltschaft tätig und ermittelte gegen Hiller wegen seiner Äußerungen: „Ohne soziale Revolution kein dauernder Völkerfriede" und „Es gilt, den Aufstand gegen den Krieg systematisch vorzubereiten." Die Anklage gegen solche Sätze wurde dann aber (damals noch) fallen gelassen. Anders erging es ja Carl von Ossietzky, der wegen eines Artikel in der „Weltbühne" wegen „Landesverrats" angeklagt und zu einer mehrmonatigen Haftstrafe verurteilt wurde. Ferner wurde ein Rundfunkgespräch Hillers mit einem Pater über das Thema „Können Kriege vermieden werden?" im Jahr 1930 kurz vor der geplanten Ausstrahlung im Berliner Rundfunk aus dem Programm genommen.

Der Germanist Wolfgang Beutin stellte in einem Artikel über „Hiller als Publizist" fest, dass es mehrere Fundamente waren, auf denen er den Kampf gegen den Faschismus gründete, und es verwundert nicht, dass Kurt Hiller nach dem Reichstagsbrand zu den gefährdetsten Autoren in Deutschland gehörte. Er war Jude, er hatte sich im organisierten Pazifismus einen Namen gemacht, er galt als entschiedener Sozialist, er hatte sich für die legitimen Interessen der Homosexuellen in zahlreichen Publikationen stark gemacht. Das Übel vorausahnend hatte Hiller im Februar 1933 die von ihm gegründete „Gruppe Revolutionärer Pazifisten" aufgelöst. Noch im Laufe des Jahres 1933 wurde ein Flugblatt dieser Pazifistengruppe von 1930, also mit drei Jahren Verspätung, verboten.

---

6 A.a.O., S.93.
7 A.a.O., S.97f.

Die SS stattete Anfang März 1933 Hillers Wohnung einen „Besuch" ab, zerstörte oder konfiszierte viele Schriften, Bücher und Briefe. Zufällig war Hiller an dem Abend nicht zu Hause; nach Ansicht des Schadens floh er nach Frankfurt am Main zu einem Freund. Nach einer offenbaren Denunziation wurde er dort erstmals verhaftet und für ein paar Tage in ein Gefängnis gesteckt. Nach Freilassung und Rückkehr nach Berlin wurde er dort erneut arrestiert. Es folgten ein paar Wochen der Freiheit, in denen Hiller den ersten Vorgeschmack der Nazigräuel verarbeiten konnte. Seine Gefühlslage nach den ersten Erfahrungen in NS-Haft kommt in einem Gedicht sehr gut zum Ausdruck; es heißt: Gespenstischer Juni. Hiller hatte sich mit den Schriftstellern Erich Kästner und Ernst Blass in einem Berliner Literatencafé getroffen.

Die Umgebung war wie früher, aber die Stimmung gespenstig.

GESPENSTISCHER JUNI

Wie war die Luft blau und erhellt,
Unglaubhaft pfingstlich die Straße -
Am alten Mittelpunkte der Welt:
Der 'Café Roman'-Terrasse.

Terrasse des 'Romanischen',
Eiland, sonnengleißig
Erglänztest du uns Panischen
im Juni Dreiunddreißig,

Als wir, als wäre nichts geschehn,
Um drei zu drein uns trafen,
Bei Sturm und Blitz und Untergehn
Magier im Zephyr-Hafen.

Der Dichter Kästner, der Dichter Blaß
Und ich, der Theorete,
Ein jeder schwirrte für sich fürbaß
Zu dieser Phanta-Fete.

Wir saßen wie einst um den Marmortisch,
Kühle Getränke schlürfend,
Lustvoll und leise und spielerisch
in Tiefen des Erdwehs schürfend.

Wie kamen wir uns irreal vor,
Gespenster unser selber,
Vom wüsten Mond-Toreador
Zurückgelaßne Kälber!

Sankt Alfred, Sankt Heinrich, Sankt Ferdinand
(Der Fromme vergisset sie nimmer)
Weilten schon längst in Sankt André's Land,
Bestrahlt von der Freiheit Schimmer.

Wir schlürften und schürften und schwiegen im Glast,
Ich plauschte von Spandau, vom Alex,
Von ziemlich glimpflichem 'Schutzhaft'-Knast,
Als wäre nun alle Qual ex.

Sechs Wochen später, mein Erich, mein Ernst,
Da lag, ein gepeitschter Klumpen,
Auf daß du im Leben den Haß nicht verlernst,
Ich in der Höhle der Lumpen.

Aufm Sack halbtot im Columbia-Haus,
Zerwalkter Theorete:
„Niemand kommt aus der Zelle raus!
Scheißt, Säue, in eure Pakete!"

Der nationalsadistische Spaß
Unrassiger Berserker
Hat freilich sein Ziel verfehlt; denn „was
Mich nicht umbringt, macht mich stärker".

Ihr schlagt uns nicht mürbe, ihr tilgt uns nicht,
Verächtliche braune Knechte;
Wir streiten für Freiheit im goldnen Licht,
Für die ewigen Menschenrechte.

Unser der Sieg! Schon leuchtet es rot
An nächtigen Horizonten.
Die Kerker gesprengt! Friede und Brot!
Freude an all unsern Fronten!

Und stammeln gestürzt die Satanischen,
Dann träumt mir plötzlich, das weiß ich,
Vom gespensterhellen 'Romanischen'
im Juni Dreiunddreißig.[8]

Nach einigen Wochen der Freiheit wurde er wieder verhaftet und diesmal im KZ-ähnlichen Columbia-Haus am Flughafen Tempelhof schwer misshandelt. Nach Monaten dort wurde er in den KZs Brandenburg und Oranienburg nur un-

8 Das Gedicht ist abgedruckt in Hiller: Köpfe und Tröpfe. Hamburg, Stuttgart 1950, S. 286-289. Die vier „Sankt" sind: Alfred Kerr, Heinrich Mann, Ferdinand Hardekopf, André Gide.

wesentlich besser behandelt. Widerstand gegen die Drangsalierungen war praktisch nicht möglich. Als Jurist verabscheute Hiller die blanke Gewalt und setzte seine Hoffnung darauf, dass sich der Rechtsstaat durchsetzen werde. Massenstreiks waren für ihn ein Mittel, barbarischen Regierungen zu opponieren, aber sie fanden gegen die Nazis nicht statt.

Es war Rudolf Heß, der sich für Hillers Freilassung einsetzte, weil er einem Bekannten einen Gefallen schuldete, und weil dieser um Hillers Freilassung gebeten hatte. Im Gefolge des nationalsozialistischen Putschversuchs 1923 versteckte der General Albrecht Haushofer Rudolf Heß in seinem Haus. Als „Gegenleistung“ bat Haushofer ihn 1934, Hiller aus der Haft zu entlassen. Haushofer war vom Gründer der Paneuropa-Bewegung, Richard Nikolaus Coudenhove-Kalergi, darum gebeten worden.

Hiller überstand die vielen Monate der Torturen erstaunlich gut, wobei ihm eine gewisse mentale Härte, gepaart mit einer weichen Naivität, geholfen haben dürfte. Diese beiden psychischen Elemente kommen in zwei Episoden gut zum Ausdruck. Nach dem Einbruch der SS in seine Wohnung hatte Hiller mutig und in juristischem Ton Strafanzeige erstattet wegen Hausfriedensbruchs und Diebstahls; die Anzeige wurde von der Polizei, wie zu erwarten war, damit beantwortet, dass die Täter nicht ermittelt werden konnten und dass „die Straftaten nach der Verordnung des Reichspräsidenten“ mittlerweile straffrei seien. Andererseits: nach der Entlassung aus den Konzentrationslagern hatte Hiller gehofft, als Buchhändler die Zeit in Deutschland überbrücken zu können, bis zum baldigen Ende der Naziherrschaft. Das Wesentliche jedoch fehlte ihm, wie er in seiner Autobiographie vermerkt:

> An Publizieren war nicht zu denken; seit 1912 war ich Mitarbeiter der S. Fischerschen *Neuen Rundschau* gewesen [...]; als ich jetzt dem [...] als Chefredakteur eingesetzten Peter Suhrkamp, lange vor den Nürnberger Gesetzen, ein sicher honoriges und ebenso sicher selbst vom Nazistandpunkt aus harm-armes Manuskript einschickte, sandte er's mir mit einem eiskalt-hochmütigen Brief zurück, wegen Mangels an Blut und Boden; ich müsse doch einsehen, daß für meine zersetzende Art die Zeit vorbei sei; er wünsche überhaupt keine Beiträge mehr von mir.[9]

Nach Monaten der Erholung von den Strapazen entschloss sich Hiller im September 1934, ins Exil zu gehen, da sich eine erneute Verhaftung angekündigt hatte. Hiller floh nach Prag und erwies sich als undankbarer Entlassener, weil er in der dort erscheinenden „Neuen Weltbühne“ sofort eine längere Artikelserie publizierte, in der er die grauenhaften Zustände in deutschen KZs offenlegte. Hiller war nicht der Erste, der dies schilderte; der Sozialdemokrat Gerhart Seger war aus dem KZ Oranienburg geflohen und hatte über dieses Lager ein Buch

---

9 Kurt Hiller: Leben gegen die Zeit. Band 1: Logos. Reinbek 1969, S. 295

veröffentlicht, aber spätestens im Herbst 1934 nach Hillers Schilderungen musste Jeder im ausserdeutschen Ausland wissen, welche barbarischen Zustände in Deutschland herrschten. Hiller nannte seinen langen Artikel „Schutzhäftling 231" und druckte ihn in seiner Autobiographie „Leben gegen die Zeit" 1969 wieder ab.

Die unmenschlichen Taten der Nazis werden von Hiller detailliert geschildert. Er beschreibt Foltermethoden wie den Zwang zum Auflecken fremden Hustenschleims und die Existenz kleiner Gruben, in denen der Insasse weder stehen noch sitzen oder liegen konnte. Er beschreibt die mangelhafte Ernährung, die grauenhafte Hygiene, die in den Gefängnissen und Konzentrationslagern herrschten. Unter anderem konnte Hiller glaubhaft von der Ermordung des Schriftstellers Erich Mühsam im KZ berichten. Und dies war erst der Anfang der Brutalitäten der Nazis; damals war man ja noch bemüht, im Ausland einen einigermaßen humanen Eindruck zu hinterlassen; damals waren die „Rassegesetze" noch nicht in Kraft; damals hatte die „Wannsee-Konferenz" mit Beschlüssen zur „Endlösung der Judenfrage" noch nicht stattgefunden.

Hiller schildert all die Grausamkeiten mit einer gewissen Sachlichkeit, die wohl Ausdruck einer notwendigen psychischen Distanz zu dem Erlebten ist. Er ist selbst darüber verwundert, wie ein doch angeblich feinsinniger, dekadenter jüdischer Schriftsteller solche Torturen aushalten kann. Die von Hiller in seinen antifaschistischen Schriften vor 1933 vorgenommenen Differenzierungen wendet er nun in seiner Verarbeitung der KZ-Erlebnisse an: er unterscheidet zwischen rein sadistischen und auf der anderen Seite halbwegs menschlichen Kommandeuren; er unterscheidet zwischen geistig unbedarften brutalen und andererseits den von einer Idee infizierten Wärtern, die sich einen Rest von Anstand und Menschlichkeit bewahrt hatten.

Sicherlich war es in entscheidendem Maße Hillers Enthüllungsartikel, der im Frühjahr 1935, also Monate vor den Nürnberger Rassegesetzen, zu seiner „Ausbürgerung" beitrug. Kurz darauf hat Hiller in einem Offenen Brief an den Deutschen Innenminister Frick diese „Ausbürgerung" für juristisch Null und Nichtig erklärt.

Seinen antifaschistischen Kampf setzte Hiller im Exil fort, indem er in Prag und später in London Fühlung mit Sozialisten und Kommunisten aufnahm. Hillers Ziel war es, eine Einheitsfront aller „Linken" gegen den Faschismus zu schmieden. Er träumte von einem Kartell aller Linksgruppen als Vorbereitung zu einer Machtübernahme der Linken in Deutschland nach der Niederschlagung des Naziregimes. An der „Neuen Weltbühne" in Prag schrieb Hiller wie vordem an der Berliner Weltbühne, allerdings nur zwei Jahre lang, weil er sich mit dem Chefredakteur Hermann Budzislawski überwarf. Daneben war sein Hauptforum die „Sozialistische Warte", die von Willi Eichler in Paris herausgegeben wurde;

Eichler war Schüler des Philosophen Leonard Nelson gewesen, der 1927 verstarb, hatte die Leitung von dessen „Internationalen Jugendbund" übernommen und gliederte ihn nach 1945 in die SPD ein.

In Prag setzte sich Hiller in einem Komitee für die Freilassung des Rechtsanwalts Hans Litten ein. Litten hatte 1930 Hitler als Zeugen vor Gericht geladen und brachte diesen argumentativ in Bedrängnis. Dafür Rache nehmend wurde Litten später inhaftiert und im KZ Dachau 1938 ermordet. Im Exil in London lebte Hiller ab 1940 für mehrere Jahre in einem Haus mit der Mutter, Irmgard Litten, der Autorin des Buchs „A mother fights Hitler".

Während Hiller in Prag noch als Einzelkämpfer auftrat im Gespräch mit anderen Linken, gründete er in London 1939 den „Freiheitsbund Deutscher Sozialisten" (FDS), der mit der Exil-SPD (SOPADE) und anderen Linksgruppen über das Zustandekommen eines Kartells verhandelte. Der FDS gab zwischen 1939 und 1947 Rundbriefe heraus, um für seine Positionen zu werben.[10] Die Rundbriefe wurden von Hiller auch immer wieder an Persönlichkeiten des Exils wie Heinrich und Thomas Mann geschickt, um deren Stimme für seine Vorhaben zu erlangen.

Ein Kartell aller linken Gruppierungen kam nicht zustande, wobei Hiller es den anderen Gruppen auch nicht leicht machte, mit ihm zu koalieren. Nach wie vor pochte Hiller auf einer grundlegenden Erneuerung des Prinzips „Demokratie", in der nicht einfach der Mehrheitswille entscheiden, sondern die geistige Elite ein Mitspracherecht haben solle. Die Erfahrung mit der Weimarer Republik bestärkte Hiller in seinem Gedanken, dass die Mehrheit eines Volkes immer unmündig sei und dies in Wahlen auch zum Ausdruck komme. Dass breite Schichten des Volkes von den Nationalsozialisten fasziniert waren und diese in freien Wahlen mehr als 40% der Stimmen bekamen, war für Hiller ein Beleg für seine Demokratiekritik, die von anderen Linken nicht geteilt wurde. Ein Vorbild für einen weisen Staatsmann war für Hiller der tschechische Präsident Tomaš G. Masarýk, ein Philosophieprofessor, der als Theoretiker sich dennoch als Staatsmann bewährte.

In London hatte Hiller also Kontakte mit vielen Schicksalsgenossen des Exils. Mit – wie erwähnt – Politikern, die ihr Exil aktiv im Hinblick auf die Zeit nach der Niederschlagung des NS-Regimes gestalteten; mit Künstlern, die ihre künstlerische Linie im Exil fortzusetzen suchten, wie z.B. der Schriftsteller Dosio Koffler, der mit dem Stück „Die Deutsche Walpurgisnacht" eine Parodie auf Hitler schrieb; und mit sozusagen im Exil in die innere Emigration gegangenen

10 Zusammengefasst sind die Rundbriefe in: Die Rundbriefe des Freiheitsbundes Deutscher Sozialisten, London 1939-1947. Hrsg. v. Harald Lützenkirchen. Fürth 1991

Exilanten wie dem Maler Ludwig Meidner, der von Hillers politischen Aktivitäten im Exil überhaupt nichts wissen wollte.

Während Schriftsteller deutscher Sprache wie Hiller besonders durch die Trennung von ihrem Leserkreis litten, gerade auch materiell (Hiller lebte hauptsächlich von Zuwendungen von Hilfsorganisationen), gab es kosmopolitisch eingestellte Exilanten, denen die Trennung von Deutschland weniger ausmachte. Als solchen hat Hiller Klaus Mann erlebt, der in noblen Hotels wohnen konnte. Einmal lud Klaus Mann Hiller in Prag zum Essen ein. Hiller war es gewohnt, in Restaurants zu essen, in denen man sich das preiswerte Essen aus einem Automaten zieht. Nun schrieb Hiller an seine Mutter, dass dieses Essen, das Klaus Mann spendiert hatte, unglaublich gut gewesen sei; das Gespräch sei „weniger wichtig" gewesen.[11]

In seinen Gedanken befaßte Hiller sich stetig mit der Zukunft Deutschlands. Anfang 1945 erschien auf Englisch das Buch „After Nazism – Democracy?", in dem Hiller dem englischen Publikum klarzumachen versucht, dass ein Neuanfang Deutschlands nur mit Hilfe geistiger Persönlichkeiten geschehen sollte, die dem durch die Nazidiktatur von der Demokratie entfremdeten Deutschen Volk die Richtung vorzugeben hätten.

Das Kriegsende und das Ende des Naziregimes erlebte Hiller in London mit. In seiner Autobiographie spricht er von einem „prachtvoll disziplinierten Massen-Jubeltag" im Herzen Londons.

Hiller war sich bewusst, dass das deutsche Volk nach seiner erzwungenen Befreiung vom Faschismus einige Zeit brauchen würde, um einen freiheitlichen Rechtsstaat mit Leben zu erfüllen. Erstmals reiste er 1947 wieder nach Deutschland und hielt in Hamburg seine Rede „Geistige Grundlagen eines schöpferischen Deutschlands der Zukunft". Hiller konnte zu Recht behaupten:

> Ich habe [...] den Teufel, der 1933 den Thron betrat, jahrelang zuvor an die öffentliche Wand gemalt, die Weimarer Impotenz und den zwieträchtigen Marxismus warnend, vergeblich warnend, wieder und wieder gemeinsam mit Freunden warnend [...] Ich habe rechtzeitig und mehr als einmal das Erforderliche gesagt; wenige hörten hin, niemand handelte danach. Offenbar war mein Wort zu schwach.[12]

Trotz der grauenhaften Erfahrungen mit den Nazis behält Hiller den klaren Blick für die aus seiner Sicht wahrhaft Schuldigen an dem Desaster: Mir erscheint

> selbst im Falle Nazi ungleich verächtlicher als der Stehler der Hehler, [...] erheblich widerwärtiger noch als die eigentlichen, unmittelbaren, aktiven Verbrecher die unei-

11 Postkarte Kurt Hiller an seine Mutter Ella, 15.9.1935; im Nachlass Hillers, der von der Kurt Hiller Gesellschaft verwaltet wird.

12 Hiller: Geistige Grundlagen eines schöpferischen Deutschlands der Zukunft, Hamburg 1947. Wiederabgedruckt in Hiller: Ratioaktiv, a.a.O., S. 190

> gentlichen, mittelbaren, im Hintergrund kaum-sichtbar-halbaktiven; die Ermöglicher, die Begünstiger des Verbrechens; die Geburtshelfer und Stützen eines Regimes [...] seine Finanzierer, Autorisierer und Kräftiger ohne Parteibuch oder gar mit fremdem. Noch an dem primitivsten, fehlgreifendsten, rohesten Idealismus bleibt schließlich der Idealismus ehrbar; [...] das gelassene Gelichter der aus Eigennutz, Geltungsgier oder Feigheit helfenden Unüberzeugten kann [...] nur Ekel hervorrufen.[13]

In seiner Rede nennt Hiller Namen und klagt an; nicht aus einem Rachegefühl heraus, sondern um den „Schutt" wegzuräumen für den Bau eines neuen Hauses. Ein besonderer Dorn im Auge war ihm dabei, dass etliche Nazis und Mitläufer nach 1945 wieder in hohe Ämter gelangten und somit die Geschicke des neuen Deutschlands lenkten, als hätten sie in der Vergangenheit nie eine andere Gesinnung gehabt. Dabei ließ Hiller keine Ausreden wie „die Auswüchse der Nazis kannte ich nicht bzw. habe ich nicht gewollt" gelten; für ihn waren die sogenannten Auswüchse oder Exzesse des Regimes keine Auswüchse, sondern das formulierte Programm der Nazis, welches von ihnen lediglich konsequent umgesetzt worden war. Angesichts der Tatsache, dass gerade Politiker und Wissenschaftler mit brauner Vergangenheit sich im neuen Deutschland wieder nach vorne drängten, formulierte Hiller die Erkenntnis: „Der gebildete und listige Barbar ist gefährlicher als der rohe und aufrichtige."[14]

Hillers Rede fand ein breites Echo; sie wurde vom Rowohlt-Verlag in einer Auflage von 50.000 Exemplaren gedruckt. Auch war der spätere DGB-Vorsitzende Ludwig Rosenberg von Hillers Wirken angetan; er arrangierte Vorträge Hillers in Düsseldorf und organisierte auch ein Treffen mit Kurt Schumacher 1951, bei dem es um die nicht allzu erfolgreiche SPD-Presse damals ging. Allmählich wurde es aber stiller um ihn. Er sah sich erst 1955 imstande, ein Leben als Schriftsteller in Deutschland führen zu können, und er remigrierte von London nach Hamburg. Dort gründete er als politische Gruppe den „Neusozialistischen Bund", der mit seinen Publikationen in der wirtschaftlich prosperierenden Bundesrepublik keinen großen Anklang fand. Hiller starb 1972 und geriet mehr und mehr in Vergessenheit, was die 1998 gegründete Kurt Hiller Gesellschaft zu revidieren versucht.[15]

Man muss die mentale Stärke Hillers bewundern. Obwohl er frühzeitig Einsicht hatte in die Gefährlichkeit und Barbarei der Nationalsozialisten und auch die Zivilcourage besaß, vor ihnen zu warnen; obwohl er mit am härtesten unter ihnen gelitten hat durch KZ-Haft und Vertreibung ins Exil, behielt er nach 1945

13 A.a.O., S. 188

14 A.a.O., S. 203

15 Ein Meilenstein hierzu war die Ausstellung zu Hillers 125.Geburtstag in der Hamburger Universitätsbibliothek von Anfang August bis Ende Oktober 2010.

klaren Kopf, analysierte das Geschehene und verlor nicht den Mut, für eine bessere Zukunft zu arbeiten. Ebenfalls hielt er eisern an Prinzipien fest, die durch die Nazis in Misskredit gebracht worden waren, wie der „Führerschaft" einer geistigen Elite, wie der „Auslese der Besten", der Beschränkung der Mehrheitsdemokratie durch selbsternannte Befugte. In Bezug selbst auf eine Gesinnungsgruppe wie die Nationalsozialisten mit barbarischen Zielen verlor Hiller nicht aus den Augen, dass sie aus charakterlosen Rohlingen, aber auch aus idealistischen, aber verblendeten Jugendlichen bestehen kann, die im Kern nur von Formalien der Gesinnungsgruppe fasziniert sind, aber anderswo keine attraktive Alternative dazu finden. Der in der politischen Praxis weitgehende Misserfolg von Hillers Publizistik hat ihn bis zu seinem Lebensende nicht entmutigt, seine Antworten zu geben auf Gesellschaftsentwürfe aller politischen Richtungen.

Während manch Künstler und Literat im Exil überhaupt nicht zurecht kam und den Freitod wählte, ließ sich Hiller in stoischer Ruhe nicht durch das Intermezzo namens „Nationalsozialismus" beirren.

Seine Antworten nach der Barbarei waren im wesentlichen die Gleichen wie vor ihr. Eine Barbarei wie die der Nazis kann durch menschliche Unmündigkeit immer wieder auftreten, ob als Überwachungsstaat, Gottesstaat oder in anderen Formen.

Dass solche mutigen, unabhängigen Geister auch gegen die Barbareien der Zukunft gebraucht werden, betonte der bereits erwähnte Artikel in der „Zeit" über die Hiller-Ausstellung in Hamburg; er endet mit dem Satz:

> Kehr wieder, Kurt Hiller, kehr wieder![16]

16 Ohne Autor: Ein Mann für sich. Die Zeit, 9. September 2010, S. 19

Die Auswirkungen der Nürnberger Rassegesetze auf die Wiener Familien Schwarzmantel und Klaar

Helene Klaar

Im folgenden Beitrag sollen die Auswirkungen der Umsetzung der Nürnberger Rassegesetze auf die Herkunftsfamilien meiner Eltern, Franzisca Schwarzmantel und Dr. Bernhard Klaar, beschrieben werden.

Beide Familien können als durchaus typische österreichische Familien in der Spätzeit der Habsburger Monarchie angesehen werden.

Die Eltern meiner (nicht jüdischen) mütterlichen Großmutter, Leopoldine Schwarzmantel, geborene Degen, stammten aus Triebenreuth in Bayern, sie waren Fleischhauer und brachten es in Wien zu ansehnlichem Vermögen, hatten ein Gasthaus im Wiener Vergnügungspark „Prater“ und eines in der dort hinführenden Praterstraße. Meine Großmutter war eine kleine hübsche Frau mit feinen, regelmäßigen Zügen und vergißmeinnichtblauen Augen. Sie wurde in einem vornehmen Wiener Hotel ausgebildet und auf die Übernahme der elterlichen Betriebe vorbereitet. Die Eltern starben jedoch, als meine Großmutter noch minderjährig war. Vor einer mehr oder minder aufgezwungenen Ehe mit ihrem Vormund rettete sie ihre Liebesbeziehung mit einem feschen Verkäufer, der in einem Gummiwarengeschäft gegenüber ihrem Gasthaus in der Praterstraße beschäftigt war.

Mein Großvater, Hermann Schwarzmantel, stammte aus Straßnitz in Mähren. Er und seine vier Geschwister waren schon als Kinder verwaist. Soziale Fürsorge fand in ihrem Heimatort in der Art und Weise statt, dass die Waisenkinder täglich bei einer anderen Familie der jüdischen Gemeinde des Ortes zum Essen eingeladen waren, was bei meinem Großvater eine lebenslängliche Abneigung gegen die billigen und sättigenden Gerichte, die die wohltätigen Familien an diesen Tagen zubereiteten, verursacht hat.

Er war, nach dem, was ich von ihm gehört habe, ein fröhlicher, den schönen Seiten des Lebens zugeneigter Mann, auch seinen Kindern gegenüber herzlich und großzügig, aber wenig vorausblickend.

Dem Brautpaar wurde Dispens vom Ehehindernis der „cultus disparitas“ erteilt, weil sie sich verpflichteten, ihre Kinder taufen zu lassen und katholisch zu erziehen.

Aus Anlass ihrer Verehelichung verkaufte meine Großmutter ihre beiden Gasthäuser und erwarb von dem Erlös für ihren Mann in bester Wiener Lage

Ecke Rotenturmstraße/Fleischmarkt ein eigenes Geschäft mit Regenmänteln, Galoschen und sonstigen Gummiwaren. Das Geschäft lief durchaus gut, der Ertrag wurde aber „verlebt“ und nicht angespart. Die Familie lebte in einer Mietwohnung im 1. Bezirk, Salzgries 17 (nahe dem Donaukanal), beschäftigte ein Dienstmädchen, ein Kinderfräulein, eine Hausschneiderin. Meine 1910 geborene Mutter war schon als kleines Mädchen in Lovran, Grado und Venedig auf Urlaub.

Obwohl also mein Großvater nicht in der Lage war, das Vermögen seiner Frau zu vermehren, oder auch nur zu bewahren, verlief die Ehe außerordentlich glücklich; es entstammten ihr drei Kinder:

Mein Onkel Dr. Hans Schwarzmantel wurde 1901 geboren, studierte Philosophie, war dann aber im väterlichen Geschäft tätig.

Meine Tante Grete Schwarzmantel, geboren 1904, war eine äußerst emanzipierte Frau. Während ihr älterer Bruder das Schottengymnasium absolvierte, wurde für sie von den Eltern ein „Lyceum“, eine Bildungsanstalt für höhere Töchter, als ausreichend angesehen. Sie war aber überaus belesen und gebildet, hatte bis ins hohe Alter Sinn für moderne Kunst und betätigte sich in ihrer Jugend als künstlerische Fotografin. Sie war eine erfolgreiche Tennisspielerin, ein Höhepunkt ihres Lebens war es, am „Centre-Court“ in Monaco ein Match zu spielen und zu gewinnen. Obwohl sie ihren Eltern liebevollst zugetan war, strebte sie nach wirtschaftlicher Unabhängigkeit, besuchte eine Schneiderinnenschule, machte die Meisterprüfung und eröffnete, durchaus zum Missfallen ihrer Eltern, ein eigenes Geschäft für Regenmäntel und Galoschen im wenig noblen 16. Bezirk.

Meine Mutter, Franzisca Klaar, geboren 1910, erfuhr gleichfalls keine höhere Schulbildung, sie absolvierte eine Handelsschule und eine einjährige Sprachschule und arbeitete danach im väterlichen Geschäft. Sie war der Liebling ihres Vaters, dem sie auch äußerlich sehr ähnlich sah, sie war bis ins Alter – und daher sicher auch in der Jugend – eine heitere, tatkräftige Frau, in die sich mein Vater, der im gleichen Haus aufwuchs, schon als Student leidenschaftlich verliebte, sehr zum Missfallen ihrer Familie, die sich für die hübsche jüngste Tochter etwas Besseres gewünscht hätte als einen armen Studenten mit radikalen politischen Ansichten.

Mein Großvater, Severin Klaar, wurde 1866 noch in Stanislau in Galizien geboren, wuchs aber gemeinsam mit drei Geschwistern bereits in Wien auf. Die Familie lebte in größter Armut, jeweils zwei Kinder mussten sich ein Bett teilen. Als Folge der Unterernährung in der Jugend erreichte mein Großvater auch im Erwachsenenalter niemals ein Gewicht von mehr als 50 Kilogramm. Seine Geschwister starben in relativ jungen Jahren, seine einzige Schwester Malwine infolge einer Erkältung nach ihrem ersten und einzigen Ball.

Trotz dieser Armut gelang es meinem Großvater, eine Handelsakademie zu besuchen, er wurde in der Folge Buchhalter, war jahrzehntelang als solcher in einer im Erdgeschoß des Hauses Salzgries 17 niedergelassenen Firma tätig und erreichte schließlich zu seinem Stolz die Stellung eines Prokuristen. Er wurde mir stets als die Personifizierung von Pflichtbewusstsein, Fleiß und Ehrlichkeit dargestellt, dabei aber auch als liebevoller und gutherziger Mensch, der für jeden Bettler seine Börse öffnete.

Der Cousin meines Großvaters, Dr. Ludwig Klaar, war übrigens ein erfolgreicher Arzt, der zur allgemeinen Bewunderung unter dem antisemitischen Bürgermeister Lueger eine öffentliche Funktion als „Stadtphysikus für den 8. Bezirk" bekleidete. Von seinen vier Söhnen wurden Paul und Josef („Peperl") gleichfalls erfolgreiche Ärzte, Fritz und Ernst „Bankbeamte" bei den österreichischen Großbanken „Creditanstalt" und „Länderbank". Der Sohn von Ernst Klaar, George Clare, hat über sie sein Buch „Last Waltz in Vienna" geschrieben.

Severin Klaar heiratete Anna Karoline, geborene Brauner.

Deren Vater, Bernhard Brauner, und dessen Bruder stammten aus Lemberg und waren beide Berufssoldaten. Der Bruder war Kavallerist und fiel bei Königrätz.

Mein Urgroßvater, Bernhard Brauner, war Infanterist, geriet bei Solferino in französische Gefangenschaft, kehrte aus dieser nach Lemberg zurück, wo er sich verehelichte und wo seine ersten beiden Kinder, David (genannt Dunjo) und Helene 1866 und 1968 zur Welt kamen.

Meine Großmutter, Anna Karoline, wurde 1874 bereits in Wien geboren.

Bernhard Brauner verzichtete auf die Möglichkeit, als Kriegsveteran eine Beschäftigung als „Burggendarm" anzunehmen, weil er sich zu diesem Zweck hätte taufen lassen müssen. Er erwarb ein kleines, düsteres Zinshaus im 2. Bezirk, Adambergergasse 10, und stiftete einen Geldbetrag für eine Synagoge im 2. Bezirk (der 2. Wiener Gemeindebezirk, Leopoldstadt, war in Wien seit jeher Wohnsitz von – vor allem ärmeren – Juden).

Die Familie Brauner war also wirtschaftlich besser gestellt, als die Familie meines Großvaters, die Lebensverhältnisse waren aber dennoch beengt und reichten keinesfalls für den Besuch höherer Schulen oder gar eines Studiums der Kinder.

In den Familien meiner väterlichen Großeltern, und im übrigen in vielen „Migrantenfamilien" der Monarchie, insbesondere auch bei tschechischen Zuwanderern, legten die Eltern Wert darauf, dass ihre Kinder nur Deutsch lernen sollten, und verwendeten die slawische Sprache allenfalls zur Kommunikation untereinander, wenn sie Dinge besprachen, die nicht für die Ohren der Kinder geeignet waren.

Der Bruder meiner Großmutter, Dunjo, war offenbar ein gut aussehender Mann, der gerne Schauspieler geworden wäre, aber letztlich Handelsvertreter wurde. Er heiratete eine Julie Singer, deren Schwester ihrerseits mit Wilhelm Reich verheiratet war. Sie hatten vier Kinder, einen Sohn, welcher als geisteskrank galt und in einer „Nervenheilanstalt" lebte, einen weiteren Sohn, Karl, der ebenso wie sein Vater, als Handelsvertreter arbeitete, und zwei Töchter, von welchen die eine, Lisl Brauner, eine Zeit lang mit dem Psychoanalytiker Otto Fenichel zusammenlebte; die andere, Mizzi, wurde insbesondere in der Emigration in den USA als „Mary Mills" eine durchaus renommierte Kinderpsychiaterin,

Wie mein Vater erst später erfuhr, hatte sein Onkel Dunjo neben den vier ehelichen Kindern mit Julie Singer auch noch zwei weitere uneheliche Kinder, mit einem ehemaligen Kindermädchen der Familie.

Die ältere Schwester meiner Großmutter, Helene, nach der ich heiße, wurde angeblich von ihrem ersten Mann unmittelbar nach der Hochzeit verlassen. Dennoch fand sie einen zweiten Mann, einen aus dem Kaukasus stammenden Uhrmacher (in seiner eigenen Diktion: „Seigermacher"), Leo Edelsohn, mit dem sie in St. Gotthard (nunmehr Ungarn) lebte. Die beiden hatten eine 1906 geborene Tochter Berta (genannt: „Bertuschka"), die an einer Hüftgelenksluxation litt.

Mein Vater verbrachte in seiner Kindheit mehrmals Ferien im Haus Edelsohn, wurde von Tante und Onkel offenbar herzlich aufgenommen, spielte gerne mit seiner Cousine und bemühte sich, da ihn Fremdsprachen immer faszinierten, etwas Ungarisch zu erlernen.

Bertuschka wurde später Büroangestellte, lebte in Wien und erhielt nicht nur sich selbst, sondern auch ihre Mutter, die nach dem Tod ihres Mannes, eines Gewerbetreibenden, keine Pension bezog.

Meine Großmutter, Anna Karoline Klaar, war eine belesene, vielseitig interessierte Frau, scharfzüngig und von sarkastischem Humor. Sie war klein, korpulent und sehr kurzsichtig, was sie nicht hinderte, Vorhänge zu häkeln, Tischdecken zu sticken, und vor allem zu lesen. Sie besorgte ihren Haushalt mit Hilfe einer Hausgehilfin, Agnes, aber sie selbst ging einkaufen und kochte, strickte und nähte die Kleidung für ihre Kinder.

Mit erschien die Familie Brauner immer als der interessanteste Zweig der Familie. Alle Brauners waren bildungshungrig und kritisch, streitbar und politisch interessiert. Dunjo war angeblich Gründungsmitglied der „Kinderfreunde", einer bis heute existierenden sozialdemokratischen Nebenorganisation. Meine Großmutter war Mitglied einer Wohltätigkeitsorganisation „Societas", einer Vorläuferin der heutigen „Volkshilfe".

In seiner Volksschulzeit bekam mein Vater von ihr täglich zwei Butterbrote in die Schule mit, mit dem Auftrag, das zweite „einem armen Kind zu schenken“.

Besonderes Anliegen meiner Großmutter war es, ihrer 1901 geborenen Tochter, Rosa Malwine, die Bildung zu ermöglichen, die ihr selbst versagt geblieben war. Meine Tante Rosi war in der Schule stets Vorzugsschülerin, studierte Staatswissenschaften bei Größen wie Kelsen, Merkl und Verdross, zu ihrem Bekanntenkreis zählten unter anderem Fritz Machlup und andere namhafte junge Wissenschafter.

Mein 1904 geborener Vater, seit seinem 15. Lebensjahr glühender Sozialdemokrat und daher in Opposition zu allen deutschnationalen und christlichsozialen (also: allen) Lehrern, war zwar ein guter, aber kein vorzüglicher Schüler, absolvierte nach der Matura (deren Feier er nicht besuchte, weil dort Alkohol getrunken wurde und er damals auch Mitglied des Arbeiterabstinentenbundes war) einen einjährigen Kurs in kaufmännischen Fächern und sollte nach seinem Jusstudium mit Hilfe eines der Cousins, Ernst oder Fritz Klaar, bei der Länderbank oder Creditanstalt eine Anstellung suchen.

Der Bankenkrach machte diese Pläne zunichte.

Da eine Aufnahme in den Staatsdienst für einen Juden nicht möglich erschien, entschloss sich mein Vater, Rechtsanwalt zu werden. Dies erforderte damals neben einem „Gerichtsjahr“ eine sechsjährige Konzipiententätigkeit. In Wien gab es zu der Zeit mehr als 2000 Rechtsanwälte (davon etwa zwei Drittel Juden), die in der Wirtschaftskrise zunehmend selbst in wirtschaftliche Bedrängnis gerieten. Sie hatten weder Bedarf nach Konzipienten, noch hätten sie deren Gehalt bezahlen können.

Mein Vater fand seine erste Anstellung bei einem Rechtsanwalt Dr. Gottfried Weissenberg in Ybbs/Donau, einem jüdischen Anwalt, der dem ärmeren, sozialdemokratischen Teil der Ybbser Bevölkerung als Rechtsbeistand diente, während die einträglicheren Causen ein christlichsozialer Rechtsanwalt bearbeitete. Durch die Niederlassung eines dritten, deutschnationalen Rechtsanwalts in Ybbs verlor Dr. Weissenberg jedoch so viel an Geschäft, dass er sich keinen Konzipienten mehr leisten konnte.

Mein Vater verlor also nach einem halben Jahr wieder seine Stellung, arbeitete einige Monate ohne Entgelt bei einem Wiener Rechtsanwalt während dessen Erkrankung und fand schließlich wieder eine Konzipientenstelle außerhalb Wiens in Baden.

Obgleich dieses Dienstverhältnis keineswegs von wechselseitiger Sympathie getragen war, beendete mein Vater in der Badener Kanzlei seine Ausbildungszeit. Sein Chef, Dr. Bernard Seiler, ein bereits älterer, auf seine Gesundheit bedachter Mann, schätzte letztlich den fleißigen, ehrgeizigen Mitarbeiter, mein

Trotz niedrigen Gehalts (von dem noch ein Teil für die Benützung eines im Dachgeschoss gelegenen, als unvermietbar qualifizierten Zimmers, in dem mein Vater während der Woche schlief, einbehalten wurde!) hielt er durch, weil er die Chance erkannte, Praxis in allen Bereichen des Anwaltsberufs zu erwerben.

Nachdem er 1936 die Rechtsanwaltsprüfung „mit sehr gutem Erfolg" bestanden hatte, machte er sich in Baden, wo er in seinen Konzipientenjahren gute Kontakte geknüpft hatte, selbständig.

Die eigene Kanzlei war sofort höchst erfolgreich:

Obwohl die sozialdemokratische Partei seit 1934 verboten war, waren ehemalige Funktionäre der Gebietskrankenkasse und der Mietervereinigung, einer Mieterschutzorganisation, in ihren Ämtern verblieben und schätzten die Tätigkeit eines einsatzfreudigen, gleichgesinnten Rechtsanwalts.

Einige Klienten des Dr. Seiler waren schon seit Jahren nur mehr von meinem Vater betreut worden und übertrugen ihm ihre Vertretung. Als er zum Masseverwalter in einem großen Konkursverfahren bestellt wurde, benötigte er bereits selbst einen Konzipienten.

Mein Vater mietete in einem der modernen Neubauten, die in der Ständestaatzeit in der Operngasse errichtet wurden (als Versuch der Austrofaschisten, zu zeigen, dass es auch nach dem „roten Wien" noch modernen Wohnbau gab), eine kleine Wohnung, um mit meiner Mutter zumindest eine Wochenendbeziehung führen zu können.

Meine Mutter machte über seinen Wunsch den Führerschein, da er die Anschaffung eines Autos plante. Die beiden verbrachten, elegant ausstaffiert, einen Urlaub in der Hohen Tatra.

Dann kam der „Anschluss".

Dieser wirkte sich auf die Familien meiner Eltern katastrophal, aber durchaus unterschiedlich, aus.

Mein Großvater, Hermann Schwarzmantel, war zwar „Volljude", war jedoch geschützt durch seine Ehe mit einer „Arierin". Wie viele – aber keineswegs alle – „arischen" Frauen, die mit Juden verheiratet waren, kam meine Großmutter gar nicht auf die Idee, sich von ihrem Mann scheiden zu lassen, im Gegenteil, sie konnte erreichen, dass mein Großvater davon befreit wurde, den „Judenstern" zu tragen, so dass ihm Demütigungen, wie z. B. in kein Kaffeehaus gehen oder sich auf keine Parkbank setzen zu dürfen, erspart blieben, wenngleich er, als Jude auch ohne Stern leicht erkennbar, die NS-Zeit höchst zurückgezogen verbrachte und Spaziergänge nur entlang des Flussbetts des Donaukanals in Gesellschaft eines Leidensgefährten, eines mit einer „Arierin" verheirateten Juden, der aber „Sternträger" war, absolvierte.

Im April 1945, als er sich bei diesen Spaziergängen schon ab und zu vom Donaukanal bis in die Rotenturmstraße wagte, um einen Blick auf sein (arisiertes) Geschäft zu werfen und zu hoffen, dass es ihm bald wieder gehören würde, sah er eines Tages „etwas Schreckliches“ – das Haus, in dem das Geschäft lag, wurde noch in den letzten Kriegstagen von einer Bombe getroffen und gänzlich zerstört. Es war daher auch nach dem Krieg keine Rückstellung möglich.

Meine Mutter und ihre Geschwister galten, da keine „Glaubensjuden“, als „Mischlinge ersten Grades“; mein Onkel Hans musste sogar befürchten, als „wehrwürdig“ angesehen und zur Wehrmacht eingezogen zu werden. Er war daher der Erste in der Familie, der emigrierte, und zwar nach England.

In England hat er seine langjährige Lebenspartnerin, Bibi Franklin, geheiratet und in Wales als Buchhalter eines Bergbauunternehmens gearbeitet. Mein 1947 geborener Cousin John hat den Namen seines Vaters, Schwarzmantel, beibehalten (obwohl der Mädchenname seiner Mutter für englische Zungen leichter auszusprechen wäre) und ist Politikwissenschafter an der Universität in Leeds.

Meine Mutter und meine Tante blieben bei den Eltern in Wien und wurden im Rahmen der „DAF“ beschäftigt.

Das Schicksal der Geschwister meines Großvaters ist mir unbekannt; von seinen beiden Brüdern hat jedenfalls keiner nach Kriegsende noch gelebt, die Tochter seines Bruders Samuel, der im Geschäft in der Rotenturmstraße als Verkäufer gearbeitet hatte, konnte sich in die USA retten; der Sohn seines Bruders Bernhard, Willi, dessen Medizinstudium mein Großvater unterstützt hatte und der an einem Herzfehler litt, kam bei einem „Stehappell“ im KZ um. Von den beiden Schwestern, von denen eine, „Tante Toni“, mit Mann, Tochter und Schwiegersohn am Balaton gelebt hatte und mit der es bis zum Krieg regelmäßigen Kontakt und wechselseitige Besuche gegeben hatte, gab es nie wieder Nachricht.

Meine Tante Rosi Klaar verlor nach dem Anschluss ihre Anstellung als wissenschaftliche Mitarbeiterin, war eine Zeit lang in der israelitischen Kultusgemeinde Wien in einer für die Unterstützung der Auswanderung geschaffenen Abteilung tätig und emigrierte schließlich nach England, wo sie bis zu ihrem Tod 1982 als wissenschaftliche Bibliothekarin und Mitarbeiterin tätig war; sie hat z. B. das Register zu den Werken Otto Neuraths erstellt.

Mein Vater erhielt ein mit 28. Mai 1938 datiertes „Vertretungsverbot“ mit dem Wortlaut:

> Gem. § 1 der Verordnung über Angelegenheiten der Rechtsanwälte, Verteidiger, Notare und Patentanwälte vom 31. März 1938 wird dem Rechtsanwalt Dr. Bernhard Klar in Baden die Ausübung seines Berufes vorläufig untersagt. Die Wirkungen dieses Vertretungsverbots richten sich nach § 3 der Verordnung.

Dieses „Vertretungsverbot“ wurde mit Schreiben vom 27. Dezember 1938 ergänzt:

> Sie werden hiemit verständigt, dass das Reichs-Justizministerium, Abt. Österreich, zur Zahl 14879, gem. § 1 Buchst. b Z 1 und § 7, der Fünften Verordnung zum Reichsbürgergesetz vom 27. September 1938, RG.Bl. 1, S 1403 Ihre Löschung aus der Liste der Rechtsanwälte mit 31. Dezember 1938 verfügt hat. Gleichzeitig werden Sie verständigt, dass auch Ihre Löschung von der Verteidigerliste des zuständigen Oberlandesgerichtes verfügt wurde. Wien, am 27. Dezember 1938. Der Ausschuss der Rechtsanwaltskammer in Wien. Dr. Führer.
>
> (Der damalige Präsident der Rechtsanwaltskammer, Dr. Erich Führer, war auch nach dem Krieg weiterhin als Rechtsanwalt in Wien tätig).

Mein Vater musste also seine Kanzlei schließen. Die Einrichtung seines Chefzimmers, bestehend aus einem großen Schreibtisch, zwei Bücherkästen, einem auch als Hausbar verwendbaren kleinen Glastisch und einer großen Ledersitzgarnitur, „arisierte" sein Freund, Eugen Kalkbrenner, vormals Sekretär der Mietervereinigung Baden, bewahrte sie während des Krieges getreulich auf und gab sie meinem Vater nach seiner Rückkehr im Jahr 1947 zurück. Die Stücke befinden sich nach wie vor in meinem Besitz.

Die schicke Wiener Wohnung musste mein Vater räumen, zumal er die Miete nicht mehr hätte bezahlen können, die Einrichtung übereignete er meiner Mutter.

Er selbst zog wieder in sein ehemaliges Kinderzimmer in der Wohnung seiner Eltern, wo er notgedrungen auch den Großteil seiner Zeit verbringen musste, zumal Juden ja jegliche Teilhabe am öffentlichen Leben untersagt war. Den Besuch des Kaffeehauses, das Juden noch offen stand, unterließ er, nachdem er einmal bei seinem Eintreffen erfuhr, dass eine Stunde zuvor eine Razzia stattgefunden hatte, bei der alle anwesenden Gäste mitgenommen worden waren.

Er besuchte einen von der Auswanderungsabteilung der IKG angebotenen Lehrgang für „Hotel- und Gastgewerbe" und versuchte zunächst eine Auswanderung nach Trinidad, scheiterte aber bereits an der holländischen Grenze und musste die Rückreise nach Wien antreten.

Schließlich gelang es ihm im April 1939, ins „Kitchener-Camp", einem Lager für jüngere jüdische Männer, die handwerkliche Berufe ausüben konnten, aufgenommen zu werden und nach England zu emigrieren, wo er seine Kameraden in englischer Sprache unterrichtete.

Ende April 1940 konnte er in die USA, nach Philadelphia ausreisen, wo er zunächst als Hilfsarbeiter in einer Textilfabrik tätig war. Mit Hilfe der „Jewish Welfare" besuchte er „The Philadelphia School of Office Training", lernte „Elements of Accounting" und war in der Folge in mehreren Firmen als Lohnverrechner tätig, wobei sich sein Gehalt von 30 Dollar wöchentlich im Jahr 1944 auf zuletzt 60 Dollar wöchentlich im Jahr 1947 verbesserte.

Aus diesem Einkommen konnte er zwar selbst seinen Lebensunterhalt bestreiten, seine Mittel reichten aber nie, um die Reisekosten seiner in Wien verbliebenen Eltern zu bezahlen.

Sowohl in England als auch in den USA war es ihm gelungen, von Quäkern „Affidavits" zu erhalten, also Erklärungen, mit denen sich diese Menschen immerhin verpflichteten, für die Kosten zu haften, die dem jeweiligen Land im Falle der Einreise der ihnen völlig unbekannten Eheleute Severin und Anna Karoline Klaar aus Wien entstehen könnten; diese Erklärungen verzögerten die Deportation meiner Großeltern. Die für ihre tatsächliche Rettung erforderlichen Geldmittel konnten aber weder mein Vater noch seine Schwester jemals aufbringen.

Meine Großeltern mussten ihre Wohnung am Salzgries verlassen (wobei sich nach Erzählungen der Sohn der Hausbesorgerin, ein SS-Mann, der als Kind oft mit meinem Vater mit Zinnsoldaten gespielt hatte, hervorgetan haben soll) und zogen zunächst, ebenso wie die Geschwister meiner Großmutter, in das Haus Adambergergasse 10.

Von dort weg wurden sie sukzessive deportiert und ermordet.

Über das Haus Adambergergasse 10 berichtete der von den Nazis eingesetzte Verwalter, Hermann Röder, in einem „Erhebungsblatt":

> Sonstige Bemerkungen: Das Haus und die Wohnungen sind etwas düster, sonst annehmbar. Eignung: Für Zwecke der Reichsbedienstetenwohnungsfürsorge weniger geeignet.

Die ersten, denen auch das Leben in dem düsteren, für Reichsbedienstete weniger geeigneten Haus, nicht mehr vergönnt wurde, waren Helene Edelsohn und ihre Tochter Berta, welche im Oktober 1941 nach Litzmannstadt deportiert wurden.

Am 17. Dezember 1941 schrieb der Verwalter Hermann Röder an die Zentralstelle für Jüdische Auswanderung in der Prinz-Eugen-Straße 22 (besser bekannt als „Amt Eichmann"):

> Frau Helene Hendel Sara Edelsohn, früher Wien II., Adambergergasse 10 wohnhaft, ist Mitbesitzerin eines 1/3-Anteils der Liegenschaft Wien II., Adambergergasse 10. Dieselbe wurde im Oktober l.J. nach Polen evakuiert. Nun ersucht mich der noch in Wien lebende Schwager derselben, Herr Severin Israel Klaar, Wien II., Adambergergasse 10, ich möge aus dem auf Konto No. 462311 bei der Zentralsparkasse der Gemeinde Wien erlegten Mietzinsüberschuss des 1/3-Anteils der Frau Edelsohn einen Betrag von RM 40,-- an ihre dzt. Adresse nach Litzmannstadt überweisen. – Ich ersuche um Ihre freundl. Mitteilung, ob ich aus dem Mietzinsüberschüssen, die ich auf Konto 462311 erlegt habe und dzt. RM 87.09,-- betragen, den Betrag von RM 40,-- überweisen darf. Heil Hitler! Hermann Röder Hausverwaltung, Wien 107.

Unter diesem Brief befindet sich ein handschriftliches „Nein!“ – Der Hausanteil von Helene Edelsohn wurde nach ihrer Deportation, nämlich am 17. April 1942, einer Frau Ludmilla Müller „verkauft“, wobei der Kaufpreis von RM 8.170,-- auf ein Konto des „Auswanderungsfonds, Sonderkonto ‚Judenumsiedlung‘“ zu bezahlen war und der Kaufvertrag auf Verkäuferseite von: „Der Fondsführer Fritz Kraus e.h. SS-Sturmbannführer“ unterfertigt wurde.

Am 20. April 1942 fragte der Hausverwalter Hermann Röder beim Wohnungsamt der Stadt Wien an, ob er „für den seit drei Jahren an der Front stehenden Unteroffizier Karl Müller“ (den Sohn der nunmehrigen Miteigentümerin Ludmilla Müller) eine der noch von jüdischen Mietern benützten Wohnungen „beanspruchen bzw. freimachen kann“.

Im August 1942 wurden David und Julie Brauner nach Theresienstadt, Julie Brauner in der Folge nach Treblinka deportiert.

Von ihren Kindern gelang Karl und Mizzi die Flucht (Karl nach Madagaskar, Mizzi in die USA), Lisl hingegen kam im KZ um. Das Schicksal des geisteskranken Sohnes ist unbekannt, lässt sich aber erraten.

Die Deportation meiner Großeltern erfolgte am 9. Oktober 1942.

Im Jänner 1944 schrieb der Oberfinanzpräsident Wien-Niederdonau an die Creditanstalt Bankverein AG:

> Der Jude Severin Israel Klaar, wohnhaft gewesen Wien II., Adambergergasse, wurde innerhalb der Reichsgrenze abgeschoben; aufgrund des Einziehungserkenntnisses ist das Vermögen zu Gunsten des Reiches eingezogen. Ich bitte, das bei Ihnen geführte auf den Namen des Juden lautende Sicherungskonto zu schließen und das Guthaben auf das Postscheckkonto Wien No. 51 meiner Oberfinanzkasse unter Angabe des Aktenzeichens zu überweisen …

Ein gleichlautendes Schreiben erging auch bezüglich meiner Großmutter.

Die Creditanstalt-Bankverein antwortete am 31. Jänner 1944:

> Im Besitze Ihrer beiden Vermögenseinziehungsaufträge vom 24. und 25. d.M. teilen wir mit, dass das restliche Guthaben der Obgenannten nach Verrechnung unserer Spesen im Dezember 1942 ausgegangen ist und das Konto sodann gelöscht wurde, so dass wir diesem nicht mehr entsprechen können. Heil Hitler! Creditanstalt-Bankverein, Rechtsabteilung“.

Zu diesem Zeitpunkt waren meine Großeltern schon länger als ein Jahr tot; ihr Todesdatum wurde mit 24. November 1942 und 31. Dezember 1942 mitgeteilt.

Mein Vater blieb zunächst auch nach Kriegsende in den USA, unschlüssig, ob er überhaupt nach Österreich zurückkehren wollte, und auch, weil er von Amerika aus meine Mutter und ihre Familie mit Hilfspaketen besser unterstützen konnte. Letztlich entschloss er sich aber doch, seinen erlernten Beruf als Anwalt in Österreich wieder ausüben zu wollen, folgte der Einladung des damaligen (parteilosen) Justizministers Gerö, emigrierte jüdische Rechtsanwälte mögen sich am Wiederaufbau Österreichs beteiligen (es gab sonst kaum Gesten des offiziellen Österreich an die Vertriebenen, dass sie in ihrer Heimat wieder willkommen wären) und kehrte im September 1947 nach Wien zurück, wo er am 25. Oktober 1947 meine Mutter heiratete und ich am 02. August 1948 zur Welt kam.

Mein Vater hat sich mit dem Unrecht und der Unmenschlichkeit, die ihm und seiner Familie widerfahren sind, nie abfinden können und sich bis zu seinem Tod im Jahr 1982 immer wieder darüber empört.

Wie sehr aber den Opfern das Entsetzliche zur Normalität geworden war, sieht man aus einem Brief meines Vaters an seinen Jugendfreund Dr. Yona (vormals: Adolf) Engel, der nach Israel emigriert war und sich im Dezember 1948 brieflich meldete.

Mein Vater antwortete auf dieses Schreiben am 31. Dezember 1948. Nach der Bekundung seiner Freude über das Wohlergehen seines Jugendfreundes schrieb er:

> Über mich selbst habe ich weiter nicht viel Interessantes zu berichten. Was ich mitgemacht habe, entspricht ungefähr dem Schicksal von vielen Tausenden Wiener Juden. Vor allem bin ich einer der wenigen Überlebenden meiner Familie, die fast zur Gänze von den Naziverbrechern ausgerottet wurde. Aber das ist ja leider auch nichts Ungewöhnliches. Meine armen Eltern wurden ins das KZ Theresienstadt verschleppt und sind dort selbst umgekommen, ebenso meine beiden Tanten, mein Onkel, eine Cousine und zahlreiche entferntere Verwandte. Ernst Klaar, an den Du Dich vielleicht von Goisern noch erinnern kannst, wurde von Frankreich mit seiner Frau deportiert. - ....- Meine Schwester Rosi befindet sich in England, und geht es ihr gut. Ich selbst habe einige recht abwechslungsreiche Wanderjahre hinter mir, während welcher Zeit ich nicht immer auf Rosen gebettet war ... „

Und über das Leben im Nachkriegswien heißt es nur lapidar:

> Seit meiner Rückkehr nach Österreich haben sich die Verhältnisse hier ganz wesentlich gebessert, es ist eigentlich alles wieder zu haben, nur muss man entsprechend verdienen, da die Preise noch immer sehr hoch sind.

Damit endeten die Auswirkungen der Nürnberger Rassegesetze auf die Familien Schwarzmantel, Klaar und Brauner, bzw. auf das, was von ihnen übrig blieb.

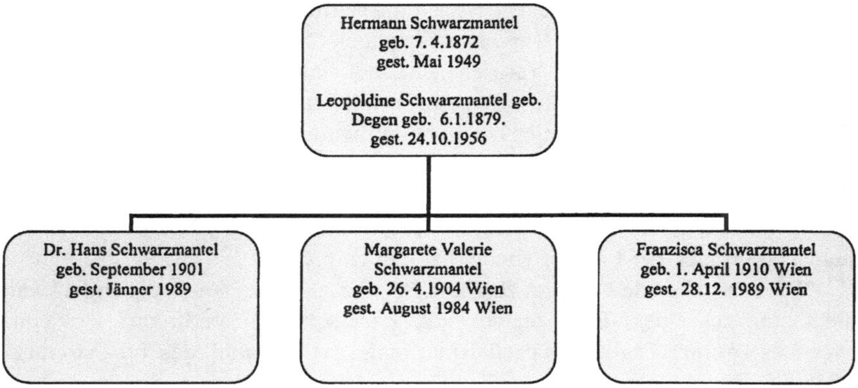
Hermann Schwarzmantel
geb. 7. 4.1872
gest. Mai 1949
Leopoldine Schwarzmantel geb. Degen geb. 6.1.1879.
gest. 24.10.1956
Dr. Hans Schwarzmantel
geb. September 1901
gest. Jänner 1989
Margarete Valerie Schwarzmantel
geb. 26. 4.1904 Wien
gest. August 1984 Wien
Franzisca Schwarzmantel
geb. 1. April 1910 Wien
gest. 28.12. 1989 Wien

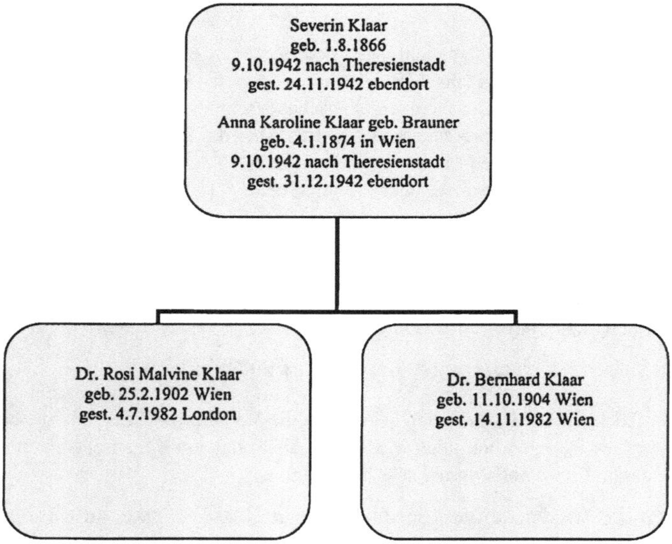
Severin Klaar
geb. 1.8.1866
9.10.1942 nach Theresienstadt
gest. 24.11.1942 ebendort
Anna Karoline Klaar geb. Brauner
geb. 4.1.1874 in Wien
9.10.1942 nach Theresienstadt
gest. 31.12.1942 ebendort
Dr. Rosi Malvine Klaar
geb. 25.2.1902 Wien
gest. 4.7.1982 London
Dr. Bernhard Klaar
geb. 11.10.1904 Wien
gest. 14.11.1982 Wien

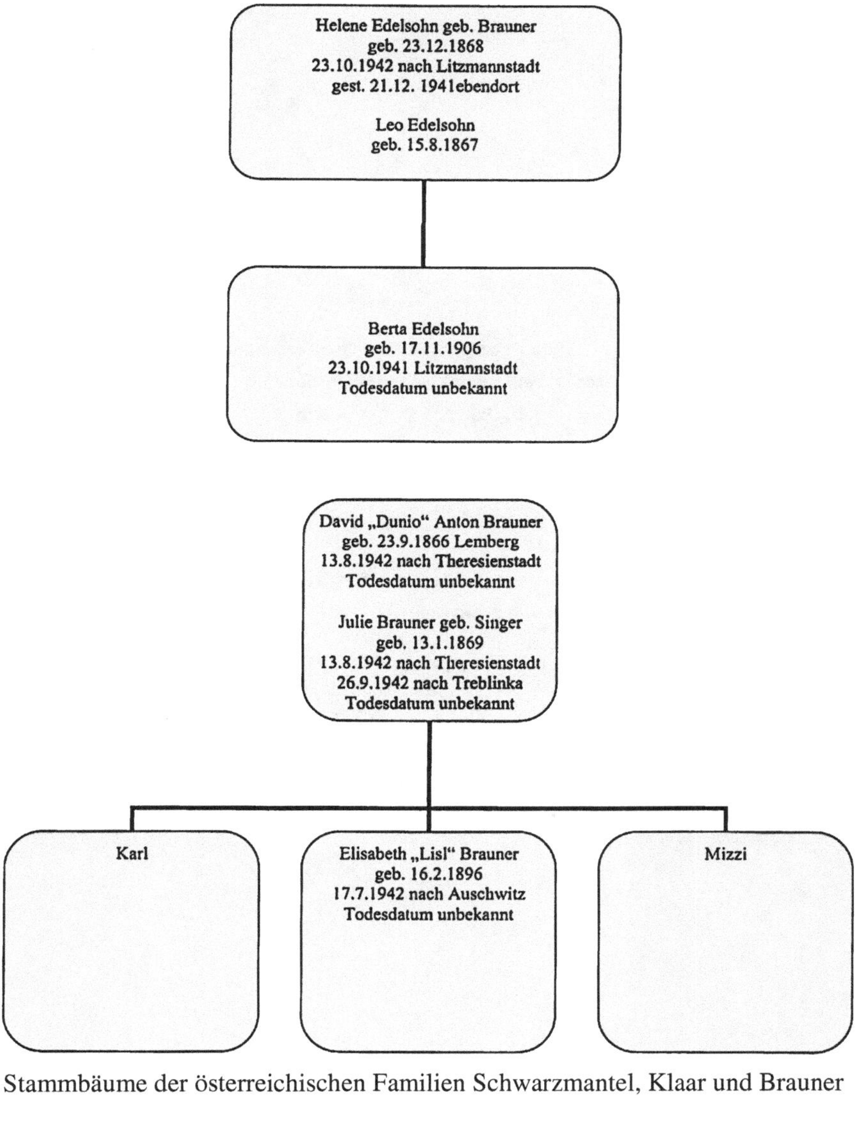

Stammbäume der österreichischen Familien Schwarzmantel, Klaar und Brauner

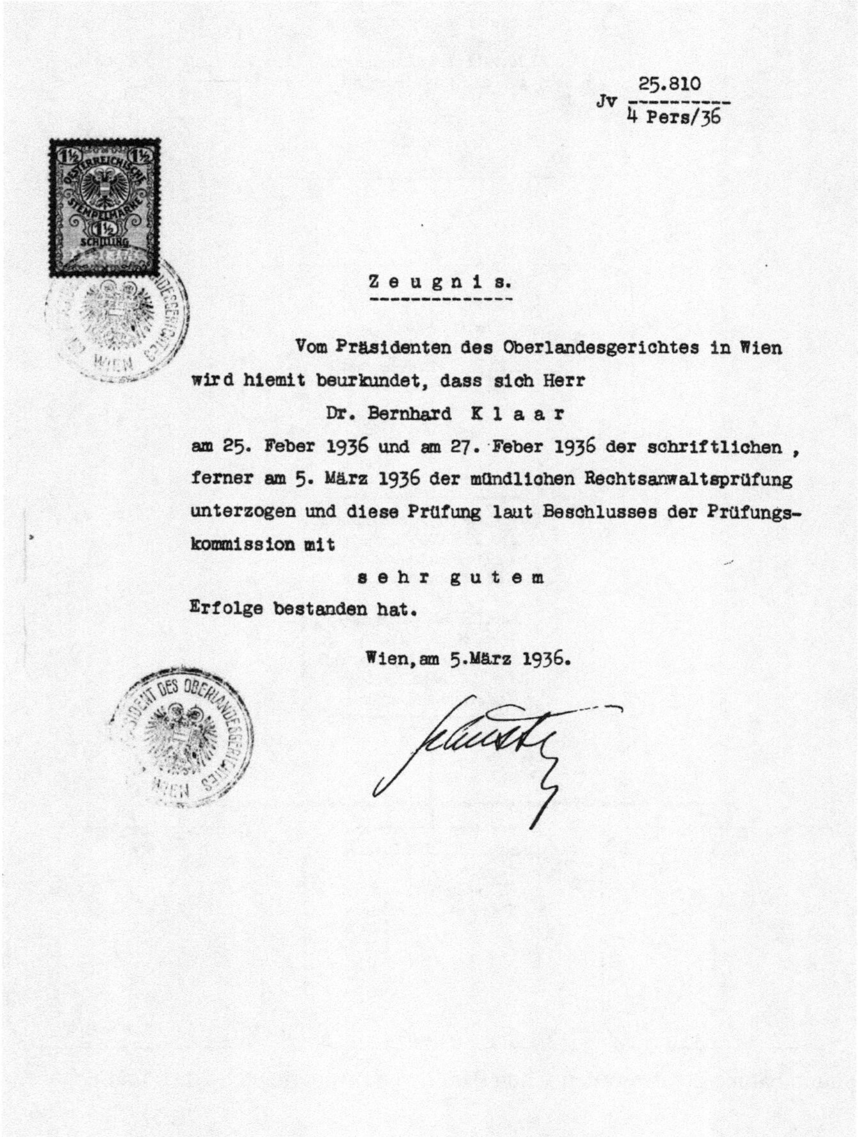

Jv 25.810 / 4 Pers/36

Zeugnis.

Vom Präsidenten des Oberlandesgerichtes in Wien wird hiemit beurkundet, dass sich Herr

Dr. Bernhard Klaar

am 25. Feber 1936 und am 27. Feber 1936 der schriftlichen, ferner am 5. März 1936 der mündlichen Rechtsanwaltsprüfung unterzogen und diese Prüfung laut Beschlusses der Prüfungskommission mit

sehr gutem

Erfolge bestanden hat.

Wien, am 5. März 1936.

Zeugnis über die Rechtsanwaltsprüfung von Bernhard Klaar, 1936

Z. 10.825-1/38.

Vertretungsverbot.

Gemäß § 1 der Verordnung über Angelegenheiten der Rechtsanwälte, Verteidiger, Notare und Patentanwälte vom 31. März 1938 wird dem Rechtsanwalt Dr. Bernhard K l a r

in Baden

die Ausübung seines Berufes vorläufig untersagt. Die Wirkungen dieses Vertretungsverbots richten sich nach § 3 der Verordnung.

Wien, den 28. Mai 1938

Für die Richtigkeit der Ausfertigung

Pettighofer

~~Der Minister für Justiz:~~
Der beauftragte Minister des Reichsministers der Justiz:
H u e b e r.

Herrn Dr. Bernhard Klaar

Rechtsanwalt

Baden

Sie werden hiemit verständigt, daß das Reichs-Justizministerium, Abt. Österreich, zur Zahl 14879, gemäß § 1 Buchst. b Z. 1 und § 7, der Fünften Verordnung zum Reichsbürgergesetz vom 27. September 1938, R. G. Bl. 1, S. 1403

Ihre Löschung aus der Liste der Rechtsanwälte

mit 31. Dezember 1938

verfügt hat.

Gleichzeitig werden Sie verständigt daß auch Ihre Löschung von der Verteidigerliste des zuständigen Oberlandesgerichtes verfügt wurde.

Wien, am 27. Dezember 1938.

Der Ausschuß
der Rechtsanwaltskammer in Wien
Dr. F ü h r e r.

Verbot der Berufsausübung, demselben erteilt 1938

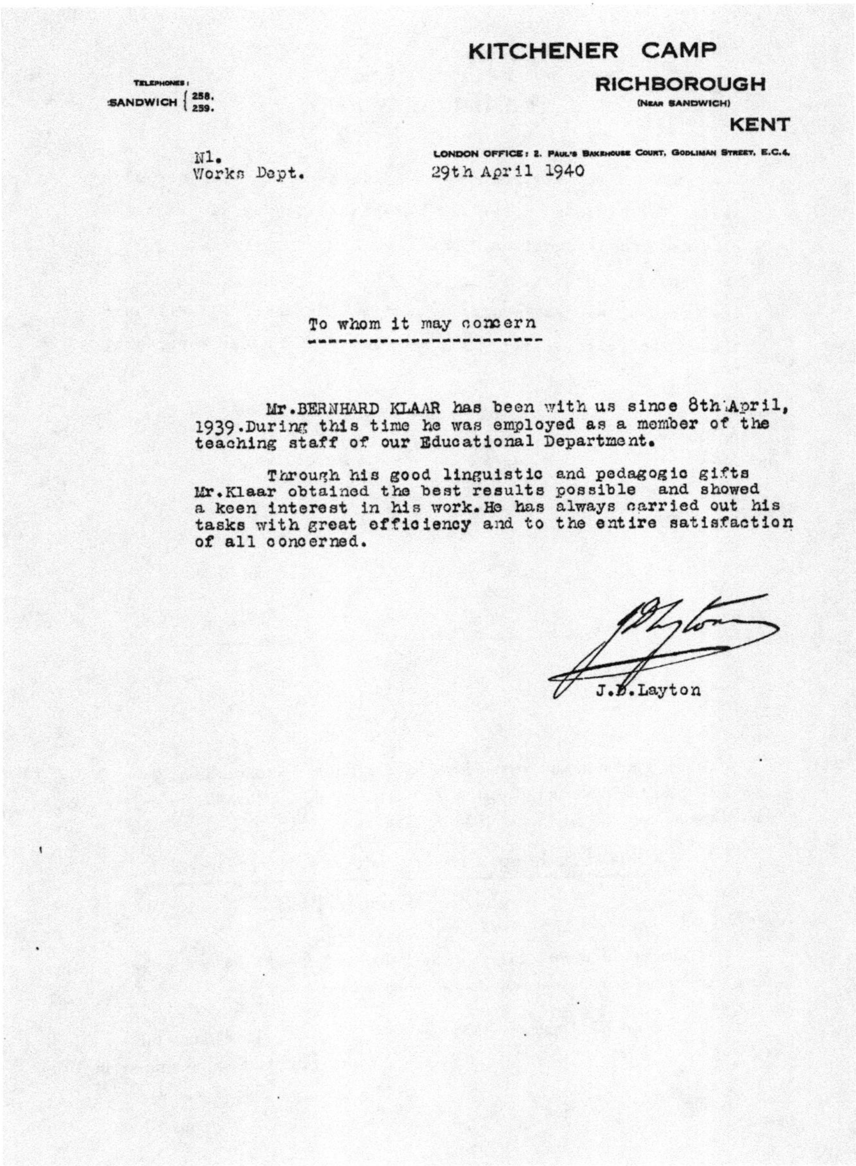

KITCHENER CAMP

TELEPHONES: SANDWICH 258. 259.

RICHBOROUGH
(NEAR SANDWICH)
KENT

LONDON OFFICE: 2. PAUL'S BAKEHOUSE COURT, GODLIMAN STREET, E.C.4.

Nl.
Works Dept.

29th April 1940

To whom it may concern

Mr.BERNHARD KLAAR has been with us since 8th April, 1939.During this time he was employed as a member of the teaching staff of our Educational Department.

Through his good linguistic and pedagogic gifts Mr.Klaar obtained the best results possible and showed a keen interest in his work.He has always carried out his tasks with great efficiency and to the entire satisfaction of all concerned.

J.?.Layton

Kitchener Camp (England), Zeugnis für Bernhard Klaar als Mitglied des Lehrkörpers, 1940

VII/96

Häuserverwaltung und Realitätenvermittlung 8

staatl. geprüft **HERMANN RÖDER** behördl. konzess.

Wien XVI./107, Koppstraße 42, Ecke Habichergasse 26 / Ruf: U 39-7-64

In eigenem Hause Straßenbahnlinien: 9, 48, 46

Postscheckkonto: 7704. / Bankkonto: Zentralsparkasse d. Gemeinde Wien / Zweiganstalt Ottakring Giro-Kto. 1,600.176

Vermittlung von Hypothekar-Darlehen / Ankauf und Verkauf von Zinshäusern, Villen, Landhäusern u. s. w.

Keinerlei Vorspesen / Übernahme von Hausverwaltungen

Betrifft: 518./B. Wien, am 17. Dezember 1941.

1/3 Hausanteil : II.Adambergergasse 10
Helene Hendl Sara Edelsohn, dzt.Litzmannstadt.

An die

18. Dez. 1941

Zentralstelle für die jüdische Auswanderung

Wien, IV.,

Prinz Eugenstrasse 22.

Frau Helene Hendl Sara Edelsohn, früher Wien, II., Adambergergasse 10 wohnhaft, ist Mitbesitzerin eines 1/3 Anteiles der Liegenschaft Wien, II., Adambergergasse 10. Dieselbe wurde im Oktober l.J. nach Polen evakuiert. Nun ersucht mich der noch in Wien lebende Schwager derselben, Herr Severin Israel Klaar, Wien, II., Adambergergasse 10, ich möge aus dem auf Konto No 462311 bei der Zentralsparkasse der Gemeinde Wien erlegten Mietzinsüberschuss des 1/3 Anteiles der Frau Edelsohn einen Betrag von RM 40.-- an ihre dzt. Adresse nach Litzmannstadt überweisen. - Ich ersuche um Ihre freundl. Mitteilung, ob ich aus den Mietzinsüberschüssen, die ich auf Konto 462311 erlegt habe und dzt. RM 87.09 betragen, den Betrag von RM 40.-- überweisen darf.

Heil Hitler!

HERMANN RÖDER, Hausverwaltung Wien 107
Koppstr. 42. Tel. U 39-7-64

Nein!

Gesuch für eine nach Lodz deportierte Familienangehörige, 1941

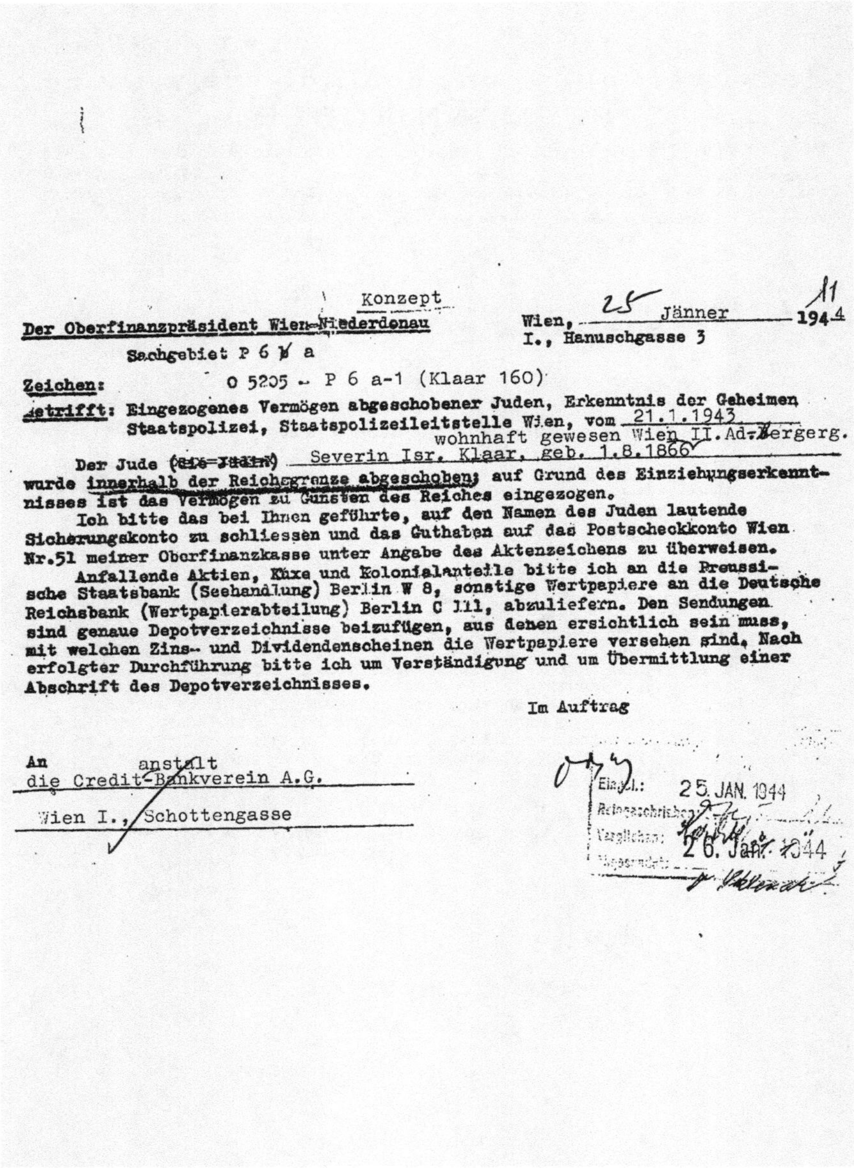

Konzept

Der Oberfinanzpräsident Wien-Niederdonau

Sachgebiet P 6 ~~b~~ a

Wien, 25 Jänner 1944

I., Hanuschgasse 3

Zeichen: O 5205 - P 6 a-1 (Klaar 160)

Betrifft: Eingezogenes Vermögen abgeschobener Juden, Erkenntnis der Geheimen Staatspolizei, Staatspolizeileitstelle Wien, vom 21.1.1943

wohnhaft gewesen Wien II. Ad. Bergerg.

Der Jude ~~(Die Jüdin)~~ Severin Isr. Klaar, geb. 1.8.1866

wurde innerhalb der Reichsgrenze abgeschoben; auf Grund des Einziehungserkenntnisses ist das Vermögen zu Gunsten des Reiches eingezogen.

Ich bitte das bei Ihnen geführte, auf den Namen des Juden lautende Sicherungskonto zu schliessen und das Guthaben auf das Postscheckkonto Wien Nr.51 meiner Oberfinanzkasse unter Angabe des Aktenzeichens zu überweisen.

Anfallende Aktien, Kuxe und Kolonialanteile bitte ich an die Preussische Staatsbank (Seehandlung) Berlin W 8, sonstige Wertpapiere an die Deutsche Reichsbank (Wertpapierabteilung) Berlin C 111, abzuliefern. Den Sendungen sind genaue Depotverzeichnisse beizufügen, aus denen ersichtlich sein muss, mit welchen Zins- und Dividendenscheinen die Wertpapiere versehen sind. Nach erfolgter Durchführung bitte ich um Verständigung und um Übermittlung einer Abschrift des Depotverzeichnisses.

Im Auftrag

An
die Credit-anstalt Bankverein A.G.
Wien I., Schottengasse

Eingel.: 25. JAN. 1944
Reinschreiben:
Verglichen: 26. Jan. 1944
Abgesandt:

Konzept einer Verfügung über „Eingezogenes Vermögen abgeschobener Juden“, 1944

CREDITANSTALT-BANKVEREIN
HAUPTANSTALT
DRAHTANSCHRIFT: „CREDIT"
FERNRUF: * U 28520
FERNSCHREIBER
POSTSCHECKKONTO WIEN 20772
REICHSBANKGIROKONTO: 10/24

Der Oberfinanzpräsident Wien - Niederdonau
Eing.: 3. FEB. 1944
Anlagen
WIEN, I., Schottengasse 6

den 31. Jänner 1944.

Herrn
OBERFINANZPRÄSIDENTEN WIEN-NIEDERDONAU
Sachgebiet P 6a

Wien I.
Hanuschgasse Nr. 3.

Im Antwortbrief bitte anzuführen:
Rechtsabteilung
~~Dr.Ha/BK.~~

Ihr Zeichen O 5205-P 6 a-1 (Klaar 160)

Verfallenes Vermögen
Severin Israel K l a a r und Anna Sara Klaar, früher Wien II., Adambergergasse 10.

Im Besitze Ihrer beiden Vermögenseinziehungsaufträge vom 24. und 25.d.M. teilen wir mit, daß das restliche Guthaben der Obgenannten nach Verrechnung unserer Spesen im Dezember 1942 ausgegangen ist und das Konto sodann gelöscht wurde, so daß wir diesen nicht mehr entsprechen können.

Heil Hitler!
CREDITANSTALT-BANKVEREIN
Rechtsabteilung

Ca Nr. 489 — IV.43 — 10 T O 0896

Erklärung über „Verfallenes Vermögen" und Mitteilung über Kontolöschung, 1944

Edgar Zilsel, das ‚Dritte Reich' und die Wissenschaft. Zur frühen Kritik an der kulturellen Vorbereitung des Faschismus

Johann Dvořák

Vorbemerkung

Im Nachhinein wird alles besser gewußt; es herrscht – vermeintliche – Sicherheit über die Einschätzung historischer Vorgänge: wir wissen von der Barbarei des Nationalsozialismus, von dem, was in der Zeit nationalsozialistischer Herrschaft geschehen ist.

Aber zugleich wird noch immer die Legende gepflegt, daß es große Bereiche des (insbesondere „geistigen") Lebens gegeben hätte, die einfach von der nationalsozialistischen Politik überwältigt worden sind und an sich zuvor gar nichts mit Politik zu tun gehabt haben

(– und nachher auch wieder nicht).

Doch Wissenschaft ist dazu da, vermeintlich Sicheres zu überprüfen, sich mit gesellschaftlichen Vorgängen stets von neuem kritisch auseinanderzusetzen; um so die historischen Erfahrungen aktuell nutzbar zu machen.

Der Nationalsozialismus, die besondere deutsche Art des Faschismus, kam nicht plötzlich und über Nacht über Deutschland; die NSDAP hatte nicht die Mehrheit der Bevölkerung hinter sich und keine Mehrheit im Reichstag: die Beauftragung Hitlers als Reichskanzler erfolgte durch den Reichspräsidenten Hindenburg, die Nazis bedurften im Reichstag der Zustimmung des katholischen Zentrums zur Ausschaltung der linken Parteien.

Daran muß immer wieder erinnert werden.

Die Errichtung faschistischer Diktaturen bedeutete immer die Beherrschung der Mehrheit der Bevölkerung durch eine Minderheit

Die wesentliche gesellschaftliche Funktion des Faschismus ist stets die Vernichtung der organisierten Interessensvertretung der arbeitenden Klassen (der linken Parteien und der freien Gewerkschaften) gewesen, und dazu bedurfte es immer der Zerstörung der Demokratie.

Die kulturelle Vorbereitung der politischen Machtergreifung durch faschistische Gruppierungen erfolgte oft über längere Zeiträume und sie ging immer in den Kreisen der „Geistigen", der berufsmäßigen bürgerlich-aristokratischen Intelligenz vor sich.

Diese Prozesse der geistigen Vorbereitung der Diktatur umfaßten u. a. den Kult der „Persönlichkeit" und des Genies, der Hervorhebung der „Elite" gegen die „Vermassung" und „Verflachung" und „Gleichmacherei" in der Demokratie, die Betonung des Gegensatzes von „Geist" und „Materie" verbunden mit der Verachtung der körperlichen Arbeit und der modernen Industrie. Am Beispiel eines österreichischen Gelehrten und Volksbildners – Edgar Zilsel – soll gezeigt werden, wie Wahrnehmung, Analyse und Kritik (proto-)faschistischer Ideologien auch schon durch die Zeitgenossen erfolgen konnte.

I. Zur Soziologie der Genieverehrung

Edgar Zilsel (1891-1944)[1], ein Vertreter der wissenschaftlichen Weltauffassung des Wiener Kreises, war stets bemüht gewesen, philosophische Vorstellungen, wissenschaftliche Konzeptionen aus den gesellschaftlichen Zusammenhängen heraus zu verstehen und zu erklären.

Die Frage, wie denn die neuzeitliche Wissenschaft überhaupt sich zu entwickeln vermochte, beschäftigte ihn ebenso wie die Auseinandersetzung mit zeitgenössischen Denkströmungen. Gerade weil er sich der Tatsache bewußt war, daß Wissenschaft, daß rationales Denken und Handeln keineswegs gleichsam *natürliche* Eigenschaften des menschlichen Gattungswesens sind und intellektuelle und soziale Errungenschaften der Menschen auch wieder zerstört und – zumindest zum Teil – rückgängig gemacht werden können, reagierte er überaus empfindlich auf einige Tendenzen der Philosophie und des Wissenschaftsbetriebes.

Schon sehr früh (1918) hatte sich Zilsel mit der grassierenden Genie-Verehrung kritisch auseinandergesetzt. Im Genie-Begriff ist

> die Behauptung eingeschlossen, den allermeisten Menschen fehle die schöpferische Veranlagung ganz und gar, sie seien überdies unintelligent und wenig urteilsfähig über Dinge, die über ihren praktischen Nutzen hinausgehen.

Aber es soll noch eine, „der Zahl nach sehr geringe Gruppe von Menschen geben, die von ihren Mitmenschen ganz radikal verschieden sein soll".

> Diese neue, merkwürdige Menschengruppe, die Gruppe der Genies, soll beinahe göttliche Schöpferkraft besitzen, und sich zum Unterschied von allen anderen Menschen alle ihre Gedanken, Meinungen und Werturteile ganz selbständig bilden.

---

1 Siehe: Johann Dvořák, Zu Leben und Werk Edgar Zilsels und zur Soziologie des Geniekults, in: Edgar Zilsel, Die Geniereligion [1918]. Hrsg. u. eingel. von Johann Dvořák, Frankfurt / M.1990, S. 7 - 40

Zwischen den Genies und den geistlosen Massen klafft ein unüberbrückbarer Abgrund: „Die Genies werden alle verkannt!“ Sie „schaffen auch ihre Werke nur für die Nachwelt“.

> Wohl zu unterscheiden von den Genies sind deshalb die sogenannten Tagschreiber oder Talente: das sind Leute, die zur Menge gehören und ihre Werke nicht für die Zukunft abfassen, sondern für ... die Gegenwart, und dadurch also abgrundtief von den Genies verschieden sind. Diese Tagschreiber und Tagesgrößen werden zur Strafe vergessen. Die Genies werden dagegen für ihr trauriges Erdenwallen belohnt, denn die Nachwelt erinnert sich an sie und preist sie. Die Anerkennung aber, die die Genies bei der Nachwelt, d.h. bei der zukünftigen Menge, genießen werden, pflegt man die Zeitlosigkeit, Ewigkeit oder Unsterblichkeit der Genialität zu benennen. [2]

Zilsel zeigte, wie die Vergötzung von vorgeblich auserlesenen Individuen einhergeht mit der Verachtung der Massen, wie die für unendlich wertvoll und „schöpferisch“ gehaltene Arbeit einiger weniger „Genies“ zusammenfällt mit der Geringschätzung der Arbeit überhaupt.

> Eine unreinliche Metaphysik hat die Verehrung der Berühmtheiten als höchstes Ziel gepredigt, hat falsche Ideale aufgestellt und Mitmenschen um ihr wahres Glück gebracht. Enthusiastische Dilettanten, Literaten und Halbgelehrte, die von der Sache wenig verstehen und nichts für sie fühlen, haben in geistvollen Aufsätzen, in allzu zahlreichen und dickleibigen Bänden der Erkenntnis geschadet, haben die Wahrheit der Tiefe, die Sache den großen Persönlichkeiten aufgeopfert: Philosophie und Wissenschaft scheint in Gefahr vor den Schwärmern.[3]

Zilsel deutet zwar in seinem Buch „Die Geniereligion“ die sozialen Interessen an, die mit den Wahn-Vorstellungen von „Tiefe“ und „Persönlichkeit“ verbunden sind, stellt aber noch wahre Wissenschaft und wahres Gelehrtentum – „das Ideal der Sache“ – der Genie-Verehrung des persönlichkeitsbegeisterten Halbgelehrten gegenüber, so als ob vernünftige Argumentation allein schon den Sieg über jene gesellschaftliche Klassen oder Gruppen tragen könnte, die die Unvernunft forcieren.

In Zilsels Auseinandersetzung mit Houston Stewart Chamberlain (einem der damals meistgelesenen Theoretiker des Deutschnationalismus, Rassismus und Antisemitismus[4]) und dessen Diffamierungen Spinozas findet sich der ahnungsvolle Satz:

---

2 Edgar Zilsel, Die Geniereligion. Ein kritischer Versuch über das moderne Persönlichkeitsideal, mit einer historischen Begründung, Frankfurt / M. 1990), S. 59 ff.

3 Ebd., S. 54

4 Dazu: Johann Dvořák, Politik und die Kultur der Moderne in der späten Habsburger-Monarchie, Innsbruck, Wien 1997, S. 54 - 57

> daß ein Mensch über einen anderen Menschen bloß auf Grund eines halbmetaphysischen Begriffes, wie des der tiefen Persönlichkeit, verächtlich ein Werturteil abgibt, ohne sich vorher im Spiegel zu besehen und ein wenig zu zweifeln, das ist Ausdruck einer Gesinnung, die zwar in der heutigen Literatur allgemein verbreitet ist, die letzten Endes aber immer sich in Unmenschlichkeit entladen muß. [5]

Und Zilsel fügt hinzu:

> Jede Minderung, die das Ansehen Chamberlains erfährt, bedeutet an sich einen Gewinn, denn gerade der genannte Autor bewegt sich stets auf jenen Grenzgebieten, auf denen Unwissenheit und Vorurteile mit Glück und Blut der Nebenmenschen bezahlt werden. [6]

II. Zu den sozialen Wurzeln der modernen Wissenschaft und ihrer Bekämpfung

In dem 1930 im sozialdemokratischen Diskussionsorgan „Der Kampf' veröffentlichten Aufsatz „Soziologische Bemerkungen zur Philosophie der Gegenwart" arbeitete Edgar Zilsel dann die gesellschaftlichen Wurzeln diverser zeitgenössischer philosophischer Vorstellungen heraus.[7]

Er ging von der Frage aus, wieso denn in einem Zeitalter der Industrie und der Maschinen, in einem Zeitalter, in dem Wissenschaft und Technik nicht nur verbreitet, sondern für das Existieren und die Aufrechterhaltung der Industrie notwendig waren, eine starke gegen das wissenschaftliche Denken der Neuzeit gerichtete philosophische Strömung auftreten konnte, eine Strömung,

> die den rechenhaften Methoden der Wissenschaft und damit dem Geist der europäischen Stadtgesellschaft die metaphysische ‚Tiefe' und das irrationale ‚Erleben' entgegenstellt. [8]
>
> Wenn die Weltanschauung Europas, soweit sie durch die Philosophen und ihnen nahestehende Kreise bestimmt wird, seit etwa vierzig Jahren stolz darauf ist, sich all dem entgegenzustemmen, was seit vier Jahrhunderten die europäische Gesellschaft zu dem gemacht hat, was sie ist, so muß wohl in dem gesellschaftlichen Geschehen irgendwo eine entscheidende Verschiebung eingetreten sein. [9]
>
> (Zilsel unterscheidet zunächst zwischen einer) Literaten- und einer Professorenphilosophie: philosophische Bücher (werden) fast nur mehr teils von schulmäßig lehrenden Professoren, die sich an Studenten und Kollegen wenden, teils von freien

5 Edgar Zilsel, wie Anm. 2, S. 233

6 Edgar Zilsel, ebd., S. 233

7 Edgar Zilsel, „Soziologische Bemerkungen zur Philosophie der Gegenwart," Der Kampf XXIII (1930), S. 410 - 24

8 Edgar Zilsel, ebd., S.415

9 Edgar Zilsel, ebd., S. 413

> Schriftstellern produziert, die das schöngeistig interessierte Bürgertum zum Publikum haben. [10]

Die einen schwärmen von „Persönlichkeit“ und „Tiefe“[11] , die anderen sind zwar „rational“, aber ihre „Rationalität“ ist eher die der Theologie denn die der neuzeitlichen Wissenschaft [12]: der Kult des Irrationalen vermag sich durchaus mit der sterilen „Rationalität“ der Universitäts-Philosophie zu verbinden, der es um Einteilung, Abgrenzung, Definitionen geht.

> Es gibt nicht nur eine irrationale Religion des Gefühls (bei gläubigen Laien nämlich), sondern auch eine rationale Theologie (nämlich bei gelehrten Priestern). Ganz ebenso kennt auch die Philosophie übersinnlich-außerweltliche Gedanken nicht nur in der irrationalen Spielart: nicht bloß in der schöngeistigen Literatur, sondern auch und gerade über der Sandwüste der Schuldistinktionen und Schulklassifikationen erheben sich häufig die Luftspiegelungen der Metaphysik. Und so ist auch in der Gegenwart eine rationale Schulmetaphysik reich entwickelt. [13]

Doch die Gründe für das Anwachsen des Irrationalismus und der Metaphysik sind nicht ausschließlich in der beruflichen Situation der Angehörigen gesellschaftlicher Untergruppen zu finden; den philosophierenden Schriftstellern und Universitäts-Philosophen muß „irgendeine wichtige Veränderung in ... der Gesamtgesellschaft zu Hilfe gekommen sein“. [14]

Die neuzeitliche Wissenschaft zeichnete sich durch den permanenten Versuch des Auffindens und Formulierens von Gesetzmäßigkeiten bei Vorgängen in Natur und Gesellschaft aus, durch die Suche nach Ursachen von Vorgängen, durch die Herstellung von Kausalzusammenhängen: Geschehnisse sollten nicht nur verstanden und erklärt sondern – durch Kenntnis ihrer Ursachen – auch vorausgesagt, berechnet, geplant werden können.

> Es ist nämlich nicht so, wie unsere Kulturphilosophie lehrt, daß 3 oder 17 typische Weltbilder nebeneinanderstehen, von denen eben eines alle Tatsachen gerade nach Gesetzen erklärt. Die Suche nach Gesetzen ist vielmehr jener Umstand, der seit vier Jahrhunderten die Kultur Europas von sämtlichen anderen Kulturen, die jemals aufgetreten sind, geistig am tiefsten unterscheidet. Historisch denken heißt nämlich nicht mit dem Kopf unserer antikausal philosophierenden Historiker denken. Das philosophisch-physikalische Heldenzeitalter hat von Galilei und Descartes bis Newton der Gesetzesforschung zuerst die leblose Natur erobert; Lamarck und Darwin haben das Gesetz in das Reich der Lebewesen vorangetragen; schon Descartes und Spinoza haben das Verhalten des Einzelmenschen gesetzlich betrachtet, und die

---

10 Edgar Zilsel, ebd.
11 Edgar Zilsel, ebd., S. 415f.
12 Edgar Zilsel, ebd., S. 416
13 Edgar Zilsel, ebd., S. 418
14 Edgar Zilsel, ebd., S. 414

Psychologie des 18. und 19. Jahrhunderts hat ihr Beginnen weitergeführt; zuletzt, erst bei Comte, Hegel und Marx wurden auch die Menschengruppen gesetzlich aufgefaßt, beginnt die gesetzliche Erforschung der Gesellschaft und der Geschichte. Durch vier Jahrhunderte also ist das Gesetz auf dem Vormarsch. Das und nur das ist Europa, ist Neuzeit, ist Wissenschaft.[15]

Wenn wir aber fragen, warum eigentlich die europäische Neuzeit alles Geschehen gerade nach Gesetzen erforscht, ist die Antwort nicht schwer zu finden. Adelige Grundherren auf ländlichen Burgen, gelehrte Priester und Mönche haben kein Interesse daran, Wirkungen vorauszuberechnen und Naturvorgänge zu studieren; sie interessieren sich für adeligen Kampf, Wunder und Disputationen über Engel. Handeltreibende Stadtbürger aber führen Buch und rechnen; städtische Handwerker, städtische Wundärzte, Seeleute, Künstleringenieure erfinden, experimentieren, wollen wirken und die Natur beherrschen.

Die Stadtkultur, die Geldwirtschaft, der Frühkapitalismus also sind es, die Experiment und Rechnung, Ursache und Naturgesetz hervorgebracht haben. Die Welt des Frühkapitalismus aber, die Welt der europäischen Neuzeit ist die Welt des *Bürgertums.*

Zilsel fährt fort:

Freilich verläuft der Aufstieg der neuen Klasse nicht völlig geradlinig. Die zersplitterten bürgerlichen Stadtrepubliken der Renaissance werden abgelöst von zentralistischen Monarchien: absolute Fürsten, ihr Hofadel, ihre Künstler, ihre Gelehrten scheinen durch geraume Zeit das junge Bürgertum politisch und geistig zu bevormunden und wieder zurückzudrängen. Aber so wie die absoluten Fürsten mit ihrem Merkantilismus jene kapitalistische Wirtschaftspolitik gemacht haben, die das Bürgertum selbständig zu machen noch nicht fähig war, so haben auch die Gelehrten des 17. Jahrhunderts und der Aufklärungszeit geistig die Geschäfte des Bürgertums geführt. Nicht darauf kommt es an, daß Descartes Edelmann war und Galilei ein Bürger, daß die Bürger Locke und Newton sich auch in Adelskreisen bewegten, nicht einmal darauf, was die Bürger Hobbes und Voltaire von der Klasse dachten, der sie entstammten: sondern darauf, welcher Gesellschaftsordnung ihre Gedanken genützt und welche sie zu zerstören geholfen haben. Beurteilt man die Gedanken aber nach ihrer gesellschaftlichen Funktion, so muß man sagen, daß Ursache und Gesetz der Sturmbock waren, mit dem das aufsteigende Bürgertum das übersinnliche Weltbild und die Überlieferung der ländlich-naturalwirtschaftlich-adeligen Gesellschaft zertrümmert hat. [16]

Der aufsteigenden Klasse von Handels-, Agrar- und (später) Industrie-Kapitalisten und den um sie gescharten sozialen Schichten und Gruppen hatte die neuzeitliche Wissenschaft ein ideologisches Weltbild wie auch ein praktisches und gewinnbringendes Instrumentarium geliefert: Materialismus und Positivismus

15 Edgar Zilsel, ebd., S. 421

16 Edgar Zilsel, ebd.

waren die der kapitalistischen Produktionsweise und ihrer Durchsetzung adäquaten philosophischen Anschauungen gewesen.

> Die bürgerliche Klasse war durch vier Jahrhunderte ohne Unterbrechung im Angriff: zuerst gegen den mittelalterlichen Lehensadel, dann gegen ihre modernen, absolutistisch – hofadeligen Vormünder, immer gegen die Kirche. Gegen diese Gegner hat das Bürgertum bis 1870 politisch seine Revolutionen gemacht und geistig gekämpft. Seit fünfzig Jahren aber stehen seine ernst zu nehmenden Gegner nicht oben, sondern unten, denn heute ist das nachdrängende Proletariat schon weit gefährlicher geworden als die fast geschlagenen alten Feinde. In diesem *Verteidigungskampf* auf Tod und Leben ist das Bürgertum längst konservativ geworden, hat es mit Kirche und Monarchie seinen Frieden gemacht.[17]

Angesichts der sozialen Bedrohung durch die Arbeiterklasse hat das Bürgertum sich all jener intellektuellen Errungenschaften wieder zu entledigen getrachtet, die ihm einst, am Anfang seines Aufstiegs durchaus nützlich gewesen sind.

Dazu kommt noch, daß in Mittel- und Osteuropa das Bürgertum stets so schwach gewesen ist, daß es – zum Unterschied etwa von England – stets des Irrationalismus, der sozialen und politischen Romantik bedurft hat, um auch nur seine sozio-kulturelle Identität zu bewahren. Darüber hinaus hat gerade die Arbeiterbewegung in Mittel- und Osteuropa sich ausdrücklich auf Wissenschaft und wissenschaftliche Gesetzmäßigkeiten berufen, sich als Erbe und Vollender der Programme der Aufklärung und der bürgerlichen Revolution empfunden.

Daher fiel es dem Bürgertum nicht weiter schwer, gegen rationales, kausales, berechnendes Denken zu sein. In deutschen und österreichischen Landen wurde diese Art von Denken ohnehin als „typisch jüdisch" denunziert und ließ sich also die antisemitische Agitation in perfekter Weise mit der gegen Verstand, Wissenschaft und Arbeiterbewegung (und deren jüdische Führer) verknüpfen.

Allerdings durfte das alles sich nur auf der Ebene des Denkens, Meinens und Glaubens, auf der ideologischen Ebene, abspielen – die Naturwissenschaften selber blieben im wesentlichen unangetastet, wenn es auch antikausale und irrationalistische Tendenzen in den Naturwissenschaften gab.[18]

> Solange Maschinen den Menschen Nahrung, Kleidung und Wohnung herstellen, besteht nicht die geringste Gefahr, daß die gesetzliche Erforschung der Natur verschwinden könnte. Ein Maschinenzeitalter wird immer exakte Wissenschaft besitzen. Mit Hilfe der physikalischen Gesetze können ja sogar die wirklichen Kapitalisten in ihren Fabriken ganz hübsch Dividenden erzeugen. Dem Kapitalismus, aber

---

17 Edgar Zilsel, ebd., S. 422

18 Edgar Zilsel, ebd., S. 420f.

> auch den bürgerlichen Trägern unseres Geisteslebens sind nur die Gesetze der *Gesellschaft* gefährlich.[19]

Daher ist das Suchen und Auffinden von Regel- und Gesetzmäßigkeiten im Bereich der Gesellschaft eher zu vermeiden und zu verhindern. Wobei jedoch, worauf Zilsel – in bezug auf England und die USA, zum Unterschied von Deutschland – ausdrücklich hinweist, gilt:

> Je weniger sich die proletarische Bewegung auf die Gesetze der Gesellschaftsentwicklung beruft, desto positivistisch-naturwissenschaftlicher wird von den Gelehrten die Soziologie betrieben. [20]
>
> Bei der soziologischen Erklärung der modernen Philosophie kommt es also gar nicht darauf an, daß der Sozialphilosoph A Mussolini verherrlicht, seine Fachgenossen B, C, D sich nationalistisch betätigen, daß die Neukantianer, Nonnenphilosophen und Vitalisten X, Y, Z Linksdemokraten oder Sozialdemokraten sind. Nicht die parteipolitische Einstellung von 2 oder 20 Autoren ist belangreich. Soziologisch entscheidend ist vielmehr der Umstand, daß die philosophischen Gedankengänge selber den geistigen Verteidigern der bestehenden Gesellschaftsordnung zum Teil direkt nützen, zum anderen Teil aber dem ganzen Maschinenzeitalter den Rücken kehren.
>
> Die ganze schulrationale und irrationale Philosophie der Gegenwart atmet eben den Geist der Vergangenheit. Sie macht, bei Gott, keine Propaganda für Industrieunternehmer und Banken, aber sie immunisiert Intellektuelle ganz ausgezeichnet gegen die peinlichen Probleme des Sozialismus. Diese unbehaglichen Proletarier, diese unbehaglichen Fabriken, Maschinen, Techniker, Naturwissenschaften und Naturgesetze können uns Wesensschauer, Zweckbetrachter und Wertbezieher nicht stören, denn wir schweben ja in höheren Regionen! Nicht nur Marx hat das Naturgesetz, auch die Fabrik hat die Naturwissenschaft heillos kompromittiert.[21]

III. Zur „geistigen Situation" der Zeit

Im Jahre 1932 veröffentlichte Edgar Zilsel in der Zeitschrift „Der Kampf" unter dem Titel „Die geistige Situation der Zeit?" [22] eine recht ausführliche Besprechung zweier 1931 erschienenen Bücher; es waren dies:

> Karl Jaspers: Die geistige Situation der Zeit (Berlin, Leipzig: Walter de Gruyter 1931)
>
> (Erschienen als Band 1000 der Sammlung Göschen und bis heute in zahlreichen Auflagen nachgedruckt.)
>
> Hans Freyer: Revolution von rechts (Jena: Eugen Diederich 1931).

---

19 Edgar Zilsel, ebd., S. 423

20 Edgar Zilsel, ebd.

21 Edgar Zilsel, ebd.

22 Edgar Zilsel, „Die geistige Situation der Zeit?" Der Kampf XXV (1932), S. 168-76

Die 191 Seiten lange Schrift von Karl Jaspers bietet eine Summe von Klagen über die bestehenden Verhältnisse; sie ist an das gebildete Bürgertum gerichtet (Hochschullehrer, hohe Beamte, Richter, Ärzte ...) und spiegelt dessen Empfindungen.

Edgar Zilsel faßt dies folgendermaßen zusammen:

> Diese Schicht von hochintellektuellen Bürgern fühlt sich in der Gegenwart grenzenlos unbehaglich. Eingezwängt zwischen Großkapital und den breiten Massen, ist sie wirtschaftlich und politisch zum Zwerg herabgesunken. Rationalisierung und Bürokratisierung haben ihr die Berufsfreude geraubt. In der Welt des Kaufes und Verkaufes, im Rauch der Fabriken verdorren ihre privaten Gemütsbedürfnisse. Überall drängen sich die Massen vor, bestehend aus Leuten, die eigentlich ungebildet sind. Der Intellekt hat versagt, denn die Wissenschaft hilft ja doch dieser widrigen Maschinenwelt. Religion freilich wäre etwas anderes. Religion wäre eigentlich schön, denn in ihr gibt es noch irrationales Gefühl und überdies könnte sie die Massen etwas im Zaum halten. Aber man hat doch zu vielerlei studiert, um noch an Kirchenlehren zu glauben. Und auch der Okkultismus kommt den Halbgebildeten zu weit entgegen. Völlig trostlos aber ist es um die Politik bestellt. Von ihr ist nichts zu erhoffen. Ob nun die Demokratie siegt oder die Diktatur, die wirklich kultivierte Schicht, zu der man selbst gehört, wird nie zur Macht gelangen.
>
> Der Kleinbürger meint in einer ähnlichen Situation, daß wir halt einen Bismarck brauchen würden. (Er heißt heute Hitler.) Der Hochintellektuelle aber sehnt sich nach dem neuen Menschheitsadel, der sich nicht beschreiben, und dem Übersinnlichen, das sich nicht erkennen läßt. [23]

Soweit Jaspers und sein Publikum, das offensichtlich noch immer vorhanden ist.

> Das Büchlein von Jaspers atmet Resignation und will von Politik nichts wissen. Anscheinend anders gestimmt ist die Broschüre Freyers. Schon Titel und Vorwort verkünden siegessicher den politischen Willen des neuen Jahrhunderts : die Revolution von rechts.[24]

Das Volk, das deutsche, überwindet die Zerrissenheit der Klassen und Klassenkämpfe des 19. Jahrhunderts, erobert den Staat um dann in aller Härte weiter vorzugehen.

Hans Freyer wird von Zilsel als „Edelfaschist" charakterisiert, der aber durchaus strukturelle Ähnlichkeiten mit Jaspers im Denken aufweist.

> Die Hochintellektuellen unserer Zeit fühlen sich grenzenlos unbehaglich. Alles, was sich erkennen läßt, ist widerwärtig, und so sind gefühlsbetonte Worte ihr Trost. Der eine ist müde und trägt seine Leichenfarbe ganz offen an das helle Tageslicht, der andere schminkt sie edelfaschistisch. Die geistige Situation unserer Zeit? Nein, die

---

23 Edgar Zilsel, ebd., S. 172

24 Edgar Zilsel, ebd.

> geistige Situation unserer Gesellschafts- und Kulturphilosophie, unseres Bürgertums und seiner hochintellektuellen Spitzen. [25]

Edgar Zilsel sieht einen engen Zusammenhang zwischen wissenschaftlichen und philosophischen Denkweisen und den sozialen Auseinandersetzungen; die Einlösung der Ansprüche neuzeitlicher Wissenschaft (die ja ursprünglich auch auf eine vernünftige und humane Gestaltung des Lebens aller Menschen abzielte) sind selbst innerhalb der Wissenschaft und Philosophie nur mehr zu garantieren durch die radikale Umgestaltung der Gesellschaft, durch die Verwirklichung der sozialistischen Gesellschaft:

> Die wirkliche Wissenschaft, die wirkliche Philosophie aber wird doch, verbündet mit dem Proletariat, jenen Weg zu Ende gehen, den sie vor vierhundert Jahren betreten hat. So wie das Proletariat nicht gekommen ist, das Maschinenzeitalter zu zerbrechen, sondern es zu erfüllen, so wird es auch geistig die empirisch-rationale Erforschung alles Geschehens bis ans Ende führen. Das Bürgertum ist altersmüde geworden und möchte das naturgesetzliche Denken gern in eine Sackgasse verlaufen lassen. Die Gesamttheorie, die vor keiner Schranke haltmacht, die alle Tatsachen der Natur und der Kultur durch Gesetze zu einer Einheit zu verbinden strebt, hat dieselben Gegner wie das revolutionäre Proletariat. [26]

Der politische Sieg des Faschismus, in Deutschland wie in Österreich, machte allen derartigen Hoffnungen ein Ende.

IV. Das ‚Dritte Reich' und die Wissenschaft

In einem 1933 (nach der Beseitigung der Demokratie in Österreich durch Dollfuß) im „Kampf" unter dem Pseudonym Rudolf Richter publizierten Aufsatz mit dem Titel „Das Dritte Reich und die Wissenschaft"[27] berichtet Edgar Zilsel ausführlich über die Folgen der nationalsozialistischen Machtergreifung für die verschiedenen Wissenschaftsdisziplinen und resümiert:

> Die Freiheit der deutschen Wissenschaft hat aufgehört. Die Physik und Mathematik ist in die schwerste Verwirrung gestürzt worden, alle Sozialisten sind verjagt, ja auch alle exakt-kausal arbeitenden Gesellschafts- und Kulturforscher sind entfernt oder eingeschüchtert worden. Darwin, der in der wirklichen Vererbungswissenschaft heute eine Renaissance erlebt, ist als ‚liberalistisch' und nicht zeitgemäß offiziell gebrandmarkt, Freuds Psychoanalyse ist verfemt. Sozialwissenschaftliche und philosophische Zeitschriften, die den mythologischen Kurs nicht mitmachen, müssen ihr

25 Edgar Zilsel, ebd., S. 176

26 Edgar Zilsel, ebd., S. 424

27 Edgar Zilsel [Rudolf Richter], „Das Dritte Reich und die Wissenschaft," Der Kampf XXVI (1933), S. 486-93

> Erscheinen einstellen und werden um die Subvention gebracht. Der brutale Druck auf den Buchhandel und die Verlagsanstalten wird es glatt verhindern, nicht nur daß sozialistisch-oppositionelle, sondern auch, daß empirisch-kausale gesellschaftswissenschaftliche Werke in Deutschland noch erscheinen werden.[28]

Zilsel meinte – und hoffte – daß diese Zustände nicht von Dauer sein könnten:

> Eine autoritätsfreie, unmythologische, kausale und empirische Wissenschaft gibt es innerhalb der ganzen Menschheitsentwicklung nur in der europäischen Neuzeit. Die geistige Eigenart gerade dieser Kulturepoche hängt mit der bekannten ebenfalls durchaus eigenartigen Gestaltung ihrer Gesellschaft und ihrer Güterproduktion aufs innigste zusammen: Wissenschaft und – um nur die Gegenwart zu erwähnen – Maschinen und Fabriken sind nicht voneinander zu trennen. Nun können Geist und Wirtschaft, wenn entsprechende Ursachen vorliegen, vorübergehend für einige Jahrzehnte gewiß auseinanderklaffen. Nehmen wir aber für einen Augenblick an, es könnte tatsächlich gelingen – eine beklemmende Vision –, den Faschismus in einer Gesellschaft, die neun Zehntel ihres Lebensbedarfes mit Maschinen herstellt, durch einige .Jahrhunderte aufrechtzuerhalten. Was würde da geschehen? Die Gleichschaltung des Denkens, das Verbot der wissenschaftlichen Kritik wird zuerst und schnell alle politisch belangvollen Wissenschaften zerstören; langsam würde die Entwöhnung, Gedanken zu prüfen, bevor man sie annimmt, weitergreifen und sämtliche anderen Theorien vernichten, auch die der Politik am fernsten stehenden; eine die Autoritäten kommentierende Scholastik einerseits, eine verschwommene Mythologie andererseits würde an die Stelle der gesamten Wissenschaft treten; allmählich würden die Erfinder zu fehlen beginnen, die neue Maschinen ausdenken, dann die Ingenieure, die die gebräuchlichen berechnen, bauen und reparieren und zuletzt wären keine Arbeiter mehr da, die sie instand halten und bedienen könnten.[29]

Doch der Faschismus beseitigte nicht die kapitalistische Produktionsweise und hatte auch keineswegs je die Absicht gehabt, dies zu tun, er zerstörte „nur" die Organisationen der Arbeiterklasse (Parteien, Gewerkschaften), vernichtete ideell und physisch alles, was dem Kapitalismus gefährlich zu werden vermochte - das war seine wesentliche Funktion.

Die Bekämpfung der „jüdischen" durch die „deutsche" Physik (und damit die Bekämpfung wesentlicher Errungenschaften der Naturwissenschaft des 20. Jahrhunderts, wie z.B. der Relativitätstheorie) war zwar eine Zeit lang in Mode (und die Vertreibung hervorragender jüdischer Naturwissenschaftler eine vollendete Tatsache), wurde jedoch allmählich zurückgedrängt. Spätestens mit Kriegsbeginn und dem Versuch des Baus einer deutschen Atombombe wurde die „Deutsche Physik" auf ihre frühere Bedeutungslosigkeit reduziert. Im Kapitalismus – und also auch unterm Faschismus – können exakte Naturwissenschaf-

---

28 Edgar Zilsel [Rudolf Richter], ebd., S. 492f.

29 Edgar Zilsel [Rudolf Richter], ebd., S. 493

ten und alle möglichen Spielarten von Irrationalismus und Metaphysik durchaus koexistieren.

Gerade die von Zilsel selbst auf ihre sozialen Ursachen zurückgeführte Spaltung der Wissenschaften bewirkt ja, daß die für die Aufrechterhaltung der kapitalistischen Produktionsweise notwendigen (natur-)wissenschaftlichen Forschungen stets und unbeeinträchtigt betrieben werden können: den Naturwissenschaften sind keine gesellschaftlichen Zusammenhänge (und somit auch nicht die Verwertung ihrer Ergebnisse) mehr einsichtig; die Sozialwissenschaften wiederum entbehren weitgehend der empirisch-kausalen Methode und sind daher unfähig, relevante Aus- und Vorhersagen über gesellschaftliche Entwicklungen zu machen.

Hochschullehrerin und Künstlerinnen: Agathe Lasch (1879-1942), Lea Grundig (1906-1977), Selma Meerbaum-Eisinger (1924-1942)

Wolfgang Beutin

Der Faschismus an der Macht erwies sich von der ersten Stunde an als Sturz Deutschlands in die Barbarei.

Dies zu erkennen, erforderte von keinem zeitgenössischen Betrachter einen besonders geschärften Verstand.

Das Volk versuchten die neuen Obrigkeiten abwechselnd mit hochtrabenden und plumpen Phrasen einzulullen, die einigen in den Ohren wohlklingen mochten.

Aber Leuten gegenüber, die von den Faschisten für Ihrige angesehen wurden oder die sie überhaupt als ‚Eingeweihte' betrachteten, verschmähten sie das Phrasengewölk, um zum blanken Zynismus zu greifen. So definierte sich Adolf Hitler einmal im Gespräch mit Hermann Rauschning als „Befreier“ und erläuterte, was er als seine Aufgabe verstand[1]:

> Die Vorsehung hat mich zu dem größten Befreier der Menschheit vorbestimmt. Ich befreie den Menschen von dem Zwange eines Selbstzweck gewordenen Geistes, von den schmutzigen und erniedrigenden Selbstpeinigungen einer Gewissen und Moral genannten Chimäre und von den Ansprüchen einer Freiheit und persönlichen Selbständigkeit, denen immer nur ganz wenige gewachsen sein können.

Das ist das ungelogene Geständnis, sein Wirken bestehe in nichts anderem als in der Beseitigung sämtlicher hohen humanen Werte, der Errungenschaften einer jahrtausendelangen geschichtlichen Entwicklung. Die Freiheit des Geistes, Ethik und Moral sowie die Autonomie der Individuen waren zu eliminieren zugunsten der Unterwerfungsformel „Führer befiehl ...“, und in Hitler-Deutschland gelang es während der zwölf Jahre tatsächlich, solche Eliminierung ein Stück weit auf den Weg zu bringen.

Ähnlich Alfred Rosenberg, eine Zeitlang der wichtigste NS-Ideologe. Er übte sich in irrationaler, primär biologistischer Begrifflichkeit, in übel dramatisierenden Wendungen, die durchsetzt waren von wahnhaften Antithesen. Dabei

---

1 Zit. in: Joseph Wulf, Die Bildenden Künste im dritten Reich. Eine Dokumentation, Reinbek 1966, S. 12

gab er gern den neuen, den Augiasstall reinigenden Herakles und einen vom Kampfeswillen entflammten Fechter[2]:

> Entweder steigen wir durch Neuerleben und Hochzucht des uralten Blutes, gepaart mit erhöhtem Kampfwillen, zu einer reinigenden Leistung empor, oder aber auch die letzten-abendländischen Werte der Gesittung und Staatenzucht versinken in den schmutzigen Menschenfluten der Weltstädte, verkrüppeln auf dem glühenden unfruchtbaren Asphalt einer bestialisierten Unmenschheit oder versickern als krankheitserregender Keim in Gestalt von sich bastardisierenden Auswanderern in Südamerika, China, Holländisch=Indien, Afrika.

Es ist jedoch historisch erwiesen: die Hitlersche „Befreiungstat" und die „reinigende Leistung" planten nicht Leute wie Hitler und Rosenberg allein, und es war kein Vorhaben zu zweit, sondern ihnen standen bekanntlich genügend ‚Hilfswillige' zu Gebote, darunter zahlreiche Intellektuelle, und nicht wenige Künstler. Diese und unter den Intellektuellen vor allem viele Professoren übernahmen die Aufgabe, die kriminellen faschistischen Phantasien in Realität zu überführen, die Akademiker speziell die Faschisierung der Universitäten.

So äußerte ein „Programmatiker des neuen Erziehungs- und Bildungsideals", Ernst Krieck: „An die Stelle der humanistischen Universität tritt die völkisch-politische Universität …"[3]

Schuldig machten sich auf dem Gebiet der Hochschule die Aktiven, die Täter, aber mitschuldig außerdem vom Lehrpersonal die passiv Bleibenden, die geschehen ließen, was unter ihren Augen geschah.

Eine dritte Gruppe bildeten die Opfer. Die NS-Behörden beraubten nach Schätzungen etwa ein Drittel der 1933 vorhandenen Hochschullehrerinnen und Hochschullehrer ihrer Ämter und Berufe.[4] Ihnen widerfuhren Diskriminierungen ihrer Person und Einschränkungen ihrer Forschungstätigkeit, man jagte sie ins Ausland oder mißhandelte sie im Inland, tötete sie mit dem Fallbeil oder erstickte sie im Gas. Für die anderen zwei Drittel gilt[5]:

> Deutschlands Professoren konnten sich nicht darauf berufen, nicht gewußt zu haben, was sich hier vorbereitete. Sie erlebten die Judenhetze an ihren Hochschulen, und sie sahen zu, wie jüdische Kollegen und politische Gegner des Regimes rücksichtslos von ihren Lehrstühlen gestoßen und in die Emigration getrieben wurden. Sie ließen es zu, daß die Rechte akademischer Freiheit und Selbstverwaltung Stück für Stück

---

2 Der Mythus des 20. Jahrhunderts. Eine Wertung der seelisch-geistigen Gestaltenkämpfe unserer Zeit, 175-176München 1941, S. 82

3 Hans Peter Bleuel, Deutschlands Bekenner. Professoren zwischen Kaiserreich und Diktatur, Bern etc. 1968, S. 211 (hier auch das Zitat von Krieck)

4 Ebd., S. 220

5 Ebd., S. 225

> beschnitten wurden und die Hochschule immer mehr unter die Herrschaft des Staates geriet. Sie beteiligten sich sogar selbst an der Propagierung eines Wissenschaftsbegriffs und eines Bildungsideals, die dem Geist der Wissenschaft und der Idee der Universität strikt zuwiderliefen.

Wolfgang Bachofer und Wolfgang Beck formulierten vor einigen Jahren die Bedingungen für die wissenschaftsgeschichtliche Analyse dessen, was 1933 und in den Folgejahren an Deutschlands – und seit 1938 an Österreichs – Hochschulen geschah. Um den Anforderungen gerecht zu werden und zu einem überzeugenden Ergebnis zu gelangen, sei vor allem „auf historische Exaktheit" zu achten und auf „eine klare Stellungnahme" nicht zu verzichten. Das bedeutet, in die Betrachtung das „dialektische Verhältnis" einzubeziehen, das zwischen den unterschiedlichen Gruppen der Forschenden und Lehrenden an den Universitäten bestand: durch ihre Aktivität Schuldige / durch ihre Passivität Mitschuldige / die „Betroffenen" (Widerstand Leistende, Verjagte, Ermordete). Bachofer / Beck hielten fest[6]:

> Wesentliche Eingriffe der Nationalsozialisten wären zumindest in ihrer geplanten Form nicht durchzusetzen gewesen ohne aktive Beteiligung oder auch passive Hinnahme durch die Professoren, auch der Germanisten. Wichtig wird deshalb im folgenden sein, das dialektische Verhältnis aufzuzeigen, das zwischen den weltanschaulichen Grundlagen der Nationalsozialisten und ihren verwaltungstechnischen Umsetzungen einerseits und den Verhaltensformen der Betroffenen andererseits bestand, die zwischen den Polen Anpassung und Zustimmung bzw. Verweigerung und Widerstand sich ausdrückten.

Wie in der Wissenschaft und Hochschullandschaft, so im Bereich der schönen Künste. Bei der Eröffnung der Ausstellung ‚Entartete Kunst' am 19. Juli 1937 erklärte Hitler den „Säuberungskrieg", d. h. die Absicht, eine angebliche „Kulturzersetzung" zu verhindern. Als Beendigung der „Kulturzersetzung" gab er die von ihm und den Seinigen in Wirklichkeit angestrebte Kulturabschaffung aus[7]:

> Wir werden von jetzt ab einen unerbittlichen Säuberungskrieg führen gegen die letzten Elemente unserer Kulturzersetzung.

Kurz nach dem Tag der Bücherverbrennung, am 15. Mai 1933 veröffentlichte Oskar Maria Graf seine berühmte Protesterklärung unter dem Titel „Verbrennt mich!" Was er hierin über die Unterdrückung der Literatur von Rang in NS-

---

6 Deutsche und Niederdeutsche Philologie. Das Germanische Seminar zwischen 1933 und 1945, in: Eckart Krause u. a. (Hgg.), Hochschulalltag im ‚Dritten Reich'. Die Hamburger Universität 1933-1945, Berlin etc. 1991, 2,641-703; hier: S. 641

7 Zit. in Wulf, wie Anm. 1, S. 361

Deutschland sagt, – dasselbe läßt sich nicht minder für die übrigen Künste sowie für manche Vorgänge an den Universitäten geltend machen[8]:

> Das Dritte Reich hat fast das ganze deutsche Schrifttum von Bedeutung ausgestoßen, hat sich losgesagt von der wirklichen deutschen Dichtung, hat die größte Zahl ihrer wesentlichsten Schriftsteller ins Exil gejagt und das Erscheinen ihrer Werke in Deutschland unmöglich gemacht. Die Ahnungslosigkeit einiger wichtigtuerischer Konjunkturschreiber und der hemmungslose Vandalismus der augenblicklich herrschenden Gewalthaber versuchen all das, was von unserer Dichtung und Kunst Weltgeltung hat, auszurotten und den Begriff ‚deutsch' durch engstirnigen Nationalismus zu ersetzen. Ein Nationalismus, auf dessen Eingebung selbst die geringste freiheitliche Regung unterdrückt wird, ein Nationalismus, auf dessen Befehl alle meine aufrechten sozialistischen Genossen verfolgt, eingekerkert, ermordet oder aus Verzweiflung in den Freitod getrieben werden!

Zur Bewertung des Jahres 1933 im faschistischen Deutschland wird oft ein Verspaar in Erinnerung gerufen. Es stammt aus der 1. Szene von Heinrich Heines Tragödie „Almansor":

> Das war ein Vorspiel nur, dort, wo man Bücher
> Verbrennt, verbrennt man auch am Ende Menschen.

Verfolgung, Vertreibung, Einkerkerung, Freitod, Ermordung, Verbrennung, – das sind immer wiederkehrende Stichwörter in den Lebensgeschichten von Menschen in Deutschland seit 1933 und in von der NS-Wehrmacht besetzten Ländern Europas, von Menschen im Widerstand oder von Menschen, die durch die faschistische Ideologie als ‚lebensunwertes Leben' gestempelt wurden.

Im folgenden sollen kurz die Biographien von drei deutschen oder deutschsprachigen Jüdinnen geschildert werden:

einer Professorin, die von den Faschisten auf dem Transport oder am Zielort getötet wurde;

einer bildenden Künstlerin, der es glückte, nach einer Phase der Einkerkerung in Deutschland Zuflucht in Palästina zu finden, um später nach Deutschland zu remigrieren, in die DDR;

einer Lyrikerin, die ihr Leben nicht retten konnte. Als junges Mädchen von ihren Peinigern der letalen Situation in einem Arbeitslager preisgegeben, starb sie darin achtzehnjährig. Übrig von ihr blieb lediglich eine Sammlung ihrer Gedichte, die auf abenteuerlichen Wegen an die Öffentlichkeit gelangte.

---

8 Zit. in: Joseph Wulf, Literatur und Dichtung im Dritten Reich. Eine Dokumentation, Reinbek 1966, S. 66

Agathe Lasch (1879-1942) – die Professorin[9]

Agathe Lasch wurde 1879 in Berlin geboren. Ihre Eltern zählten zu denjenigen jüdischen Deutschen, die zwar nicht mehr die Gebote der mosaischen Religion strikt befolgten, indes als Mitglieder ihrer Kultusgemeinde die gesetzlich vorgesehenen Steuern zahlten. So griffen sie zum Weihnachtsfest auch christliche Bräuche auf. Christine M. Kaiser schreibt[10]:

> Jüdisch zu sein, scheint im Leben Agathe Laschs denn auch von Beginn an eine untergeordnete Rolle gespielt zu haben.

Als man sie einmal irrtümlich für eine Protestantin hielt, stellte Agathe richtig: „Nein, ich bin jüdisch“, um hinzuzufügen: „Und vor allem bin ich deutsch.“[11]

Sie und zwei ihrer Schwestern besuchten die höhere Mädchenschule und das Lehrerinnenseminar. Allerdings konnte Agathe als Jüdin keine Anstellung an einer staatlichen Schule finden. Sie erwarb zusätzliche Qualifikationen als Turn- und Gewerbelehrerin und belegte in ihrer Heimatstadt die Oberlehrerinnenkurse. Seit 1908 ließ Preußen Frauen zum Studium zu. Agathe Lasch entschloß sich, Germanistik zu studieren, durfte ihr Vorhaben jedoch nicht in Berlin verwirklichen, da der dortige Ordinarius, Gustav Roethe, sein Seminar weiterhin den Frauen versperrte. Sie wandte sich nach Heidelberg. 1909 konnte sie bei Wilhelm Braune promovieren. Dazu genügten die ersten knapp hundert Seiten von 350 ihrer Untersuchung: „Geschichte der Schriftsprache in Berlin bis zur Mitte des 16. Jahrhunderts“. Danach neuerlich: wie im Bereich der Schule, so in dem akademischen; eine Chance für ihre Anstellung an einer Hochschule existierte nicht. Was ihren Zugang zu verschiedenen Bildungseinrichtungen be- oder verhinderte, war es mehr ihr Judentum oder ihr weibliches Geschlecht? Christine M. Kaiser vermutet[12]:

---

9 Für diesen Abschnitt ziehe ich außer der in Anm. 6 verzeichneten Schrift von Bachofer / Beck heran: Christine M. Kaiser, Agathe Lasch. Erste Germanistikprofessorin Deutschlands, Teetz etc. 2007 (Jüdische Miniaturen / Spektrum jüdischen Lebens, Bd. 63); (Einführung:) Agathe Lasch. Leben und Werk, in: Robert Peters / Timothy Sodmann (Hgg.), Agathe Lasch. Ausgewählte Schriften zur Niederdeutschen Philologie, Neumünster 1979, S. IX-XXI. – Sonstige Forschungen und Darstellungen zu Agathe Lasch: Verzeichnis in Bachofer / Beck, S. 693 (Anm. 43) sowie in der Schrift von Kaiser, S. 93 f. – Auswahlbibliographie der Veröffentlichungen Agathe Laschs: ebenfalls bei Kaiser, S. 91 f.

10 Wie Anm. 9, S. 12

11 Ebd., S. 8

12 Ebd., S. 49

Weniger ihr *Jüdisch*sein als vielmehr ihr *Frau*sein hatte ihr den Weg in die institutionalisierte Wissenschaft erschwert.

1910 erhielt sie ein Angebot aus den Vereinigten Staaten, an dem führenden Frauen-College Bryn Mawr zu lehren. Sie nahm diese Chance wahr und begann alsbald im Gastland ihre Tätigkeit. Sie übte diese bis 1916 aus. Nämlich weil ihr das politische Klima in den USA während des Weltkriegs nicht behagte, verzichtete sie darauf, ihren Vertrag zu verlängern, um nach Deutschland zurückzukehren.

Nun gelang ihr der akademische Aufstieg im Reich: In Hamburg erhielt sie zunächst eine Stelle als „Wissenschaftliche Hilfsarbeiterin" am Deutschen Seminar (Teil des „Allgemeinen Vorlesungswesens" vor Einrichtung der Universität, seit 1923 „Germanisches Seminar"). Nach Kriegsende und Gründung der Hamburger Universität (1919) erhielt sie hier Lehraufträge. Im Wintersemester 1919/20 habilitierte sie sich in einem Verfahren, bei dem ihr sämtliche Habilitationsleistungen mit Ausnahme der Antrittsvorlesung erlassen wurden. Damit zählt sie in Deutschland zu den ersten sechs Frauen, denen die *venia legendi* zugestanden wurde. 1923 ist Agathe Lasch die erste Frau, die zur Professorin der jungen Universität ernannt wird. 1926 erhält sie das Extraordinariat für Niederdeutsche Philologie.

Den Rang einer gelehrten Persönlichkeit kann nur beschreiben, wer einiges über ihre Leistungen in ihrer Sparte notiert, oder er müßte sich mit ein paar nichtssagenden Phrasen zufrieden geben. Daher diese Andeutungen: Auf ihrem Fachgebiet entwickelte Agathe Lasch ein noch heute brauchbares, modernen Auffassungen entsprechendes wissenschaftliches Konzept. Sie spricht über ihr Debüt, die Dissertation[13]:

In dieser ersten Arbeit konnte ich auch sogleich die Neigung zeigen, die meine Gesamtarbeit durchzieht und beherrscht, den sprachlichen Beobachtungen geschichtliche Darstellung zu geben, die Sprachgeschichte aufs engste mit der Kulturgeschichte und der politischen Geschichte zu verknüpfen.

Hinzu kommt die Fähigkeit, schwierigere Ergebnisse ihrer Forschung selbst einem fachlich minder instruierten Publikum faßlich zu präsentieren[14]:

Dabei gelingt es ihr auf knappem Raum, die sprachhistorischen Entwicklungen auch den wissenschaftlich weniger gebildeten Leserinnen und Lesern anhand geläufiger, jedem aus seinem alltäglichen Sprachgebrauch bekannter Beispiele nachvollziehbar zu vermitteln und zugleich die Erläuterung unvermeidbarer Fachbegriffe unauffällig zu integrieren. Die Anschaulichkeit der Darstellung, ihr lebendiger Stil, wird auch von den Rezensenten der später folgenden Publikationen und Vorträge Agathe

13 Zit. in: Kaiser, wie Anm. 9, S. 18
14 Kaiser, wie anm. 9, S. 24

Laschs immer wieder hervorgehoben und von den Studierenden im Rahmen ihrer Lehrveranstaltungen überaus geschätzt.

Zu ihren Verdiensten zählt nach Aussagen ihrer Schülerinnen und Schüler, daß sie im Unterricht durchaus keine thematischen Innovationen mied. Sie wählte gern Lehrinhalte, „für die es innerhalb der Philologie bis dahin keine Tradition gibt", z. B. die Umgangs- bzw. Alltagssprache der Gegenwart.[15] Fernerhin befaßte sie sich in Gemeinschaft mit einem ihrer früheren Heidelberger Lehrer, Ludwig Sütterlin, mit Fragen der Rechtschreibreform, wobei sie mutig für starke Veränderungen der deutschen Orthographie plädierte.

Bevor über die Diskriminierung, Ausgrenzung, Verfolgung und Ermordung der deutschen Wissenschaftlerin Agathe Lasch zu berichten ist, sei hier *ein zeitgenössisches Gegenbild* vor Augen geführt.

Ein deutscher Kollege von ihr war gute 20 Jahre jünger als seine Fachkollegin, tat sich ebenfalls auf dem niederdeutschen Gebiet um und wurde wie sie am selben Institut beschäftigt, dem „Germanischen Seminar" der Universität Hamburg. Er hieß Walther Niekerken (1900-1974, geb. auf dem Lande bei Hamburg). Nach der Vertreibung Agathe Laschs aus dem Hochschuldienst 1934 und einer längeren Vakanz der Stelle wurde Niekerken – der zu diesem Zeitpunkt, im 2. Weltkrieg, an der Schutzpolizeischule Gnesen lehrte – Ende 1943 am Germanischen Seminar in der Nachfolge der vertriebenen jüdischen Forscherin außerordentlicher Professor für die niederdeutsche Sprache. Außer einigen bedeutungslosen kleineren Aufsätzen und Artikeln lag von ihm damals lediglich die Dissertation vor, wissenschaftlich gleichfalls ohne Bedeutung, besteht sie doch im wesentlichen aus einer Verzettelung des Wortschatzes von sieben Dörfern; beileibe nicht des gesamten Wortschatzes, sondern bloß einiger Begriffe für Ackergeräte, Feldbestellung und verwandte Gegenstände. Bis zu seinem Lebensende kam dieser Verfasser kaum darüber hinaus. An selbständigen Arbeiten veröffentlichte er nichts Nennenswertes, es sei denn ein deutsch-englisches Wörterbuch für Polizeibeamte.

Nennenswert, weil aufschlußreich hingegen sind die Fakten seiner politischen Vita: seit dem 1. Mai 1933 Mitglied der NSDAP; ein halbes Jahr später in der SA; Mitgliedschaften darüber hinaus: NS-„Kampfbund für deutsche Kultur"; „Reichsbund Volkstum und Heimat", „Vereinigung Niederdeutsches Hamburg". Er propagierte nationalsozialistische „Lehre" und trat als Kreisredner der NSDAP auf. Das Verblüffendste an Niekerkens Laufbahn aber ist weder seine Betrauung mit der Professur noch seine emsige Parteiarbeit während der zwölf Jahre Faschismus in Deutschland, sondern – daß rasch nach dem 8. Mai 1945 von ihm selbst und seinen Helfershelfern seine „nationalsozialistische Vergan-

---

15 Ebd., S. 33

genheit in ein ungebrochenes demokratisches Selbstverständnis umgedeutet wurde".[16] Nach der Besetzung Hamburgs durch die Engländer nahmen ihn diese in den „Dienst als Polizeihauptmann bei der Alliierten Militärverwaltung" und als „Leiter des gesamten Dolmetscherdienstes in Hamburg". Dann roch jemand den braunen Braten, man suspendierte ihn als Schutzmann, aber nur, um ihm nach wenigen Monaten, noch 1945, sein Universitätsamt wieder zuzuschanzen. Wer griff ihm unter die Arme? Die Fakultät, die in ihrer Eingabe schrieb[17]:

> Es wäre darum widersinnig, Niekerken von der künftigen Arbeit am Aufbau des deutschen Volkes auszuschließen, wo er sich im Naziregime sogar aktiv für echte Menschlichkeit eingesetzt hat."

In hohem Grade symbolisch wirkt, was Bachofer und Beck über die Baulichkeiten am Bornplatz in Hamburg während der NS-Periode schreiben[18]:

> Seit 1929 befand sich das Germanische Seminar im Vorlesungsgebäude am Bornplatz (heute Allende-Platz), direkt gegenüber der Synagoge der Deutsch-Israelitischen Gemeinde. Während man sich im Seminar mit der Lektüre des altnorwegischen Gefolgschaftsrechts beschäftigte, konnte man auf der anderen Seite des Bornplatzes den Abriß der weitgehend erhaltenen und noch 1938 aufwendig renovierten Synagoge beobachten, der von Juni 1938 bis zum Januar 1940 andauerte.

1933, zum Zeitpunkt des Sturzes in die Barbarei, waltete am Germanischen Seminar als Ordinarius der Deutschen Philologie ein gewisser Conrad Borchling, den man bereits 1910 auf den Lehrstuhl berufen hatte (9 Jahre vor der Universitätsgründung). Seine Mentalität war, wie seine Veröffentlichungen erweisen, in der Wolle gefärbt rassistisch. 1914 fragte er in einer Rede zum Krieg[19],

> ob nicht doch noch irgendwo germanische Stämme aus der drohenden Umklammerung des Romanentums zu erretten sind,
>
> (und er postulierte einen selbständigen flämischen Staat:) Ein selbständiger vlämischer Staat würde dabei besser noch als eine vlämische Provinz Deutschlands jener höheren Aufgabe dienen, aus der Mehrheit der germanischen Staaten den großen germanischen Bund entstehen zu lassen, der die Hoffnung unserer Zukunft ist.

Bachofer / Beck hielten fest[20]:

> Borchling brauchte seine Grundeinstellung 1933 nicht zu verändern, und die gesamte Ausrichtung des Seminars änderte sich auch nicht, außer daß die beiden jüdischen Wissenschaftler eliminiert wurden. Das hatte man zwar nicht eingeplant, aber man

---

16 Bachofer / Beck, wie Anm. 6, S. 667
17 Zit. ebd., S. 668
18 Ebd., S. 645
19 Zit. ebd., S. 648
20 Ebd., S. 647

> nahm es in Kauf. Das wirkliche Entsetzen überkam Conrad Borchling erst im Juni 1945, als man *ihn* aus den Diensten der Freien und Hansestadt Hamburg entließ.

1933 gab es am Germanischen Seminar der Universität Hamburg zwei deutsche Gelehrte jüdischer Herkunft, außer Agathe Lasch: Walter A. Berendsohn. Er wurde sofort im Sommersemester 1933 aus seinem Amt entlassen, Agathe Lasch mußte nach dem Sommersemester 1934 den Dienst quittieren.

Berendsohn emigrierte, verließ Deutschland und lebte zunächst in Kopenhagen. Aus dem von der NS-Wehrmacht besetzten Dänemark konnte er in letzter Minute 1943 nach Schweden entkommen. Obwohl er seit 1945 mehrfach zu erkennen gab, daß er gern an die Hamburger Universität zurückkehren würde, verstanden es deren Maßgebliche, an der Spitze die Philosophische Fakultät und die Chefs der Germanistischen Seminare, Berendsohns Wiederaufnahme in die hamburgische Alma Mater zu verhindern, ja, sie konzedierten ihm – einem längst international ausgewiesenen Gelehrten hohen Ranges – nicht einmal einen Gastvortrag (einen einzigen Vortrag!). Er starb mit fast hundert Jahren im Exil.[21]

Agathe Lasch durfte nach dem Juli 1934 die Räume des Instituts und das angeschlossene Wörterbucharchiv nicht einmal mehr betreten. Christine M. Kaiser schreibt[22]:

> Ausgerechnet ihr, die von sich gesagt haben soll, ‚niemals einen Menschen leidenschaftlich geliebt' zu haben, dagegen aber mit ‚höchster Leidenschaft' die ‚zwei Abstrakta [...] Germanistik und Deutschland', wird das genommen, was sie sich gegen alle Widerstände erkämpft hat und was den ‚Hauptinhalt ihres Lebens' bildet: die wissenschaftliche Arbeit. ‚Wem würde ich schaden, wenn ich arbeiten dürfte', habe Agathe Lasch Jahre später noch unter Tränen gefragt – verwunden hat sie den Ausschluss aus der Wissenschaft nie und auch lange die Hoffnung nicht aufgegeben, doch noch einmal ‚der deutschen Philologie dienen zu dürfen'.

Nach acht Jahren der Verfolgung allerdings war ihre Hoffnung vollständig erloschen, sie war nunmehr darauf gefaßt, von den Beauftragten ihre geliebten Deutschlands demnächst ermordet zu werden: Knapp vier Monate vor ihrer Deportation, suchte sie noch der Mundartforscher Erich Nörrenberg in ihrer damaligen Berliner Bleibe auf, wo er „einer ‚vollkommen gefaßt' scheinenden, ihrer Zukunft ‚ohne alle Illusion' ins Auge schauenden Agathe Lasch“ begegnete[23],

> deren Hoffnung sich darauf beschränkte, aufgrund ihres Lungenleidens ein schnelles Ende erwarten zu dürfen. ‚Jetzt werden wir geholt!', befürchte sie bei jedem Läuten

21 Vgl. zu den Vorgängen: Bachofer / Beck, wie Anm. 6, S. 653-657 u. 685-688

22 Kaiser, wie Anm. 9, S. 54 f.

23 Ebd., S. 7

der Schelle, denn es sei doch bekannt, ‚wie es den Juden in der Tschechoslowakei ergangen' sei und dass ‚die deutschen Juden [...] ebenso wenig zu retten' seien.

Nach der Entlassung aus dem Germanischen Seminar und der Zwangspensionierung bricht Agathe Laschs Verbindung zu den übrigen Seminarmitgliedern bald völlig ab, mit einer Ausnahme (Annemarie Hübner). Da für sie also das Seminar unzugänglich ist und der Zutritt zur Universität überhaupt verboten, kann sie lediglich auf ihre eigene Belegsammlung zurückgreifen. 1937 siedelt sie nach Berlin über, wo ihre Schwestern zuhause sind. Dort wird den jüdischen Lehrkräften, die noch Ausnahmegenehmigungen hatten, privat und ohne jeden Kontakt mit anderen Benutzern in Hochschulinstituten und Bibliotheken zu arbeiten, nach dem Novemberpogrom 1938 diese Erlaubnis entzogen. Nun dient die finnische Studentin Martta Jaatinen als Brücke zu den wissenschaftlichen Bibliotheken.

Die jüdischen Deutschen werden zunehmend von der Außenwelt isoliert: September 1939 wird ihnen der Besitz von Radios untersagt. Ab Mai 1940 dürfen sie ihre Wohnungen nicht mehr nach 20 Uhr verlassen. Ab Juli Lebensmittel nur noch zwischen 16 und 17 Uhr einkaufen. Bis zum September werden ihre Telefonanschlüsse gesperrt. Ein Jahr später wird ihnen die Benutzung öffentlicher Leihbibliotheken und Fernsprechstellen verboten. Zudem schränkt man ihr Fahren in öffentlichen Verkehrsmitteln ein. Ab Februar 1942 Verbot, sie mit Zeitungen zu beliefern. Fortlaufend wird ihre Versorgung mit Lebensmitteln und Kleidung reduziert.

Zu Beginn ihres Sterbejahres 1942 muß Agathe aus Hamburg erfahren, daß man sich in der Hansestadt bereits Sorgen um den Verbleib ihrer – Agathes – Bibliothek mache, wenn denn die Eigentümerin ‚abgeschoben' werde.[24] Unter dem Datum des 9. Juli 1942 verfügt die Gestapo den Einzug „der etwa 4000 Bände umfassenden Bibliothek der Jüdin Agathe Sara Lasch"[25]. Anfang August empfängt Martta Jaatinen einen letzten Brief von Agathe Lasch. Am Morgen des 13. August erhalten diese und ihre Schwestern die Aufforderung der Behörden, Vermögenserklärungen auszufüllen – die Mordopfer müssen den Mördern Hilfsdienste leisten. Sie haben für den Staat ihren Besitz aufzulisten, damit er in Vollständigkeit geraubt werden kann. Im Formular der Vermögenserklärung wird u. a. nach der Anzahl der Stücke Tisch- und Bettwäsche gefragt, die den zur Ermordung vorgesehenen Personen gehört. Noch am selben Abend werden die drei Schwestern ins Sammellager verbracht. Bürokratisch wird ihr nunmehriger Status offiziell so bezeichnet: „Teilnehmer an Abwanderungstransporten". Mit über 900 anderen Deportierten, darunter weiteren Angehörigen, auch Kin-

24 Ebd., S. 67

25 Faksimile der „Verfügung" bei Kaiser, S. 68

dern zwischen einem Jahr und fünf Jahren, zählen die drei Schwestern zum 18. „Osttransport", der am 18. August Riga erreicht. Dieser Tag gilt als Datum des Mords an 937 der 938 Reisenden des Zuges, von denen nur eine einzige Frau das Massaker überlebte. Die Körper der übrigen wurden in den Massengräbern um Riga verscharrt.

1948 schlug die Bibliothekarin des Germanischen Seminars, Marie Luise Winter, vor, in Hamburg eine Straße nach Agathe Lasch zu benennen. Einer Bitte der Ämter entsprechend, nahm Prof. Niekerken Stellung[26]:

> Die Gegner des Gedankens vertraten die Ansicht, daß man Straßennamen nicht zum Gegenstand politischer Zwistigkeiten machen sollte und daß es nicht im Sinne dieser bescheidenen, stillen Frau sei, wenn sie auf diese Weise an die Öffentlichkeit gezerrt würde.

Dennoch erfuhr ein verstorbenes Mitglied desselben Germanischen Seminars eben solche Ehrung, indem 1950 ein Weg in Hamburg nach ihm benannt wurde: Conrad Borchling. Zwei Jahrzehnte später, 1970, im Schatten der APO und der Studentenunruhen, ehrte die Hansestadt Agathe Lasch und erteilte einem Weg ihren Namen, – einer Sackgasse, die an der Autobahn endet.

Inzwischen trägt auch ein Hörsaal der Universität den Namen der ermordeten Wissenschaftlerin.

Lea Grundig (1906-1977) – die Malerin

Lea Grundig war nicht nur eine Künstlerin hohen Ranges, sondern zugleich eine Künstlerin, die zur getreuen Zeitzeugin wurde.

So beispielsweise, als sie zu einer Menge von Flüchtlingen aus Europa gehörte, deren Reiseziel Palästina war. Von dieser Menge starb eine große Zahl vor Haifa, „220 Menschen, gekommen um zu leben". Deren Tod betrachtete Lea Grundig als einen Ausschnitt aus dem ungeheuren Sterben, das der Faschismus verursachte. Soviel sie konnte, hielt sie davon in ihrem Werk fest. Darüber schrieb sie[27]:

---

26 Zit. bei Bachofer / Beck, wie Anm. 6, S. 685

27 Lea Grundig, Gesichte und Geschichte, 3Berlin 1960, S. 208 f. – Nach dieser Ausg. alle Zitate von Lea Grundig im Text (dort nur mit Seitenangabe). – Lea Grundig war nicht die einzige bildenden Künstlerin (Malerin, Zeichnerin), die das in der NS-Zeit Geschehende in ihren Werken festhielt. Vgl. etwa auch: Irene Awret, Aber erst müßt ihr mich kriegen. Erinnerungen einer Malerin, 1921-1944, Berlin 2005. Die Verfasserin entstammt ebenfalls einer jüdischen Familie (geb. 1921). Daß sie den NS-Terror überlebte, verdankte sie ihrer künstlertischen Tätigkeit (Arbeit in der „Malerstube" des Lagers Mecheln nach Entdeckung ihres Skizzenbuchs). So blieb ihr der Transport nach

> Ich nahm die Bilder der Verzweiflung und der Todesangst in mich auf und bewahre sie unvergessen. Sie sind *ein* Vers des millionenfältigen Liedes, das die Erde stöhnend sang in den Jahren des faschistischen Völkermordes. Als ich die Blätterfolgen zeichnete, in denen ich das Unvorstellbare vorstellbar machen wollte, konnte ich von mir sagen: Ich habe es gesehen.

Und sie las von Aktionen des Widerstands, und sie hielt auch diese fest:

> Ich las von einem Dorf in der Sowjetunion. Die Mörder verhafteten alle Männer. Sie sollten die Kommunisten nennen, die Juden ihres Ortes angeben. Und keiner sagte aus. Alle wurden erschossen. Der Tod war nicht mehr das Schlimmste. Daß man mit der Todesdrohung Männer zu Feiglingen, zu Verrätern und Schändern machen könne, das wurde widerlegt von Menschen, die waffenlos ihren Henkern gegenübertraten, bereit zum Tod, aber nicht zur Schändlichkeit.
>
> Und ich malte das, ,Widerstand' nannte ich das Bild. (S. 264)
>
> Die Juden des Warschauer Gettos kämpften um einen menschenwürdigen Tod, sie verteidigten die Würde aller Menschen.
>
> Und ich mußte es malen. (S. 265)

Lea war eine geborene Langer. Ihre Eltern stammten aus einer ukrainischen Region Polens, die seit den polnischen Teilungen ans Kaisertum Österreich angeschlossen war. Vor dem 1. Weltkrieg wanderten sie mit den Kindern nach Deutschland aus und ließen sich in Dresden nieder. Die Frage der Staatsangehörigkeit des Vaters erwies sich danach als verzwickt: erst Österreicher, dann staatenlos, endlich Reichsdeutscher. Noch als Lea und Hans Grundig heiraten wollten und Lea dazu allerlei Papierkram erledigen mußte, gab es deswegen Schwierigkeiten.

Als ukrainisch-polnischer Untertan der Habsburger wurde der Vater 1914 zur österreichischen Armee eingezogen, wo er zur Besatzung der Festung Przemysl gehörte. Bei deren Eroberung durch die Russen kam er in russische Kriegsgefangenschaft. Für seine Tochter Lea scheint er ein Tyrann gewesen zu sein, eine Art Hordenältester. Sie erinnerte sich: „Mein Vater hatte die unsinnigsten Erziehungsmethoden an mir angewendet. Verbote und Prügel, Prügel und Verbote. Er hatte noch ganz seltsame Vorstellungen von dem Recht der Eltern über Kinder. Sie stammten so ungefähr aus der Sklavenhalterzeit." (S. 94) Er befolgte die Sitte, die Töchter als Ware zu betrachten und die Ehe als „Tauschhandel". „Die Ware, die man anbot, die Töchter, waren gehorsam und tüchtig." (S. 11) Ein nicht nachahmenswertes Beispiel war für Lea ihre Tante Anna.

Auschwitz erspart, anders als dem deutschen Maler Felix Nussbaum, der zu ihr in der Malerstube stieß (a. a. O., S. 322 f.), aber später abtransportiert und ermordet wurde.

> Feinfühlig, von hoher Ethik und sozialem Gefühl, verkümmerte sie als die ungeliebte Frau eines reichen Kaufmanns. … Hier ging in der Ordnung einer bürgerlichen Ehe, hinter den Gardinen einer gut eingerichteten Wohnung ein Mensch zugrunde.

Eine „schreckliche Tragödie“: Anna endete im Wahnsinn (S. 49).

Gehorsame und tüchtige Töchter waren Leas drei Schwestern. Anders Lea. Sie widersetzte sich der Sitte und der Zumutung, sich als Ware verhökern zu lassen. Ihr wäre es lieber gewesen, mit den Eltern in Eintracht zu leben, aber nicht unter den von ihnen auferlegten Bedingungen. „So lehrte mich mein Vater, daß Gehorsam zur Selbstaufgabe werden kann und Ungehorsam zur Lebensnotwendigkeit.“ (S. 94) Diese Lehre beherzigte sie allezeit.

Als Kind erlebte Lea auf der Straße, daß andere Kinder die jüdischen verhöhnten: „Jud, Jud, Jud, Schweinefleisch schmeckt gut.“ Die Angegriffenen erteilten mutig die Antwort: „Jud ist gut, Christ ist Mist!“ Meist war den Kindern die Differenz aber gleichgültig (S. 14). Allerdings der im Kaiserreich spürbare, nicht immer manifeste Antisemitismus erschreckte, ja erregte Lea.

> Wir verstanden seine Ursachen nicht. Wir glaubten, die kleinen Krämer und Händler, von deren Bärten der Antisemitismus lebte, seien daran schuld. Wir sahen gleich vielen anderen nicht, daß diese kleinen Gauner sichtbar gemacht wurden, um den immerwährenden Betrug, den steten Aderlaß der Ausbeutung zu verschleiern. (S. 54)

Leas Tante Lina tat „etwas beinahe ungeheuer Kühnes“, denn sie stellte für ihre Kinder zu Weihnachten einen Weihnachtsbaum auf (S. 14).[28] Unter Leas Eltern bestand in Fragen der Religion keine Einhelligkeit: die Mutter nicht religiös, der Vater im Gegenteil war es. Unter den Familien, die aus dem Osten kamen, sei dies Verhältnis „sehr häufig“ gewesen (S. 29). Die Mutter liebte Schiller und sang gern Gretchens Lied aus „Faust I“, ihr Bruder, Leas Onkel, „tauschte den Talmud ein gegen Schiller und Shakespeare“, Funde, von denen er an Leas Mutter abgab (S. 8).

Um die Zeit des Kriegsendes, mit ungefähr zwölf, schloß sich Lea dem Wandervogel an, genauer: einer Variante, die sich als „Kind der zionistischen Organisation“ erwies (S. 53). Der Zionismus, so dachte Lea damals, verlieh den Juden ein neues Selbstbewußtsein, erfüllte sie mit Trotz, um sie widerstandsfähig zu machen:

> Und waren wir Juden – nun, dann wollten wir solche werden, die stolz die Achtung der Welt errangen. So erschien uns der Zionismus als die Lösung des Problems.

---

28 Vgl. dazu Agathe Laschs Familie!

Der Staat aber, den sie anstrebten, sollte ein „sozialistischer“ sein. Man fragte zunächst nicht danach, wie sich damit vertrug, „wenn die Herren Bankiers der zionistischen Organisation die Geldgeber waren“ (S. 54).

Mit vierzehn stellte sie sich selber die Frage:

> Warum eigentlich sollte ich fromm sein? Und diese Frage war schon eine Antwort. Von diesem Tage an war es mit allem vorbei.

Sie verabschiedete sich von jeglicher Konfession, samt sämtlichen religiösen Dogmen, Riten und Institutionen (S. 50), und gab das „jüdisch-orthodoxe, kastenmäßige Abgeschlossensein“ und ihren Zionismus auf (S. 81). Zuvor hatte sie mit vier Jungen, mit denen sie eine Gruppe bildete, noch den Plan gehegt, gemeinsam nach Palästina zu gehen, um dort das Land zu bebauen (S. 65).

Während in „den jüdischen kleinbürgerlichen Kreisen“ die Eltern sorgsam darauf bedacht waren, „ihre Kinder vor der Freundschaft mit mir zu behüten“, und während „die jüdischen jungen Männer begannen“, Lea auf den Bällen zu boykottieren, vertiefte sich die Freundschaft zwischen ihr und Hans, einem jungen Kollegen (geb. 1901), der keiner jüdischen Familie entstammte (S. 89). Es entstand eine große Liebe, daraus eine Ehe, die nicht vor dem Tode von Hans (1958) endete. Selbst als infolge der Kriegsereignisse beider Kontakt für nicht weniger als sechs Jahre vollkommen abbrach, sie nichts voneinander hörten und nicht einmal wußten, ob der geliebte Mensch noch lebe, blieben sie über alle Entbehrungen und geographischen Entfernungen hinweg einander innig verbunden. Während Hans 1940-1944 in KZ-Haft litt, überlebte Lea mehrfache Haftzeiten in NS-Gefängnissen, bis es ihr schließlich gelang, das Exilland Palästina zu erreichen. Erst 1946 kam der – zunächst briefliche – Kontakt der Liebenden neuerlich zustande, ehe Lea dann remigrierte und sie und Hans in Dresden wieder zusammenzogen.

Lea hatte schon als Kind den Entschluß gefaßt, Malerin zu werden. Als sie heranwuchs, übte den stärksten Einfluß auf sie anfangs der Expressionismus aus, und Kokoschkas und Barlachs Werke bewegten sie. Mit fünfzehn oder sechzehn kam für sie der Eindruck der Antikriegs-Kunst hinzu. Durch die Radierungen von Otto Dix lernte sie „die große lebenswichtige Wahrheit ...: Der imperialistische Krieg ist viehischer, die Menschen tief schändender, wahnsinniger Mord“ (S. 73). Außerdem verdankte sie viel Käthe Kollwitz und Masereel (S. 240). Ihre eigene Ausbildung erfuhr sie in der Dresdner Kunstakademie.

Das für Lea und Hans entscheidende Ereignis war das Bekanntwerden mit dem Gedankengut der Arbeiterbewegung.

> Ich wußte nun, daß die Ordnung von Kapital und Arbeit Unordnung und Verbrechen war und der Krieg ihr legitimes Kind. (S. 83)

Besonders nennt sie das Buch von Franz Mehring über das Leben von Karl Marx (S. 93). Ein Aufenthalt in Wien ermöglichte ihr das Kennenlernen des Austromarxismus (S. 100). Zur Fortbildung besuchte sie einen Dreiwochenkurs der Rosa-Luxemburg-Schule nahe Berlin (S. 122). Was indessen ihr Vater von dem von ihr gewählten Lebensweg und ihrer geistigen Entwicklung hielt, mußte sie schmerzhaft erfahren, als er sie zwangsweise in einem Heidelberger Nervensanatorium internieren ließ. Was ihr dort half, den Kopf „klar zu halten", waren, wie sie schreibt, die Briefe von Hans und die kommunistische Literatur (S. 94).

Was mit dem Faschismus heraufzog, „dieses blutige Kasperspiel konnte selbst die finsterste Phantasie nicht voraussehen" (S. 144). Energisch wehrte Lea Grundig in ihrer Autobiographie die Ansicht ab, er wäre „eine deutsche Erbeigenschaft". Er sei

> keine nationale Besonderheit. Er ist ein politisches System, das die höchsten menschlichen Eigenschaften vernichtet und alle zerstörerischen Triebe enthemmt und aktiviert, um der Durchsetzung einer Politik willen, die sich gegen die allgemeinen Interessen richtet und einzig der kleinen Gruppe der finanzkapitalistischen Monopole dient. ... Bei der Entmenschlichung, die das faschistische System als Massenprinzip durchführt, steht die Dummheit an oberster Stelle. Planmäßig arbeitet die faschistische Propaganda darauf hin, das Licht des Denkens auszulöschen ... (S. 222 f.)
>
> (Die Schuld großer Teile der deutschen Bevölkerung bestand darin:) ... sie hatten das System geduldet, es gefeiert. ... Und sie hatten ihre besten Söhne und Töchter ausgestoßen, die dagegen ankämpften. Sie hatten die Warnung in den Wind geschlagen und die Warner verraten und vernichtet. (S. 266)[29]

Mit dem Widerstand gegen den Faschismus fand Lea ein wesentliches, großes Thema:

> Ich wollte die tausend Ängste, die Ahnung des Furchtbaren, die Unfreiheit der Belauschten, Verfolgten darstellen. Ich wollte die Entmenschlichung zeigen und den Kampf der Besten dagegen. Und ich wollte warnen vor dem Krieg, der herankam." (S. 159 f.)

Am 2. Mai 1938 begann Leas persönlicher Leidensweg im Faschismus. Verhaftung wegen KPD-Mitgliedschaft und „Vorbereitung zum Hochverrat" (S. 179). Abfolge der Stationen: Frauengefängnis. Untersuchungshaft. Gerichtsverhand-

---

29 Lea Grundig erkannte auch den eklektischen Charakter der faschistischen Ideologie: „Die große, raffinierte Propagandamaschinerie des 20. Jahrhunderts mischte aus allen Töpfen reaktionärer Gedanken den Brei, der fast alle Geschmäcker traf: Sozialismus, entschärft, kastriert, Chauvinismus in allen Schattierungen, die verbrecherische Rassentheorie, neu bearbeitet, uralter Antisemitismus, noch vom Mittelalter her unverdaut ..." (S. 153)

lung. Urteil: Sechs Monate Gefängnis, die mit der Untersuchungshaft als verbüßt gelten sollten. Entlassung; in Wahrheit eine Täuschung, eine „Falle". Abermalige Haft. Abermalige Entlassung. Wiederholte Verhaftung … Entlassung unter der Bedingung, daß Lea ausreise. Als Ziel nannte sie Palästina.

Ein Gestapo-Beauftragter überwacht ihre Abreise nach Prag. Weiter nach Wien, dann nach Bratislava. Hier Unterkunft in einer alten Patronenfabrik, der „Patronka". Lea trifft auf meist slowakische Handwerker, Lehrer, „leidenschaftliche Marxisten. Sie hatten den Talmud gegen Marx eingetauscht." (S. 191) Sogar Ausgang ist möglich. Im Kino sieht Lea Wochenschau-Aufnahmen, die NS-Wehrmacht besetzt Paris. Transport nach Tulcea am Donaudelta. Von dort Verladung auf die „Pacifique", eines der für jüdische Auswanderer bestimmten „Totenschiffe" einer makabren Flotte aus abwrackreifen Seelenverkäufern. Im Sommer waren die Flüchtlinge aufgebrochen, waren unterwegs noch im Herbst, jetzt schon bis in den Winter.

Vor Haifa nahmen englische Marineoffiziere die Passagiere des Schiffs in Haft. Einreiseverbot. Mit einem besseren Schiff, der „Patria", sollten die Auswanderer zur Insel Mauritius weiterreisen. Vor der Abfahrt sprengte aber die jüdische Selbstschutz-Organisation „Haganah" das Schiff. Dabei starben 220 Passagiere, die übrigen, worunter Lea, wurden gerettet und ans Ufer gebracht. Ein britisches Gesetz schrieb vor, daß Schiffbrüchige an Land zu lassen waren, und zu Schiffbrüchigen hatte die Haganah die Menschen an Bord, soweit sie überlebten, gemacht. Diese kamen als Gefangene der Briten hinter Stacheldraht, ins Militärlager Atlit. Es war den NS-KZs nicht unähnlich, die Insassen wurden geschoren und mußten gestreifte Kittel tragen. Im Lager schlossen sich einige deutsche Juden als „Betharim" zusammen, einer militaristischen Gruppe. Als Lea eine erste Ausstellung ihrer Zeichnungen im Lager veranstaltete, erschienen die Betharim, sich auf die politischen Blätter stürzend, um sie zu vernichten mit dem Ruf: „Entartete Kunst!" (S. 222) Nach einem knappen Jahr wurden die Häftlinge aus Atlit entlassen.

> Wir waren Einwanderer ohne jede Bürgerrechte, ohne Wahlrecht, ohne das Recht zu arbeiten, weiterhin Menschen zweiter Klasse – aber wir waren immerhin frei. (S. 225)

Die dem faschistischen Mordsystem glücklich Entkommenen fühlten sich unaufhebbar mit allen verbunden, für die es Flucht und Freiheit nicht gab. Ihre Gedanken richteten sich aufs Getto, gingen in die Ferne nach Treblinka, Maidanek, Auschwitz. Galten der Roten Armee, China, den Partisanen (S. 260). Ein Motiv für die Künstlerin: „Ich malte sie, die zurückbleiben mußten im Schlachthaus Europa …" (S. 263) Lea widmete sich in Palästina der Kunst: „Ein neues Leben in einem neuen Land begann …" (S. 241) Sie fand Arbeit als Buchillustratorin.

Nicht eine Existenz wie im Paradies. „Schwer war das Leben in Palästina und hart das Brot." (S. 243) Englische Aktienbesitzer und jüdische Unternehmer beuteten die jüdischen und arabischen Arbeiter aus. Lea beobachtete die Anfänge der Entwicklung Israels, die aus dem Land ein „Werkzeug" der USA machte.

> Der gerechte Verteidigungskrieg war zu Ende. Was dann kam, war Gewaltpolitik. ... Man ließ die arabischen Flüchtlinge nicht zurückkehren. (S. 307)

Nach Herstellung der Verbindung zu Hans in Dresden erfuhr Lea von ihm ihre Berufung an die Akademie der bildenden Künste in Dresden, zur Übernahme einer Graphik-Klasse. Es kam die Erlaubnis, am selben Ort wieder ihren Wohnsitz zu nehmen. Auch erhielt sie das Visum der Tschechoslowakei. Ihre Rückkehr nach Europa führte sie zuerst nach Prag. Wie lange würde man heute für die Strecke Prag-Dresden brauchen? – Lea berichtet:

> In zwei Tagen flog ich die weite Strecke über Meer und Länder – aber vier Monate dauerte der kurze Weg von Prag nach Dresden. Vier Monate, verbracht mit Warten auf die Papiere, mit Schreiben, Hoffen, Enttäuschtwerden und wieder Warten. (S. 325)

Endlich zurück in der Heimat, trifft sie Hans wieder. Und mit diesem Satz schließt Lea ihre Autobiographie:

> Krank ist er, und in seinem schmalen Gesicht steht noch die furchtbare Spannung schrecklicher Jahre. Sein Haar ist schneeweiß – aber sein gerader Mund lächelt noch immer. (S. 329)

Selma Meerbaum-Eisinger (1924-1942) – die Lyrikerin

Was von Selma Meerbaum-Eisingers Leben, das nur achtzehn Jahre dauerte, übrig geblieben ist, sind 57 Gedichte. Sie sind das Dokument eines gemordeten Lebens. Des Lebens einer Lyrikerin.

Jürgen Serke schrieb[30]:

> Selma Meerbaum-Eisinger war eine Jüdin. Deutsche nahmen ihr die Freiheit, Deutsche nahmen ihr das Leben. Sie starb am 16. Dezember 1942 im deutschen Arbeitslager Michailowka jenseits des Bug. Sie war 18 Jahre alt, wurde irgendwo verscharrt.

---

30 In seiner Einleitung, betitelt: „Geschichte einer Entdeckung", des von ihm herausgegebenen dichterischen Nachlasses von Selma Meerbaum-Eisinger: „Ich bin in Sehnsucht eingehüllt". Gedichte eines jüdischen Mädchens an seinen Freund, 2Hamburg 1980, S. 5-33; hier: S. 5. Meine Ausführungen über Selma Meerbaum-Eisinger beruhen auf der Einleitung von Serke. Nach seiner Ausg. zitiere ich die Gedichte der Lyrikerin (im Text nur mit Angabe der Seitenzahl).

Der Lagerführer war der SS-Unterscharführer Walter Mintel. Gegen ihn liefen seit 1961 in der Bundesrepublik Ermittlungen wegen Mordes in Michailowka. 1973 wurde das Verfahren eingestellt. Der Beschuldigte hatte ausgesagt, er sei nie in Michailowka gewesen. Unter den Opfern in diesem Lager waren auch die Eltern des Dichters Paul Celan. SS-Leute ermordeten sie durch Genickschuß. Die SS in Michailowka machte sich zu ihrer Zeit einen Spaß daraus, nach Lust und Laune ein paar Juden herauszugreifen und zu erschießen. So etwa am 29. August 1942 16 Menschen, darunter eine junge Mutter mit ihrem Säugling. Vorher mußten die Erwachsenen für alle die Gräber schaufeln. Am 5. September eine Achtzehnjährige. Auch sie mußte zuvor ihr Grab ausheben. Am 14. September 25 Häftlinge. Am 12. November 107 Zwangsarbeiter, Begründung: weil für sie im Winter kein Platz mehr in den Scheunen sei. Diese Ereignisse hielt damals Arnold Daghani im Tagebuch fest. Er zeichnete auch Selma nach ihrem Tode in ihrer Unterkunft. Sein Tagebuch erschien 1947 in rumänischer Sprache in Bukarest, gleichzeitig in Englisch in London, und unter dem Titel „Laßt mich leben!“ 1960 in deutscher Sprache in Tel Aviv.

Wie Celan stammte Selma aus Czernowitz. Die Stadt hatte 140000 Einwohner, fast die Hälfte davon Juden. Zwischen 1918 und 1944 wechselte sie mehrfach den Besitzer: österreichisch, rumänisch, sowjetisch, nach dem Einmarsch der Deutschen wieder rumänisch, 1944 von der Roten Armee zurückerobert, heute ukrainisch (mit fast verdoppelter Einwohnerzahl).

Selmas Vater Max Meerbaum stammte aus einem Dorf in der Bukowina. Er ging nach der Volksschulzeit mit fünfzehn nach Berlin. Im 1. Weltkrieg diente er in der österreichischen Armee, erkrankte an Tuberkulose. Später zog er nach Czernowitz, um ein kleines Ladengeschäft zu eröffnen. Er heiratete dort eine junge Frau namens Frieda (1922). Aus ihrer Ehe ging Selma hervor. Mit 29 Jahren starb der Vater an der Tuberkulose (1926). Frieda schloß eine zweite Ehe mit Leo Eisinger. Wie Selma kamen auch ihre Mutter und ihr Stiefvater Eisinger in Michailowka um.

Selma schloß sich mit fünfzehn der zionistischen Jugendbewegung „Haschomer-Hazair“ an. Die Jugendlichen wünschten den Sozialismus als Grundlage ihres künftigen Lebens in Palästina. Zu ihren Gesprächsgegenständen gehörten Sigmund Freud, Bertolt Brecht und Kafka. Mit fünfzehn auch begann Selma zu dichten. Zu ihrer Lektüre gehörten Werke von Heine, Rilke, Paul Verlaine, auch von Rabindranath Tagore. Dazu chinesische Lyrik in Klabunds Nachdichtung. In ihrer Sammlung befinden sich fünf eigene Nachdichtungen, zwei nach Verlaine, zwei nach jiddischen Originalen und eine nach einem rumänischen Text.

Als 1941 Czernowitz wieder rumänisch wurde und rumänische Truppen einzogen, übernahmen sie bei der Verfolgung der Juden die Rolle der Handlanger der deutschen Faschisten. Die jüdische Bevölkerung verlor die Bürgerrechte, Juden mußten den gelben Judenstern tragen, Zwangsarbeit leisten und hatten ab sechs Uhr abends Ausgehverbot. Was nie zuvor in der Stadt vorhanden war, jetzt wurde es errichtet, ein Getto, worin auf engstem Raum zusammengepfercht 60000 Menschen leben mußten. Mit Mutter und Stiefvater hauste Selma nun unter einem Arkadengang, den sie notdürftig mit Decken verhängten. Selma floh. In der Stadt als Jüdin erkannt, wurde sie verfolgt. Sie brach sich ein Bein, kam ins Lager zurück. Ihr Freund Lejser Fichman leistete Zwangsarbeit außerhalb der Stadt.

Dann wird das Getto aufgelöst, die jüdischen Bewohnerinnen und Bewohner kommen in rumänische oder deutsche Arbeitslager. Zweimal entgeht Semas Familie den ‚Aushebungen', beim drittenmal nicht mehr (Juni 1942). Selma kommt ins Lager Cariera de piatra, eine Sammelstelle für Arbeitskräfte, die von deutschen Baufirmen bei den Arbeiten an der Durchgangsstraße 4 eingesetzt werden. Die SS erschießt alle untauglich Erscheinenden. Selma und ihre Eltern kampieren drei Monate unter freiem Himmel. Leidensgenossen sterben. Gräber können in dem steinigen Gelände nicht ausgehoben werden, also wirft man die Leichen in die Tümpel am Ufer des Bug.

Im Lager Michailowka überlebten nur wenige. Wer nicht mehr arbeiten konnte, wurde erschossen. Auch wer an Flecktyphus erkrankte. Selma erkrankte daran, doch blieb ihr Zustand unentdeckt. Ihren Tod vermeldet das Tagebuch von Daghani am 16. Dezember 1942, er trat gegen Abend ein.

Wie gelangte Selmas Gedichtsammlung ans Licht, wie erreichte sie die Öffentlichkeit? Das ist ein Abenteuer für sich.

Jürgen Serke erwarb in einem Hamburger Antiquariat eine Lyrik-Anthologie, betitelt: „Welch Wort in die Kälte gerufen", Untertitel: „Die Judenverfolgung des Dritten Reichs im deutschen Gedicht", herausgegeben von dem Autor Heinz Seydel 1968 in einem Verlag der DDR, dem Verlag der Nation. Der Herausgeber nahm an, es seien von Selma Meerbaum-Eisinger nur zwei Gedichte gerettet worden. Davon druckte er das „Poem" überschriebene in seiner Anthologie ab. Das Gedicht enthält u. a. die folgenden Verse:

Ich möchte leben.
Schau, das Leben ist so bunt.
Es sind so viele schöne Bälle drin.
Und viele Lippen warten, lachen, glühn
und tuen ihre Freude kund.
Sieh nur die Straße, wie sie steigt:
so breit und hell, als warte sie auf mich.
Und ferne, irgendwo, da schluchzt und geigt
die Sehnsucht, die sich zieht durch mich und dich.

Der Wind rauscht rufend durch den Wald,
er sagt mir, daß das Leben singt.
Die Luft ist leise, zart und kalt,
die ferne Pappel winkt und winkt.

Ich möchte leben.
Ich möchte lachen und Lasten heben
und möchte kämpfen und lieben und hassen
und möchte den Himmel mit Händen fassen
und möchte frei sein und atmen und schrein.
Ich will nicht sterben. Nein!
Nein.
Das Leben ist rot,
das Leben ist mein.
Mein und dein.
Mein. (S. 63 f.)

Von der Lyrikerin Hilde Domin erhielt Serke den Gedichtband „Blütenlese", die Sammlung der 57 Gedichte Selmas, die in Israel als Privatdruck erschienen war. Hilde Domin hatte ihn von einer in den USA lebenden Cousine des Dichters Celan erhalten. Wie war dies Buch entstanden? Wie hatte es entstehen können?

Der Klassenlehrer Selmas im jüdischen Lyzeum von Czernowitz war Hersch Segal. Ihn fand Serke in Israel, nahe Tel Aviv. Segal hielt Kontakt zu den wenigen Schülerinnen, die den Genocid überlebt hatten. Er sammelte alles an Literatur aus Czernowitz. Ihm kam der Abdruck des einen einzigen „Poems" von Selma in Seydels Anthologie zu Gesicht. In seiner Nähe wohnten zwei Freundinnen Selmas, Renée Abramovici-Michaeli und Else Schächter-Keren. Renée besaß die Sammlung der 57 Gedichte, Else einen aus dem Lager herausgeschmuggelten Brief Selmas. Segal nahm Verbindung zu den Frauen auf. Da sich kein Verlag für eine Veröffentlichung seiner Funde interessierte, ließ er Selmas lyrische Hinterlassenschaft auf eigene Kosten drucken. In Selmas Manuskript sind die Texte datiert, mit Bleistift in winziger Schrift niedergeschrieben. Zum Termin der Deportation nahm sie die letzte Eintragung in Hast vor: „Ich habe keine Zeit gehabt zu Ende zu schreiben ..." Sie widmete ihre Lyrik ihrem um ein Jahr älteren Freund Leyser Fichman.

Am Tag von Selmas Deportation klopft ein unbekannter junger Mann an die Wohnungstür der Familie Schächter, übergibt die Gedichtsammlung Else und übermittelt Selmas Bitte, die Empfängerin möchte sie an Fichman weiterleiten. Als dieser für eine kurze Weile nach Czernowitz zurückkehrt, erhält er das ihm „in Liebe" zugedachte „Album". Er nimmt es mit zur Zwangsarbeit im rumänischen Lager, wo er es unter seinen Sachen aufbewahrt. Kurz vor Eintreffen der Roten Armee flieht Fichman aus dem Lager, sucht in Czernowitz Else auf und überläßt ihr die Sammlung, weil er nach Palästina aufbricht und nicht möchte, daß Selmas Gedicht verloren gehen. Sein Ziel erreicht er nicht. Das mit jüdischen Flüchtlingen besetzte türkische Schiff „Mefkuré“, worauf auch er sich befindet, wird von einem sowjetischen U-Boot versenkt. Den einzigen erhaltenen Brief von Selma, den sie im Lager schrieb, schmuggelte ein kleiner jüdischer Junge in ein anderes Lager, worin Renée festgehalten wurde. Der Brief endet mit drei Wörtern: „Küsse. Chasak – Selma.“ Das hebräische Wort in der mittleren Position heißt verdolmetscht: „Sei stark.“

Renée und Else sahen sich 1944 in Czernowitz wieder, Renée war aus dem Lager geflohen, Else von der Deportation verschont geblieben. Sie tauschten die Hinterlassenschaft Selmas aus. Mit deren Lyrik im Rucksack schlug sich Renée quer durch Europa, über Polen – Ungarn – die Tschechoslowakei – Österreich – Deutschland nach Paris durch und von dort nach Palästina, wo sie 1948 ankam. Ebenfalls über Paris erreichte ein Jahr später Else Israel.

Selmas Gedichte entstammen der knappen Zeit von zwei Jahren. Das erste ist datiert 25. 12. 1939 (S. 37), das letzte 23. 12. 1941 (S. 111).

In ihrer Lyrik drückte sie eine weite Spanne von Empfindungen aus, die von Lebensfreude, Sehnsucht und Jubel bis zu Angst, Leid und tiefer Trauer reichen. Die Sechzehn- und Siebzehnjährige, der mit achtzehn der von den deutschen Faschisten bewirkte frühe Tod bevorstand, besaß das überaus feine Sensorium für alle Möglichkeiten, die in der Luft des Krieges lagen, von denen die fürchterlichsten Wirklichkeit werden sollten, während die glücklicheren, glücklichsten sich als Wunschgebilde erwiesen, als wesenlose Illusionen, wenn auch lebensnotwendige. Die Dichterin verstand es, ihre Empfindungen, die freudigen und die düsteren, in Naturmotive zu kleiden. Eines der in hellen Farben getauchten ist das „Frühling“ überschriebene vom März 1940, worin sogar das Wort „Glück“ seine Stelle findet. Es endet mit den vier Zeilen:

> Frühling. Die Bäume sind erst jetzt ganz kahl
> und jeder Strauch ist wie ein weicher Schall
> als erste Nachricht von dem neuen Glück.
> Und morgen kehren Schwalben auch zurück. (S. 47)

Ein Jahre später, im März 1941, redet sie in einem Gedicht den Geliebten an, aber nun dominieren die Motive des Unglücks, hört man von Weinen, von Schrecken, Angst, Flucht, Tod, Nacht. Es endet:

> Du, weißt du, wie der Regen weint?
> Und wie ich geh', erschrocken bleich,
> und nicht weiß, wohin zu fliehn?

Wie ich verängstigt nicht mehr weiß:
Ist es mein Reich, ist es nicht mein Reich,
gehört die Nacht mir, oder ich, gehör' ich ihr,
und ist mein Mund, so blaß und wirr,
nicht der, der wirklich weint? (S. 58)

In einem anderen Gedicht vom selben Monat und Jahr scheint sie sich ihren eigenen vorzeitigen Tod vorauszusagen, wiederum durch Darstellung eines Naturereignisses, im Bild einer Rosenknospe, die bei einem Nachtfrost stirbt, ehe sie aufgehen konnte, oder die der Sturm nachts allzu früh vom Stamme bricht und die, wenn der Tag beginnt, kein Leben mehr hat:

Und sie ist so fein und schlank und hell,
ganz geschlossen noch und kaum gesehn
und du möchtest, daß sie aufbricht, ganz, ganz schnell,
da du weißt, wie rasch die Zarten untergehn.
Doch es enteilt ein Tag und es enteilt ein zweiter
und die Himmel werden blauer, werden weiter
und die Knospe bricht nicht auf.

Und du weißt: wenn jetzt ein Frost kommt, stirbt sie,
stirbt und hat das Leben nicht gelebt.
Möchtest gerne helfen und weißt doch nicht wie,
fürchtest sehr, daß nicht ein Wind sich hebt,
der sie dir vom Stamme bricht –
in der Nacht, du schläfst und siehst es nicht,
und sie ist bei Tag schon tot. (S. 86)

Diese Dichtung wird als Allegorie gedeutet werden können und die junge Rose, die durch Frost oder Sturm getötete Knospe, als in Naturmetaphorik übersetzte Ahnung der Dichterin, die ihr eigenes Los gedanklich vorwegnimmt: „... wie rasch die Zarten untergehn ..."

Das von ihr im Frühlings-Gedicht beschworene neue Glück, sie hatte keine Chance, es jemals zu erringen. Mehr noch, sie verlor ihr eigenes Leben auf der Schwelle von der Jugend zum Erwachsenenalter, im Übergang vom Mädchen zur jungen Frau. „Und morgen kehren Schwalben auch zurück."

Die Schwalben des Lebens, ihres Lebens, Selmas gequältes, hingemordetes Leben kehrt niemals zurück, der Verlust bleibt in Ewigkeit unersetzlich.

Wir können ihn nur beklagen, jedoch nicht rückgängig machen.

Aber wir können ihre Dichtung bewahren. Mit ihrer Dichtung verbleibt uns das Andenken an sie.

Anforderungen an eine humane und demokratische Politik in Europa – Parteien, non-governmental organisations (NGOs), Gewerkschaften

Claudia Wörmann-Adam

Zur Sonne, zur Freiheit!
Ich will Freunde haben
so verläßlich
wie meine Feinde

Und Feinde
so unbeholfen
wie viele Genossen

und Arbeiter
die soviel vom Kampf verstehen
wie ihre Arbeitgeber:

Brüder – (ich füge hinzu „Schwestern")
Das wäre
Der Sieg

(Erich Fried)

Einige Schlagzeilen der letzten Wochen:

- Armut ist das Resultat falscher Politik – zum „Milleniumsgipfel", September 2010 New York York
- 137 Todesopfer rechter Gewalt von 1990 bis heute in Deutschland
- Rechtsparteien suchen den Schulterschluß – Vereinigung DVU + NPD möglich
- Griechen wollen unser Geld. Ihr Bettel-Griechen kriegt nichts von uns. Gebt uns Korfu, dann gibt's Kohle!
- Die täglich erlebte Ausgrenzung: Berlin ist Spitzenreiter bei Kinderarmut
- Spätrömische Dekadenz: „Wer dem Volk anstrengungslosen Wohlstand verspricht, lädt zu spätrömischer Dekadenz ein." (Westerwelle)

- „Herr Bartoszewski hat einen schlechten Charakter." (Erika Steinbach über den ehemaligen Auschwitzhäftling und jetzigen Deutschlandbeauftragten der polnischen Regierung)
- „... und ich kann es leider auch nicht ändern, dass Polen bereits im März 1939 mobil gemacht hat." (Erika Steinbach)
- Jobbik: Wahlkampf mit Roma-KZ's (Ungarn)
- „Deutschland schafft sich selber ab." (Sarrazin)
- „Es gibt Juden- und Basken-Gene." (Sarrazin)
- Sarrazin und der Extremismus der Mitte
- Berlusconi zitiert Mussolini
- Sarkozy erklärt Roma in Frankreich den Krieg

Haben diese Schlagzeilen etwas mit dem Thema zu tun, was mir gestellt wurde?

Ich meine ja!

Liebe Kolleginnen und Kollegen, sehr geehrte Damen und Herren!

Ich bin gebeten worden unter dem Oberthema „Gegen Ausgrenzung und Rassismus heute" Anforderungen an eine humane und demokratische Politik in Europa zu formulieren. Das will ich versuchen, indem ich zunächst auf einige m. E. grundlegende Voraussetzungen eingehe, dann schildere, welche teilweise gemeinsamen geschichtlichen und aktuellen Erfahrungen wir in Europa haben, um dann einige zentrale Aspekte herauszuarbeiten und zum Schluss auf konkrete Forderungen zu kommen. Dabei möchte ich betonen, dass ich nicht den Anspruch erhebe, alle Fakten zu benennen und alle Aspekte zu beleuchten, sondern nur Beispiele aufführe und dabei den Finger in diverse Wunden lege. Mein Referat stelle ich unter das Motto: „Über die Schaffung und Nutzung von Feindbildern und deren Auswirkung in der Debatte um Ausgrenzung, Rassismus und Neofaschismus".

> Als ich sehr jung war, 1945, unmittelbar nach der Befreiung Italiens, las ich einen Artikel des großen amerikanischen Journalisten, Herbert Matthews. Die Überschrift hieß: ‚Ihr habt ihn nicht getötet.' Er meinte: indem ihr Mussolini umgebracht habt, habt ihr nicht den Faschismus getötet. Er beschrieb, welche Schäden der Faschismus sogar in der DNS der Italiener hinterlassen habe. Und dass es Jahrzehnte brauchen würde, sie zu heilen. Damals hat mich das schrecklich wütend gemacht. Im Laufe der Jahre habe ich Matthews mehr und mehr recht gegeben. Der Faschismus ist wie ein mutierender Virus.

Ich meine, diese Erfahrung Andrea Camillieris ist übertragbar auf uns, auf die deutsche Nachkriegsgeschichte, aber auch auf die Geschichte anderer europäischer Länder mit faschistischer Erfahrung, auch mit Kollaborations-Erfahrung. Das Zitat endet:

> Deshalb glaube ich, die Schäden des Berlusconismus werden so sein, wie die Schäden des Faschismus. Es ist wie eine Verseuchung des Wesens der Italiener. (Andrea Camillieri, SZ, 28. 7. 2010)

Ich beginne mit der ersten von mir zitierten Schlagzeile „Armut ist das Resultat falscher Politik". Dazu gehört es zu wissen, daß

alle 5 Sekunden weltweit ein Kind an den Folgen von Hunger, Unterernährung und mangelnder Gesundheitsversorgung stirbt,

47.000 Menschen täglich an Hunger und Mangelernährung sterben,

mehr als 1 Milliarde Menschen = 1/6 der Menschheit unterernährt ist.

Das führt dazu, dass Zehntausende Menschen weltweit vor der Armut in reichere Länder fliehen. Hinzu kommen Tausende, die vor Kriegen fliehen und weitere Tausende, die vor Verfolgung aus den unterschiedlichsten Gründen fliehen. Das sind die Gründe weshalb tagtäglich Flüchtlinge ihr Leben riskieren, um in reicheren und vermeintlich demokratischen Staaten Zuflucht und ein besseres Leben suchen.

Neben dieser Armut und diesen Fluchtbewegungen und Fluchtgründen muss man auch wissen:

> Täglich zirkulieren 1000 Milliarden Dollar an den Finanzplätzen der Welt, davon sind nur 13 % wertschöpfendes Kapital, aber 87 % reines Spekulationskapital.
>
> Die 5000 größten transkontinentalen Privatkonzerne kontrollieren 52% des Weltbruttosozialprodukts.
>
> Die Regierungen der westlichen Welt funktionieren wie Lakaien dieser Konzerne – das sieht man nicht zuletzt an der Auseinandersetzung um eine mögliche Einführung der Transaktionssteuer.
>
> ... aber auch an der Diskussion um eine mögliche Regulierung von Entgelthöhen und -tiefen: Es gibt keinen rationalen Grund, warum z. B. Boni nicht verboten und die Höhe der Gehälter nicht reguliert werden sollten: nach oben bei den Beziehern höchster Einkommen; dazu mit der Einführung von gesetzlichen Mindestlöhnen, also einer Grenzziehung nach unten – die ein Leben in Würde denjenigen ermöglichen würde, die sonst Armutslöhne erhalten –.
>
> Es gibt keinen rationalen Grund, warum es Obergrenzen für Hartz 4 Ausgaben gibt; aber keine Untergrenze für Löhne.
>
> Es gibt keinen rationalen Grund, warum kein gerechtes Schulsystem für alle eingeführt wird, statt nach 4 Jahren Kinder „auszusortieren" in Hauptschüler und Gymnasiasten.

Das dies alles nicht geschieht hat mit dem Einfluss von Lobbyisten zu tun, weltweit, in der EU und in Deutschland.

Der Einfluß von Unternehmen und ihren Lobbyverbänden ist in Deutschland so groß, dass sie den Regierenden die Gesetze schreiben, die sie gerne hätten und massiv direkt und indirekt in die Politik eingreifen. Das ist spätestens seit dem Antritt der gelb-schwarzen Koalition offensichtlich geworden:

> In der Energiepolitik beim sog. Atomkompromiss für die langfristige Beibehaltung der AKW's koste es was es wolle;
>
> In der Gesundheitspolitik mit ihrer Rücksichtnahme auf die Pharmakonzerne und Privatkrankenkassen;
>
> In der Finanzpolitik im Umgang mit den Banken in und nach der Weltwirtschaftskrise die durch die Banken verursacht wurde.
>
> Mit der Begünstigung der Hotelbranche u.v.a.m.

Es ist im Interesse der Konzerne und der Herrschenden, wenn z. B. durch die europäische Dienstleistungsrichtlinie Menschen in Europa zu ausgebeuteten Wanderarbeitern werden, die Hungerlöhne erhalten.

Es ist im Interesse der Konzerne und der Herrschenden, wenn dadurch Fremdenfeindlichkeit erzeugt wird.

Es ist im Interesse der Herrschenden, wenn Rechtsextremismus und Linksextremismus als gleichbedeutend hingestellt und die Mordtaten rechter, neofaschistischer Täter banalisiert werden.

Es ist im Interesse der Herrschenden, wenn Krieg geführt wird, sie verdienen am Krieg und an den Wiederaufbaukosten danach – sie sichern sich Zugriffe auf Bodenschätze usw.

Es ist im Interesse der Herrschenden, wenn mit der Begründung, der Abstand müsse gewahrt werden zwischen den Armutslohnempfängern einerseits und den Hartz 4-Beziehern andererseits, die Einführung eines existenzsichernden Mindestlohn abgelehnt und die Erhöhung um ganze 5 € für Hartz 4-Bezieher begründet wird.

Es ist im Interesse der Herrschenden, wenn unterprivilegierte Menschen gegeneinander ausgespielt werden, wenn ganze Menschengruppen ausgegrenzt werden.

Wir haben gestern und heute vieles gehört zum Thema Verfolgung von Minderheiten in der Nazizeit.

Was bedeutet das für heute?

Wo stehen wir in Deutschland und Europa in unseren Bemühungen die Wurzeln des Faschismus zu eliminieren? Wie es im Schwur von Buchenwald heißt:

> Die Vernichtung des Nazismus mit seinen Wurzeln ist unsere Losung. Der Aufbau einer neuen Welt des Friedens und der Freiheit ist unser Ziel.

Wie weit sind wir mit unseren Bemühungen für eine demokratische, gerechte, solidarische Gesellschaft?

Die antifaschistische Arbeit muss m. E. mehrere Ansätze haben:

Die Analyse des Faschismus – in Deutschland des Nationalsozialismus.

Die Beobachtung und Bekämpfung alt- und neofaschistischer, revanchistischer Personen, Gruppen, Organisationen, Parteien, ihrer entsprechenden Medien und Einflussmöglichkeiten in Deutschland und vielen europäischen Ländern.

Außerdem sind in den letzten Jahren neu hinzugekommen rechtspopulistische Organisationen und Parteien in Deutschland und in vielen europäischen Ländern. Und da ist – wie durch die Debatte um die Thesen Sarrazins besonders deutlich geworden ist – die Übernahme rechtspopulistischer Positionen in weiten Teilen der Bevölkerung.

Aus alledem sind Folgerungen abzuleiten.

Die Aufarbeitung des Faschismus und Nationalsozialismus und seiner Folgen bis in die Neuzeit bleibt eine Daueraufgabe: immer noch treffen sich ehemalige SS und NSDAP Mitglieder und ihre Sympathisanten; denn:

immer noch sind Plätze, Straßen, Gebäude nach Altnazis benannt;

in der Nachkriegsgeschichte der BRD konnte viele Altnazis – auch Täter – Einfluss nehmen auf die Politik, auf die Wissenschaft, auf die Entwicklung des Rechts, auf Kunst und Kultur, Medien, Schulen, Hochschulen, Erziehung usw. – das wirkt noch nach:

Nazi Verbrecher wurden nicht ausreichend verfolgt und bestraft; ja es wurde von offiziellen Stellen häufig genug verhindert, dass Nazitäter überhaupt vor Gericht gestellt wurden; Nazi-Unrecht wurde nicht ausreichend gesühnt;

Enteignungen, „Arisierungen" und Diebstahl wurden zumeist nicht vollständig oder oft genug gar nicht rückgängig gemacht. Bis heute bereichern sich Nutznießer, darunter in hohem Maße die öffentliche Hand, an der „Arisierung" von Gütern enteigneter jüdischer Menschen;

viele Menschen wurden für ihre Leiden, ihre Zwangsarbeit nicht angemessen oder gar nicht „entschädigt";

entsprechendes Gedankengut ist nach wie vor präsent. Beispiele: die Einlassungen von Frau Steinbach zu Vertreibung und die Diffamierung von Bartoszewski; die sog. Vertriebenenverbände, die nach wie vor erhebliche Steuergelder erhalten; die Politik der Burschenschaften; die Arbeit des Studienzentrums Weikersheim und ähnlicher Institutionen, die mit Steuergeldern gefördert werden; diverse Medien, darunter die „Junge Freiheit".

Immer noch werden neofaschistische und rassistische Straftaten verharmlost oder negiert. Um so bemerkenswerter ist die Initiative der „Berliner Zeitung" und „Zeit", die in der vorletzten Woche titelten: „137 Todesopfer von rechter Gewalt in Deutschland seit 1990" mit den jeweils dokumentierten konkreten Fällen – die offizielle Statistik spricht von 47 Opfern; bis heute wird beispielsweise der rechtsextreme Hintergrund der Oktoberfestattentats von vor 30 Jahren negiert.

Auch in anderen europäischen Staaten wurden die Themen Kollaboration und Faschismus nicht oder nicht grundlegend aufgearbeitet: z. B. Italien, Spanien, Portugal, Ex-Jugoslawien und einigen mehr.

In praktisch allen Ländern der EU gibt es bedeutende neofaschistische, rechtsextreme und/oder rechtspopulistische Parteien in den Parlamenten mindestens aber in der Öffentlichkeit aktiv: Frankreich, Belgien, Niederlande, Österreich, Schweiz, Dänemark, Großbritannien, Italien, Ungarn, Rußland, Schweden u. v. m.

Teilweise sind oder waren rechtspopulistische Parteien an Regierungen beteiligt wie z. B. in Italien, in Österreich, teilweise vertreten rechtsliberale und konservative Parteien bzw. ihre Vertreter entsprechende Positionen (so Sarkozy beim Thema Ausweisung der Roma).

Wir müssen uns Gedanken machen über die offensichtliche „Anfälligkeit" weiter Bevölkerungskreise für rechtspopulistische Thesen, Themen, Forderungen: (siehe die Auseinandersetzung um die Thesen von Sarrazin zu Hartz 4, aber auch zur „moslemischen Bevölkerung").

Große Teile der Bevölkerung nicht nur in Deutschland, auch in den anderen EU-Staaten sind empfänglich für diese Themen.

Das nutzen Demagogen unterschiedlichster Couleur aus. In Deutschland z. B.: Sarrazin, Westerwelle, Steinbach, Miegel, Baring, Sloterdijk, Hans Olaf Henkel u. v. m.

Und natürlich viele Medien, allen voran die Bild Zeitung; man denke nur an die Auseinandersetzung um „Florida Rolf" vor einigen Jahren, die zu einer Gesetzesänderung geführt hat!

Es werden ganz bewusst Ängste geschürt und Bevölkerungsteile gegeneinander aufgehetzt. Das hat System. Den Menschen wird suggeriert, wenn es die anderen nicht gäbe, diejenigen, die das System angeblich oder tatsächlich missbrauchen, die, die sich angeblich oder auch tatsächlich nicht anpassen wollen, die, die angeblich der Gesellschaft keinen „Nutzen" bringen – wenn es die alle nicht gäbe, dann ginge es uns besser.

Der tatsächliche Missbrauch, das Nichtzahlen von Steuern oder die zu niedrigen Steuersätze (im internationalen Vergleich) für die Reichen, wird auch nicht ansatzweise in gleichem Umfang zur Sprache gebracht.

Das verhindert den Blick darauf, was nötig wäre, damit es der Mehrheit besser geht: *Eine wirkliche Umverteilung von oben nach unten.*

> Ich muss niemanden anerkennen, der vom Staat lebt, diesen Staat ablehnt und ständig neue Kopftuchmädchen produziert. Das trifft auf 70 % der türkischen und 90 % der arabischen Bevölkerung zu, die weder integrationswillig noch integrationsfähig ist und außer für Gemüsehandel keine produktive Funktion haben. (Interview mit T. Sarrazin in „Lettre International“, September 2009)

Unterstützung für diese Thesen erhielt er schon damals, aber auch jetzt wieder u. a. durch: Henry M. Broder, Hans Olaf Henkel, Peter Sloterdijk. Peter Sloterdijk schrieb im Juni 09 in der FAZ:

> Im ökonomischen Altertum lebten die Reichen auf Kosten der Armen... In der ökonomischen Moderne leben die Unproduktiven auf Kosten der Produktiven.

Er forderte: Es sei an den Leistungsträgern, sich der Ausbeutung durch den Steuerstaat zu widersetzen, die angebrachte Reaktion auf die hiesige Form des „Semisozialismus“ wäre ein „fiskalischer Bürgerkrieg“ – zu dem er aufrief. Wenig später nach der ersten Sarrazin Debatte legt Sloterdijk im „Cicero“ nach und wirft der „Meinungsbesetzerszene“ vor, sich in einen „Käfig voller Feiglinge“ verwandelt zu haben und die „Wahrheit“ (wie er offensichtlich meint, dass Sarrazin sie ausspreche) mit „Existenzvernichtung“ zu bestrafen.

Das Interview mit Sarrazin in „Lettre international“ und die Debatte der Thesen von Sloterdijk gehören mit zu den Wegbereitern der zweiten Sarrazindebatte.

Diese Debatte ist ein Diskurs *für die Ungleichheit mit dem Ziel der Ausgrenzung von Teilen dieser Gesellschaft* – derjenigen Teile, die diese Menschen, die sich als Elite empfinden, für „nicht nützlich“ halten, oder, um es marxistisch zu benennen, die vermeintlich keinen Mehrwert (mehr) produzieren können. Von Ausgrenzung betroffen sind: Erwerbslose, Hartz 4-Bezieher/innen, Menschen mit Armutslöhnen, Leiharbeiter, ethnisch Ausgegrenzte: wie Menschen aus Nah- und Fernost, Afrika, Roma und Sinti, religiös Ausgegrenzte wie Juden und Moslems und einige mehr.

Die sog. Elite oder die, die sich dafür halten, sowie ihnen nahestehende Medien diktieren den gesellschaftlichen Diskurs, den „Mainstream“. Es gilt diesen und seine Ziele bloß zu stellen, zu demaskieren und seine Funktion herauszuarbeiten. Sie besteht darin, diese Gesellschaft noch mehr zu spalten und den Menschen Feindbilder anzubieten, damit sie ihre Frustration an Unterprivilegierten abreagieren und nicht auf den Gedanken kommen, die Machtfrage zu stellen.

Systematisch wurden und werden Sündenböcke und Feindbilder aufgebaut.

Sie haben die Funktion, von den Schwächen und Fehlern und auch vom Machtmissbrauch der Mächtigen und Einflussreichen abzulenken.

Im Mittelalter wurden die Juden als Feindbild von den Kirchen aufgebaut. Sie wurden in Pogromen verfolgt, angeblich „weil sie Christus gekreuzigt haben"; später, weil man ihnen vor diesem Hintergrund alle möglichen anderen schlechten Eigenschaften zuschrieb. Sie wurden vertrieben und massakriert, von ihrem Eigentum bedienten sich die Verfolger. Hexen wurden verfolgt, weil sie „mit dem Teufel im Bunde" wären. Ihr Eigentum wurde von den Verfolgern beschlagnahmt. Ganze Völker wurden als „Erbfeinde" bezeichnet, um eine Legitimation für Kriege zu haben, z. B. einstmals die Franzosen durch die deutsche Regierung der Kaiserzeit.

Mit der Parole „Jeder Tritt ein Brit', jeder Stoß ein Franzos, jeder Schuss ein Russ" zogen die Deutschen in den 1. Weltkrieg. Wenn im Frühjahr dieses Jahres in der BILD Zeitung propagiert wurde: „Ihr Bettelgriechen kriegt nichts von uns" und gefordert wurde: *„Gebt uns Korfu, dann gibt's Kohle",* dann erweckt man nicht neue, sondern alte Feindbilder: die der Nazizeit!

Am 14. September 1943 bombardierte die deutsche Luftwaffe Korfu, zerstörte Kirchen und Wohnhäuser des jüdischen Viertels, das Inselparlament, das Theater, die Bibliothek und viele denkmalgeschützte Gebäude. Wie viele Menschen starben, ist nicht klar. Aber verbrieft ist: Am 11. und 15. Juli 1944 wurden 1700 der 1900 griechischen Juden Korfus nach Auschwitz deportiert. Nur 124 überlebten (A. Stefanidis, SZ-Magazin, 24.9.10).

Fremdenfeindlichkeit ist kein deutsches Phänomen: Im Frühjahr 2009 skandierten britische Arbeiter nach Eintreffen der Information, dass italienische Vertragsarbeiter ein Bauvorhaben beim Ölkonzern Total realisieren sollten: „Britische Arbeitsplätze für britische Arbeiter" und „Briten zuerst". Kurze Zeit später wurden auf der britischen Insel Isle of Grain britische Arbeiter unterstützt von der Labour Party und britischen Gewerkschaften bei ihrem Einsatz gegen polnische Arbeiter, die beim Energiekonzern E.ON beschäftigt werden sollten. Bei den Europawahlen im Mai 2009 zog dann die extrem rechte British National Party mit 16,5 % ins Europaparlament.

Es gab aber ebenso massive Ausschreitungen gegen marokkanische Erntehelfer in Südspanien.

In Italien organisierte die faschistische Forza Nova in über 100 Städten Proteste gegen rumänische Immigranten.

Die offen faschistische ungarische Partei „Jobbik" organisiert systematische Aktionen gegen Roma aber auch gegen Juden.

Die Beispiele lassen sich beliebig fortsetzen in praktisch allen EU Ländern: In Deutschland mit den Ereignissen beispielsweise in Rostock Lichtenhagen, Hoyerswerda, Solingen u. v. m. Entgleisungen deutscher Politiker wie der Slogan „Kinder statt Inder" und Hetze gegen Rumänen wie durch den ehemaligen NRW Ministerpräsidenten Rüttgers oder die ausländerfeindliche Abstimmung gegen die Einbürgerungspolitik der ehemaligen rot-grünen Bundesregierung durch den damaligen Hessischen Ministerpräsidenten Koch liefern die Blaupausen für eine entsprechende inhaltliche Politik.

Es ist an uns, die Funktion der Feindbilder aufzudecken.

Feindbilder wirken wie Nebelkerzen – sie verdecken den Blick auf die Ursachen, warum etwas in der Gesellschaft nicht funktioniert und wer davon tatsächlich profitiert.

Das hat z. B. Sarkozy verstanden: Als seine Politik immer mehr ins Kreuzfeuer der Kritik geriet, als offenbar wurde, dass die Reichen, in diesem Fall die Familie der L'Oreal-Erben; geschont, aber die Lohnabhängigen bestraft werden sollen durch Rentenkürzungen und Verschiebung des Renteneintrittsalters, begann er seinen „Krieg gegen die Roma".

Als in Deutschland Forderungen erhoben wurden, nach der durch die Abzocker und Spekulanten verursachten Weltwirtschafts- und Finanzkrise diese auch zur Rechenschaft zu ziehen – indem die Höhe der Boni und Vergütungen begrenzt, die Banken die ihnen gewährten Kredite mit Zins und Zinseszins zurück- und Reiche mehr Steuern zahlen sollten –, besann man sich auch hier wie anderswo auf Feindbilder: z. B. auf die „Sozialschmarotzer", die Hartz 4 beziehen und „zu faul sind zum Arbeiten"; die das Geld „verpaffen und versaufen", die doch besser mal kalt als warm duschen sollen, denn das sind in den Augen der Wirtschaftsliberalen die wahren „spätrömisch Dekadenten", nicht die Abzocker und Spekulanten. Und wenn diese Politiker/innen behaupten, wir hätten „über unsere Verhältnisse gelebt", dann meinen sie in Wirklichkeit uns und nicht sich selbst.

Nach Berechnungen des arbeitgebernahen deutschen Instituts für Wirtschaftsforschung waren im Jahr 2009 rund 11,5 Millionen Menschen arm oder von Armut bedroht.

In einem Zeitraum von 10 Jahren stieg die Zahl der Armen um 33,7 %!

Rechnet man Personen, die Sozialtransfers wie Hartz 4 erhalten hinzu, verdoppelt sich das Armutsrisiko.

Das bedeutet, dass jeder vierte Mensch arm oder armutsgefährdet ist, zusammen mehr als 20 Millionen Menschen. Nach der Definition des Armutsberichtes der Bundesregierung von 2008 gilt ein Alleinlebender mit weniger als 781 € monatlich als arm. Reichtum beginnt danach ab einem Einkommen von 3.418 €! Die größte Existenzbedrohung stellt der Verlust der Erwerbsarbeit dar:.54 % der Erwerbslosen sind armutsgefährdet. 40% der Alleinerziehenden und ihrer Kinder sind arm oder armutsgefährdet. 22 % der Familien mit mehr als 3 Kindern sind von Armut bedroht, bei Familien mit 4 Kindern sind es sogar 36 %. Als armutsgefährdet gilt eine Familie mit 2 Kindern und einem monatlichen Nettoeinkommen von weniger als 1640 €. Für reiche Familien veranschlagt der

Armutsbericht einen Betrag von mehr als 7.178 €. Das statistische Bundesamt erfasst allerdings keine Einkommen, die über 18.000 € netto im Monat liegen …

Als Mittelstand gelten Alleinlebende mit einem Einkommen von 1.000 – 2.200 €. Bei Familien mit 3 Kindern sind es 2.400 – 5.300 €. Diese Mittelschicht zahlt nicht nur die meisten Steuern – sie ist auch von zunehmender Armut bedroht.

Eine akademische Ausbildung ist kein Garant mehr für ein gutes Einkommen. Auch viele Akademiker erhalten Hungerlöhne und hangeln sich von einem befristeten Job zum nächsten. Nach einer Studie von 2006 gaben 23 % der Lehrbeauftragten an Hochschulen an, über weniger als 600 € monatliches Nettoeinkommen zu verfügen. In Deutschland leben 2,5 Millionen Kinder, davon viele mit Migrationshintergrund, in Armut. Das bedeutet schlechtere Bildungschancen; schlechtere Gesundheit, schlechtere Chancen auf dem Ausbildungs- und Arbeitsmarkt und in Folge dessen Altersarmut. 10% der Bevölkerung in Deutschland besitzen mehr als 61 % des Volksvermögens. Die Schere zwischen arm und reich wird immer größer. Aber die Reichen werden immer reicher gemacht, z. B. durch Steuererleichterungen; und die Armen werden zur Kasse gebeten z. B. in Form höherer Krankenkassenbeiträge und ihnen wird suggeriert, wenn die Hartz 4-Bezieher nur wirklich wollten, könnten sie auch arbeiten, und wenn die Ausländer nur wollten, könnten sie sich auch ganz einfach integrieren, und dann hätten wir keine Probleme mehr. Was resultiert aus all dem?

Keine einfachen Lösungen, sondern viele Ansätze: Eine wichtige Konsequenz aus den Forschungsergebnissen z. B. von Heitmeyer und seinem Team ist: *Das Gefühl nicht wahrgenommen zu werden, politisch einfluss- und machtlos zu sein, befördert Fremdenfeindlichkeit.*

Konflikte müssen ausgetragen und nicht unter den Tisch gekehrt werden.

Konflikte müssen auf gleicher Augenhöhe ausgetragen werden.

Forderungen im nationalen Maßstab sind:

Schaffung von Möglichkeiten direkter Demokratie: Volksbefragungen und Volksentscheide einführen bzw. erleichtern; kumulieren und panaschieren bei Wahlen auf allen Ebenen;

Chancengleichheit für alle hier lebenden Menschen herstellen;

kostenlose Bildung von der Kinderkrippe bis zur Universität;

gleiche Teilhabe: an Bildung; im Beruf, in der Politik; an der Kultur : Männer – Frauen, Behinderte – Nichtbehinderte, In- und Ausländer/innen;

Arbeit von der man und frau menschenwürdig leben kann: Mindestlohn;

Schutz vor Verfolgung und Diskriminierung;

Integration aller hier lebenden Menschen;

Toleranz;

doppelte Staatsbürgerschaft;

Verbot von NPD und anderen neofaschistischen, rechtsextremen und rassistischen Parteien und Organisationen, denn: Faschismus ist keine Meinung sondern ein Verbrechen!

Forderungen im globalen Maßstab:

Gegen Armut und Ausbeutung – weltweit; Schuldenerlass für die ärmsten Länder;

Friedenspolitik: gegen Krieg, Massenvernichtungswaffen, Rüstungsexport; Verpflichtung der (ehemals) kriegführenden Staaten, entsprechende „Überreste“ zu beseitigen;

eine saubere Umwelt, nachhaltige Nutzung von Ressourcen;

ein menschenwürdiges Leben: gesunde Nahrung, Zugang zu sauberem Trinkwasser, angemessene Kleidung, angemessene Wohnung, Gesundheitsfürsorge (Säuglings- und Müttersterblichkeit beenden);

Recht auf politische Betätigung: Vereine, Gewerkschaften, Parteien;

Verwirklichung des Rechts auf Selbstbestimmung und körperliche Unversehrtheit – gegen Folter, körperliche Züchtigung und Todesstrafe;

Selbstbestimmung auch im sexuellen Bereich; gegen Zwangsheirat und gegen das Verbot von Homosexualität;

kostenfreie Bildung und Ausbildung;

Meinungsfreiheit/Demonstrationsfreiheit, freier Zugang zu Medien, Freiheit der Künste.

Thesen

Bodo Zeuner, Jochen Gester, Michael Fichter, Joachim Kreis, Richard Stöss

Den Kampf um die Köpfe ernster nehmen.

Das ist nicht das Gegenteil von Handeln, sondern ein wichtiger Teil des gewerkschaftlichen Handelns. Nehmt Stellung und widersprecht falschen Deutungen!

Wenn Deutung wichtig ist, dann kommt es darauf an, zwischen richtigen und falschen, guten und schlechten, humanen und inhumanen Deutungen zu unterscheiden.

Gewerkschafter führen dabei einen schwierigen, aber keineswegs aussichtslosen Zweifrontenkampf: Gegen den in der veröffentlichten Meinung herrschenden Neoliberalismus mit seinen goldenen Kälbern Markt und Privatisierung und zugleich gegen den unterschwelligen Rechtsextremismus, der Sündenböcke bei fremden und Schwachen sucht und nach dem starken Führer ruft. Die eigenen Deutungen müssen sich deutlich gegen beide Seiten absetzen.

Die Abstiegs- und Existenzängste der Arbeitnehmermittelschicht ernst nehmen und nicht mit einem beschwichtigenden „Euch geht's doch noch gut" beiseite schieben.

Dazu gehört, dass keine falschen Erwartungen der Statussicherung geweckt werden: Mit exklusiver Solidarität nach Art von Ärzten und Piloten wird die Gewerkschaft den Status ihrer bisherigen Kerngruppen angesichts von Globalisierung und Flexibilisierung nicht verteidigen können.

„Dumme Sprüche" rechtsextremer Art sind nicht harmlos.

Sie verdienen keine Entschuldigung und Bagatellisierung, sondern Widerspruch, etwa beim abendlichen Bier in der gewerkschaftlichen Bildungsstätte. Dass dieser Widerspruch dem Spruch und nicht der Person als Ganzes gilt, sollte klar sein: Es ist ja auch kein Ausdruck des Ernstnehmens und damit des Respekts vor einer anderen Person, wenn man ihr bestimmte Sprüche nicht unwidersprochen durchgehen lässt. Der Kampf gegen Rechtsextremismus erfordert breite zivilgesellschaftliche Allianzen

Gewerkschaften sollten rechtsextremen Deutungen in ihrer Alltagsarbeit entgegentreten und dazu ihre – immer noch vorhandene – große Kompetenz als Bildungsinstitution nutzen;

Gewerkschaften sollten einen scharfen Trennungsstrich ziehen zwischen der Verteidigung der Mindeststandards gegen Unterbietungskonkurrenz und der rassistischen Umdeutung dieser Konkurrenz.

Wir empfehlen statt der Reduktion auf Nutzenkalküle eine gewerkschaftliche Strategie des Umgangs mit den Mitgliedern, die klar macht, dass alle Mitglieder auf bestimmte Werte verpflichtet sind und dass diese Werte auch besser geeignet sind, als rechte und neoliberale Deutungen, die eigene Situation zu verstehen und Handlungsperspektiven aufzuzeigen.

Wir empfehlen in der Bildungsarbeit insbesondere auf Stärkung von Zivilcourage des/der Einzelnen Wert zu legen.

Wir empfehlen, dass Gewerkschaften sich für Bildungsreformen einsetzen, die neben fachlichen und beruflichen Qualifikationen auch die eigene Urteilskraft und Kritikfähigkeit der zu Bildenden fördert, von der Kinderkrippe bis zur Hochschule.

Wir empfehlen den Gewerkschaften, dem Trend zum neoliberalen TINA-Denken (= There is No Alternative [Margret Thatcher]) weiterhin dadurch entgegen zu treten, dass alternative Deutungen konsequent vertreten werden. Dazu gehört auch die Demontage neoliberaler „Wissenschaft“.

Dass Nationalisten altmodisch, kleingeistig und deshalb auch wenig erfolgstüchtig sind, ist ein starkes Argument gegen Rechtsextremismus, Gewerkschaften können es um so mehr nutzen, je deutlicher sie verbal und je glaubwürdiger sie real internationalistisch handeln.

An Selma

Lorenz Gösta Beutin

(Kiel, 4. Oktober 2010)

Geboren bist Du in Czernowitz, wie Paul Celan. Paul und Du, Ihr seid verwandt, habt zusammen gesungen, gelacht, wie Ihr später die Verzweiflung, das Leid teilen solltet. Dein Vater ist früh gestorben, doch Dein Großvater, Deine Mutter, auch ihr neuer Mann förderten Dich, wo sie konnten. Du bist nicht groß, hast dunkle, braune Augen, fast schwarzes, lockiges Haar, das sich nicht fügen will. Und fügen willst auch Du Dich nicht, trägst Kleidung, die Dir gefällt, passt Dich keinem Zwang an, lachst viel und ernsthaft, liebst Dein Leben.

In der zionistischen Jugendbewegung hast Du Dich mit den Ideen des Sozialismus auseinandergesetzt, der Kibbuzbewegung, die in Israel ihre Vorstellungen von einem Leben, frei von Konkurrenz, von Ausbeutung, der Solidarität verpflichtet, umsetzen wollte. Ihr habt gemeinsam diskutiert, Sport getrieben, gelesen, diskutiert. Hier hast Du angefangen, die ersten Gedichte zu schreiben, musstest Deiner Inspiration, Deiner Lebensfreude, Deinem Schmerz Ausdruck verleihen.

Leijser hast Du dort getroffen. Ihr habt Euch geliebt, tief und innig. Gemeinsam habt Ihr Brecht gelesen, habt gelernt, dass wer nicht kämpft, schon verloren hat, wusstet, dass Ihr um Eure Pläne, Eure Zukunft kämpfen würdet. Habt auch Heine gelesen, den Du vorher schon kanntest. Das Himmelreich auf Erden schon errichten, Zuckererbsen für jedermann, das war es, was Ihr wolltet, und einen Teil daran, für Euch. Und dann Freud, der Euch sagte, was Ihr längst ahntet, dass das Ich nicht Herr im eigenen Haus ist, dass die Träume Verarbeitungen des Unbewussten sind.

Kafka schließlich, seine verwobenen Wege, die Geschichten, die mit ihrer unwirklichen Wirklichkeit so vieles, was um Euch herum, in Euch vor sich ging, beschrieben. Ihr habt die Kunstreiterin in der Manege gesehen, gehofft, dass der Galeriebesucher sein „Halt" ruft, daran gelitten, wie er weint, ohne es zu wissen, da es nicht so ist. Vielleicht habt Ihr gemeinsam auch die kaiserliche Botschaft gelesen, die Sätze auf Euch wirken lassen, den letzten besonders, der das Sehnen beschreibt, dass auch Dich zum Schreiben gezwungen hat.

57 Gedichte hast Du verfasst, erst unbedrängt, später im Getto. In ihnen erzählst Du vom Leben, Deinen Gefühlen, Ängsten. Du bist die Nacht, willst mit Deinem Sein Schatten werfen über den Mond, willst heiser, atemlos, aber glücklich leben. Für Dich ist die Literatur, ist das Dichten wie die Liebe. Sie verzehrt

Dich, lässt Dich kaum atmen, sie sprudelt wie ein Wildbach, ist heiß und doch glasklar, ist leuchtendes, glühendes, rauschendes Leben.

Wenn ich Deine Texte lese, kommen mir Tränen, nicht nur, weil sie das wenige und unsagbar Kostbare sind, was Du hinterlassen hast, auch wegen Deiner Bilder, die Du für Deine Gefühle findest, die mich treffen, der ich um Ausdruck ringe. Auf Rügen bin ich Dir das erste Mal begegnet, bei einer Tagung, musste Dich näher kennenlernen. Als ich diese Zeilen aus dem „Poem" hörte, konnte ich meine Trauer, mein Empfinden nicht mehr zähmen:

ICH MÖCHTE LEBEN

Ich möchte lachen und Lasten heben
Und möchte kämpfen und lieben und hassen
Und möchte den Himmel mit Händen fassen
Und möchte frei sein und atmen und schrein
Ich will nicht sterben. Nein!
Nein.
Das Leben ist rot.
Das Leben ist mein
Mein und dein
Mein.

Du hast Deine Gedichte in einem Büchlein niedergeschrieben. „Blütenlese" hast Du es genannt, es Deinem Leijser gewidmet, den Du da schon verloren, aus Deiner Nähe verloren hattest, der zur Zwangsarbeit verschleppt worden war, nach dem Du Dich in Deinen Träumen sehntest, „ewig nach Dir". Als Du deportiert werden solltest, ins Konzentrationslager, gabst Du den Band einer Freundin, schriebst noch unter das letzte, unfertige Gedicht in roter Farbe die Worte, die wahr sind, im doppelten Sinne: „Ich habe keine Zeit gehabt zu Ende zu schreiben."

Wer im Lager nicht mehr arbeiten konnte, krank wurde, den ermordeten sie. Du bekamst Typhus, doch die Solidarität in Euren Reihen war groß, Du wurdest nicht gemeldet, konntest sterben, ohne dass sich die Hände Deiner Mörder um Deinen Hals legten. Der letzte Brief von Dir, der hinaus geschmuggelt wurde, endet mit der Mahnung „Chasak!" (Sei stark!). Du warst es, und durftest trotzdem nicht leben, deswegen.

Leijser bekam Deine Gedichte noch, hat sie sicher gelesen, immer und immer wieder gelesen. Als er beschloss zu fliehen, hat er sie Deiner Freundin zurückgegeben. So sind sie uns erhalten geblieben. Eretz Israel hat er nie erreicht. Die letzte Zeile des Gedichtes, das Du ans Ende Deiner Zusammenstellung gesetzt hast, lautet: „dass man wie Rauch ins Nichts verfließt."

Jetzt sitze ich hier, muss Dir diese Zeilen schreiben, als könntest Du sie lesen. Du wurdest nur 18 Jahre alt, hattest noch viel zu sagen, Deine Mörder haben es nicht zugelassen, dass zu Dir das Glück zurückkommt. Für mich ist Deine Geschichte, sind Deine Gedichte Verpflichtung, gegen die zu kämpfen, die sich in die Tradition Deiner Mörder stellen. Sind Verpflichtung, für ein Leben ohne Zwänge zu kämpfen, innere und äußere, für eine Gesellschaft, in der es jedem möglich ist, sein Sehnen, seine Gefühle, seine Liebe hinauszuschreien, ohne Bedrängung, nur weil es so! gut ist. Deine Gedichte leben; durch sie Du; Du wirst nicht vergessen! – Deinem „Nie und nie." stelle ich mein „Immer und immer." zur Seite.

Selma Meerbaum-Eisinger (1924-1942)

Tagungsimpressionen (Fotos)

Udo Horn

Oben: Das *dokumentationszentrum prora* (Rügen)

Unten: In der Ausstellung, ebendort, Oktober 2010

Oben: Anna Haentjens, Sängerin, die ein Kulturprogramm gestaltete

Unten: Martina Renken-Kirchhoff, KOWA-MV, bei Eröffnung der Tagung

Oben: Ernst Heilmann, einer der Tagungsleiter und zugleich Referent

Unten: Am Pult Martina Renken-Kirchhoff, am Tisch: Ernst Heilmann

Oben: Lorenz Gösta Beutin, Referent

Unten: Stehend Gerd Biegel, Braunschweig, Referent, am Tisch Agnieszkawska, Polen, Referentin

Oben: Johann Dvořák, Wien, Referent, bei einem Diskussionsbeitrag

Unten:Claudia Wörmann-Adam, Köln, Referentin

Für Max Florian Holz-Heilmann
und die jungen Gewerkschafterinnen und
Gewerkschafter in Mecklenburg-Vorpommern

Printed by
CPI books GmbH, Leck

Kolibri 360 GmbH
Ferdinand-Jühlke-Straße 7
99095 Erfurt, Deutschland
produktsicherheit@kolibri360.de